PAUL-EDUARD RÜCK

lübbe

Dieser Titel ist auch als E-Book erschienen.

Die Bastei Lübbe AG verfolgt eine nachhaltige Buchproduktion. Wir verwenden
Papiere aus nachhaltiger Forstwirtschaft und verzichten darauf, Bücher einzeln in Folie
zu verpacken. Wir stellen unsere Bücher in Deutschland und Europa (EU) her und
arbeiten mit den Druckereien kontinuierlich an einer positiven Ökobilanz.

Originalausgabe

Copyright © 2022 by Bastei Lübbe AG, Köln
Textredaktion: Burkard Miltenberger
Titelillustrationen: © Tetiana Lazunova/iStock/Getty Images Plus; Agor2012/
iStock/Getty Images Plus; Kim Hoang/Guter Punkt (2)
Umschlaggestaltung: Guter Punkt, München | www.guter-punkt.de
Satz: hanseatenSatz-bremen, Bremen
Gesetzt aus der Adobe Garamond Pro
Druck und Verarbeitung: GGP Media GmbH, Pößneck
Printed in Germany
ISBN 978-3-404-61737-1

2 4 5 3 1

Sie finden uns im Internet unter luebbe.de
Bitte beachten Sie auch: lesejury.de

Inhalt

Vorwort 9

Die flache Erde oder: Habt ihr Kreide geraucht? 13
Von NASA-Söldnern und manipulierten
Teleskopen

**Die innere Erde oder: Gute Außerirdische, böse
Außerirdische!** 27
Höhlen-Nazis, Nikola Tesla und die
Galaktische Föderation

Chemtrails oder: Warum riecht es hier nach Essig? 54
Gifte, überall Gifte!

5G oder: Die Angst vor Fortschritt 82
Die Welt ist eine riesige Mikrowelle

Riesen oder: Riesige lockere Schrauben 93
Berge sind Baumstümpfe

**Der Mond oder: Wann schlüpft der
Weltraumdinosaurier aus dem Ei?** 98
Glauben Sie etwa noch an den Mond?

Impfgegner, Teil 1 oder: Von Rattenfängern und anderen Schwindel-Schamanen   110
   Die Pharmamafia und die Spritzen des Todes

Esoterik oder: Wie weltfremd kann man eigentlich sein?   160
   Von magischen Pseudowissenschaften und zaubernden Schlangenölverkäufern

Vedische Weltanschauung oder: Das 18. Jahrhundert hat angerufen – es möchte seine Geschlechterrollen zurück.   210
   Meine Haare sind Antennen

Alternative Heilkunde oder: Natürlich sterben mit natürlichen Zutaten   215
   Sag mal, hast du Lack gesoffen? Ja! Wieso?

Reichsbürger:innen oder: Des Kaisers neue Aluhüte   229
   Die BRD ist kein Staat, Mimimimi.

Die Transgender-Agenda oder: Die Angst vor Diversität   236
   Madonna hat einen Penis!

Die Corona-Pandemie oder: Es ist doch nur eine Grippe!   240
   Der gesunde Menschenverstand hatte nie eine Chance

QAnon oder: QAnus und die Todesmasken 262
Donald Trump, Attila Hildmann und die
Hochwasserkatastrophe im Ahrtal

Impfgegner, Teil 2 oder: Wir werden alle sterben! 293
Von Leerdenkern und Querlenkern

**Bonus-Schwurbel: Der bundesweite Warntag
oder: Sirenen unterm Aluhut** 313

Nachwort 318

Vorwort

Wussten Sie, dass im Inneren der Erde ein paradiesisches Reich namens Agartha existiert, wo Menschen und Tiere friedlich zusammenleben, umgeben von einem harmonischen Licht, das heller als tausend Sonnen strahlt? Nein? Stimmt nämlich auch nicht. In Wahrheit hausen im Inneren der Erde bösartige, reptiloide Wesen, die – Moment mal. Das kann ja gar nicht sein. Schließlich ist die Erde flach. Oder? Vergessen Sie es. Versuchen Sie bloß nicht, länger darüber nachzudenken. Nicht ohne einen Aluhut. Oder eine Flasche Hochprozentigem. Oder einen guten Psychiater. Ja, richtig, es geht hier um Verschwörungstheorien. Auch wenn ich lieber von Verschwörungsfantasien spreche, denn die Erschließung einer Theorie setzt immerhin gewisse geistige Fähigkeiten voraus. Doch alles der Reihe nach.

Verschwörungsfantasien sind spätestens seit der Erfindung der YouTube-Universität ein fester Bestandteil des Internets und mittlerweile besonders aus den sozialen Netzwerken nicht mehr wegzudenken. Anhänger diverser Verschwörungsmythen rotten sich in zahlreichen Online-Communitys zusammen, um sich gegenseitig in ihrer Anschauungsweise zu bestätigen. Nur wenige Menschen außerhalb dieser »Szene« können oder wollen allerdings verstehen, wie solche Verschwörungsfantasien eigentlich zustande kommen beziehungsweise warum überhaupt jemand scheinbar völlig verrückten Gedankenwelten nachhängt. Das ist durchaus nachvollziehbar, erscheinen manche Theorien schließlich so absurd, dass man sie einfach nur belächeln und am liebsten wieder vergessen möchte.

Sind die Anhänger solcher Hirnflatulenzen also nur harmlose Spinner? Nein, so einfach ist es nicht. Gerade wenn es um gesundheitliche Aspekte geht, sollte man Verschwörungsfantasien gründlich im Auge behalten. Ob die sogenannte Germanische Heilkunde, die zum Beispiel behauptet, Krebs sei eine Heilungsphase des Körpers, oder generell Menschen, die für pseudomedizinische, esoterische »Therapien« brennen sowie Impfungen und andere erprobte Behandlungen verweigern. Diese Menschen stellen eine Gefahr für sich selbst und ihre Umwelt dar – spätestens, wenn Kinder im Spiel sind. Von etlichen hasserfüllten Rassisten rund um »zionistische Weltverschwörungen« oder gewaltbereiten Reichsbürgern, die unseren Staat nicht anerkennen, will ich gar nicht erst anfangen.

Was habe ich nun mit alldem zu tun? Seit vielen Jahren treibe ich mich schon in diversen Verschwörungskreisen im Internet herum, beobachte, staune und stelle dann die bekloptesten, unsäglichsten und ekligsten Aussagen bloß. Warum? Anfangs war ich lediglich fasziniert von den scheinbaren Spinnereien, die manche Menschen ins Internet tippten. Ich sammelte zu Unterhaltungszwecken skurrile und witzige Theorien – bis der Unterhaltungsfaktor irgendwann kleiner wurde, weil sich immer mehr Entsetzen breitmachte. Mit der Zeit, als ich immer tiefer in einen scheinbar endlosen Verschwörungssumpf eintauchte, begriff ich, wie weltfremd und gefährlich manche Hirngespinste sein können. Und so musste ich Gesehenes erst recht dokumentieren – weil es mir sonst einfach niemand glauben würde.

Hier werden Sie also verschiedene Verschwörungsfantasien kennenlernen, die gespickt sind mit Originalzitaten, Kommentaren und Beiträgen aus den Untiefen der sozialen Medien und Büchern, deren ausführliche Quellenangaben ich Ihnen ersparen möchte. Dabei reicht die Auswahl von dubiosen unwissenschaftlichen Märchengebilden, volksverhetzenden Wahnvorstellungen, über skurrile pseudowissenschaftliche »Enthüllungen« bis hin zu schrägen esoterischen Weltanschauungen. Mit anderen Worten: Geschwurbel. Und zwar hauptsächlich aus der Aluhutperspektive.

Dieses Buch erhebt nicht den Anspruch, Verschwörungstheorien widerlegen zu wollen oder Verschwörungsgläubige zur Vernunft zu bringen. Ich möchte auch niemanden belehren. Ebenso wenig dient dieses Buch dazu, irgendwelche verschwörungsideologischen Weltbilder psychologisch einzuordnen oder sonst wie wissenschaftlich zu bewerten. Ich bin kein Wissenschaftler. Ich bin ein Typ, der zu viel Zeit unter Spinnern verbracht hat und das Ganze irgendwie verarbeiten muss. Das Buch ist, wie der Name schon sagt, eine Abrechnung. Und zwar eine ganz persönliche. Frei nach dem Motto: Das wird man ja wohl noch sagen dürfen!

Ich möchte in erster Linie mit humorvollen, bösartigen, manchmal zornigen Bemerkungen zu all dem Unsinn und Humbug, der im Internet geteilt wird, aufzeigen, was es für Verschwörungsfantasien gibt und *dass* es sie tatsächlich gibt. Ich möchte dazu beitragen, ein Bewusstsein für diese – man muss sie inzwischen so nennen – Parallelwelten zu schaffen, damit wir als Gesellschaft es nicht mehr einfach ignorieren oder belächeln, wenn sich jemand sprichwörtlich den Aluhut aufsetzt.

Im besten Falle regt dieses Buch zu Diskussionen an, macht neugierig und lädt dazu ein, sich mit gewissen Themen intensiver auseinanderzusetzen. So sorgt es vielleicht indirekt für eine gewisse Aufklärung und bringt – hoffentlich – zumindest Zweiflern die Erkenntnis, dass der Weg hinab in den Kaninchenbau keineswegs zur angepriesenen Wahrheit führt, sondern auf tragische Weise in einem bizarren Realitätsverlust enden kann.

Die flache Erde oder: Habt ihr Kreide geraucht?

Die gute alte flache Erde – ein Klassiker der Verschwörungsfantasien. Zusammengefasst besagt die Flache-Erde-Theorie, dass die Erde keine Kugel ist, wie die »Lügenwissenschaft« uns lehrt, sondern eine flache, kreisrunde Ebene. Eine Pizza. Die Arktis, das, was wir gemeinhin als Nordpol kennen, stellt dabei das Zentrum dar. Die Antarktis wiederum umfasst wie ein üppiger Käserand den gesamten Außenbereich der Erde und bildet so einen schützenden Eiswall, der die Ozeane festhält und selbstverständlich auch dafür sorgt, dass niemand in die Leere des Weltraums abstürzt.

Wie bitte? Es gab doch im Laufe der Geschichte so viele Antarktis-Expeditionen, werden Sie als nüchterner Mensch nun bestimmt einwerfen. Hätte man da nicht etwas davon merken müssen? Oh nein. Denn alle sogenannten Expeditionen waren natürlich nur Inszenierungen, um die Menschheit zu täuschen. Dann könnte ich doch einfach selbst eine Expedition auf die Beine stellen und die Antarktis erkunden ... Nein! Das ist leider unmöglich. Der Eiswall wird nämlich von bis an die Zähne bewaffneten NASA-Söldnern bewacht, die verhindern sollen, dass sich jemand der Wahrheit nähert. Aber die NASA – die National Aeronautics and Space Administration – ist doch lediglich die amerikanische Raumfahrtbehörde. Und somit nicht die einzige. Andere Länder haben ebenfalls Raumfahrtbehörden. Und die müssten ja dann mit den Amerikanern unter einer Decke stecken. Wie soll das gehen? Tja, es gibt gar keine anderen Raumfahrtbehörden. Da staunen Sie, was? Das ist alles eine riesige Täuschung der geheimen, von reptiloiden Echsenwesen geführten Weltelite. Also »geheim« zumindest für uns mit der ollen Schulbildung aufgewachsenen Schlafschafe. Wer seinen Doktor in Aluhutfalten gemacht hat, kann über solche offensichtlichen Zusammenhänge nur müde lächeln. Schließlich ist das Wort NASA hebräisch für »täuschen«. Stimmt zwar nicht – es bedeutet leicht anders geschrieben »tragen« oder »hochheben« –, aber wen interessieren schon Fakten? Die Tatsache, dass Abkürzungen auch Worte ergeben, ist nichts Ungewöhnliches. ICE beispielsweise heißt auf englisch »Eis« und niemand käme auf die Idee, daraus eine Verschwörung zu basteln. Moment mal. Fällt in den Zügen der Deutschen Bahn nicht auffällig oft die Heizung aus? Ist es in Bahnhofshallen nicht grundsätzlich eiskalt? ICE-kalt? Andererseits funktionieren im Sommer in Zügen auch gelegentlich die Klimaanlagen nicht. Und dann ist es gar nicht mehr kalt. Wobei das natürlich nur ein Code sein könnte, und zwar dafür, dass das Klima immer heißer wird, und die reptiloiden Invasoren haben es gerne warm. Und »heiß« reimt sich auf »eis«, also passt es wieder! Zurück zur NASA. Die außerirdischen Invasoren, die es schön kuschelig warm mögen, dürfen Sie aber gerne im Hinterkopf behalten.

Bemerkenswert an der falschen Übersetzung des Wortes »nasa« ist, dass man sich da ausgerechnet in die hebräische Sprache verbeißt und damit unterschwellig dem Judentum eine böse Absicht unterstellt. Mal wieder. Denn dieser perfide Antisemitismus durchzieht nahezu alle populären Verschwörungsfantasien. Eine Verschwörung durchzuplanen, setzt bekanntlich Macht voraus. Macht erlangt man für gewöhnlich mithilfe von Geld. Und wer besitzt das ganze Geld dieser Welt? Hallo und willkommen, du dummes, antisemitisches Klischee! So ein schnell herbeigezauberter Bezug zum Judentum bleibt am Aluhut leider besser haften als andere zurechtgezurrte Zusammenhänge. Denn Verschwörungsmythen über Juden spuken nicht erst seit vorgestern durch die kalten, verfallenen Kellerräume, die manche Menschen einen Schädel nennen. Ohne allzu viele Geschichtsbücher aufzuschlagen, sollte man wissen, dass jüdische Mitbürger:innen immer wieder zu Sündenböcken für schreckliche Ereignisse gemacht wurden und werden. Epidemien, Mordserien, Kriege – für all dies gaben hasserfüllte Besserwisser jüdischen Verschwörern die Schuld. Diese Basis macht es einfachen Gemütern auch heute sehr leicht, ohne viel Aufwand ein weiteres Häufchen auf die Verschwörungskarte zu klatschen.

Flacherdler sind aber keineswegs alles verkappte Antisemiten. So weit würde ich nicht gehen. Sie sind hauptsächlich faul. Denkfaul. Und der Antisemitismus schwingt da im Grunde nur mit, weil er scheinbar irgendwie dazugehört. Dabei gäbe es so viele andere schöne Zusammenhänge, die man aufdecken könnte. NASA ist immerhin auch das althochdeutsche Wort für »Nase«. Und da althochdeutsch im 8. bis 10. Jahrhundert verbreitet war, ist das ein Beweis dafür, dass die Menschen im Mittelalter Raumschiffe kannten! Warum sollte sich eine Weltraumbehörde sonst nach einem mittelalterlichen Wort benennen? Zudem bedeutet die Redewendung »sich eine goldene Nase verdienen« wohl eindeutig, dass es dieser Behörde nur ums Geld und nicht um die Erforschung des Weltraums geht! Allen Ernstes gibt es diese Verschwörungsfantasien tatsächlich – also das mit dem Geld und den Raumschiffen im Mittelalter –, nur die Erklärung ist eine andere: Die NASA wurde angeblich ausschließlich zu dem Zweck gegründet, um Forschungsgelder von der Regierung einzustreichen. Mit anderen Worten: Eine Bande geldgieriger Nerds erfindet den Weltraum, fälscht zum Beweis ein paar Bilder, zeigt sie der Regierung, die daraufhin völlig ausflippt und allen regelmäßig einen Sack voll Geld schenkt. Widerspricht sich natürlich ein bisschen mit der mächtigen Elite, die alles und jeden auf dem Planeten kontrolliert, aber Hauptsache es klingt irgendwie gut, weil es um Geld geht. Und was die Raumschiffe im Mittelalter betrifft: Das waren selbstverständlich Außerirdische und/oder Zeitreisende. Viele Künstler haben diese »Tatsache« übrigens in ihren Gemälden festgehalten, auch wenn Kunsthistoriker natürlich behaupten, entsprechende Darstellungen würden lediglich eine ikonografische Bedeutung haben. Ha! Als ob ein Engel, der auf einer diskusähnlichen Wolke schwebt, ein Symbol wäre. Das ist doch eindeutig ein Typ in einem fliegenden Taxi. Und die Flügel auf seinem Rücken zeichnen ihn als Außerirdischen aus. Weil er anders aussieht als ein Mensch. Logisch.

Im Grunde schmiegt sich das Ganze an die sogenannte Prä-Astronautik an. Sie wissen schon, diese Pseudowissenschaft, die sogar in Höhlenmalereien Hinweise für außerirdische Paketboten sieht. Erich von Däniken lässt grüßen. Und der Grund, warum auch dieses offensichtliche Kapitel in der Geschichte der Menschheit nicht in der Schule gelehrt wird, ist mal wieder die blöde Weltelite, die uns aus purer Bosheit die Wahrheit verheimlicht. Dass »nasa« ein althochdeutsches Wort ist, spielt in der Aluhutgemeinde überhaupt keine Rolle. Schade. Die Sache mit den Juden ist nun mal viel verlockender. Immerhin gibt es noch mehr »Beweise« für das böse Judentum. Kennen Sie beispielsweise die Monster-Verschwörung? Monster, eine beliebte Energy-Drink-Marke, soll ein satanischer Angriff auf unsere christliche Gesellschaft sein – womit erneut ein antisemitisches Weltbild transportiert wird, indem man das Judentum mit dem Teufel auf eine Stufe stellt. Hintergrund ist folgender: Das »M« im Monster-Schriftzug setzt sich angeblich aus drei Zeichen zusammen, die den sechsten Buchstaben im hebräischen Alphabet darstellen. Sie ahnen es bereits: Der sechste Buchstabe hat den Zahlenwert »6« und daher ist das »M« also in Wahrheit die Zahl »666« – die Zahl des Teufels. Darüber hinaus sei im »o« des Wortes »Monster« ein Kreuz eingebaut, das auf dem Kopf steht, wenn man die Dose austrinkt. Junge, Junge, Junge. Dieser ganze antisemitische Hirndurchfall ist so dämlich, dass sich ein spöttischer

Kommentar erübrigt. Ungefährlich sind diese antisemitischen Stereotype nicht, und man sollte diejenigen, die damit hantieren und Stimmung machen, ganz genau im Auge behalten.

Wie sind wir jetzt von der flachen Erde auf Energy-Drinks gekommen? Unwichtig, zeigt es doch nur, wie leicht man im Verschwörungsmilieu von A nach B nach Z kommt. Viele Verschwörungen sind miteinander verknüpft und weisen selbst dann Gemeinsamkeiten auf, wenn sie sich im Grunde widersprechen. Man glaubt nämlich nicht nur an eine Verschwörung. Wer sich einer Verschwörungsfantasie hingibt, kommt automatisch mit weiteren Hirngespinsten in Berührung, aus denen dann nach Gusto einzelne, ins eigene Weltbild passende Aspekte herausgepickt werden.

Noch mal zurück zum Eiswall. Zugegebenermaßen ist es ein äußerst schwieriges Unterfangen, zur Antarktis zu reisen, um sich selbst ein eigenes Bild vor Ort zu machen. Insofern lässt es sich auch behaupten, unter den Eismassen würden außerirdische Basen existieren. Oder Nazis (Spoiler: In der Hohlerde-Verschwörung spielen die eine größere Rolle!). Oder Glücksbärchis. Selbst wenn man es wollte, überprüfen lässt es sich nicht wirklich. Moment, gab es da nicht diese Arte-Dokumentation über eine außerirdische Raumstation im Eis? »Alien vs. Predator« hieß sie. Mal wieder eine als Hollywood-Unterhaltung getarnte Wahrheit, mit der die mächtigen Eliten höhnend vor unserer – genau – Nase wedeln. Oder denken wir an H.P. Lovecraft, der uns mit seinem Roman »Die Berge des Wahnsinns« ebenfalls die Wahrheit über die Antarktis auf dem Präsentierteller servierte. Von der Allgemeinheit wird er allerdings bis heute nur als Fantast wahrgenommen. Doch selbst wenn wir uns auf das waghalsige Abenteuer einlassen würden und es uns tatsächlich gelänge, einen Fuß auf den antarktischen Kontinent zu setzen, nur um zu erleben, dass wir eben nicht von schießwütigen NASA-Söldnern durchlöchert werden, es keinen unendlichen Eiswall gibt, der die

Erde umrundet und dass die Glücksbärchis gastfreundliche Einsiedler sind, die Schnaps aus Pinguinmilch brennen können – die Flache-Erde-Anhänger würden uns nicht glauben. Denn alles, was sich nicht mit der flachen Erde vereinbaren lässt, ist gelogen. Punkt. Wir wären dann ebenfalls NASA-Lakaien, die bezahlt wurden, um Lügen zu verbreiten.

Aber ... Warum? Was soll das Ganze? Die Antworten auf diese Fragen sind in der Community sehr facettenreich, weisen jedoch eine, inzwischen nicht mehr überraschende, Gemeinsamkeit auf: Satan. Der unfreundliche Dämonenkaiser von nebenan – oder untendrunter. Der Widersacher Gottes, dem natürlich alle Eliten dieser Welt huldigen, lügt und betrügt die Menschen, um sie ins Verderben zu stürzen. Dramatisch, ich weiß, und leider ein absolutes Totschlagargument, dem man nur wenig entgegensetzen kann. Denn die weitestgehend überreligiösen Anhänger dieser Verschwörung lassen wissenschaftliche Beweise selbstredend nicht gelten. Wissenschaft ist böse. Wissenschaft ist des Teufels. Und auch wenn Religion per se im Grunde das älteste Geschwurbel aller Zeiten darstellt, ist der Glaube an eine flache Erde nicht unbedingt die Folge einer Weltvorstellung im religiösen Sinne. Ganz im Gegenteil. Viele Menschen, die mit der flachen Erde und ihren »Beweisen« in Berührung kommen, sind überhaupt nicht religiös. Doch die Tatsache, dass Religion in unserer aufgeklärten, wissenschaftlich geprägten Gesellschaft keine zentrale Rolle mehr spielt, wirkt für allerlei Verschwörungsanhänger sehr verdächtig: Warum wird etwas, das unsere Geschichte und Kultur so maßgeblich geprägt hat, dermaßen in den Hintergrund gedrängt? Was wollen die Mächtigen verheimlichen? Wenn also die gleiche Wissenschaft, die behauptet, man solle die Bibel nicht wörtlich auffassen, lehrt, dass die Erde nicht flach sei, dann ist das in den Augen der Schwurbelphilosophen natürlich gleichermaßen gelogen. Es wird eine Parallele zur eigenen Situation gezogen: Die Unterdrückung religiöser Schriften als Erklärung für die uns bekannte Welt ist dann plötzlich nur ein weiterer Beweis für die gelebte Täuschung um uns herum.

Und so werden in Diskussionen rund um die flache Erde Bibelzitate zum Besten gegeben, als wäre man bei einem klerikalen Poetry-Slam gelandet. Keine Sorge, ich möchte hier kein theologisches Symposium veranstalten, daher werden wir nicht alle Bibelstellen durchkauen, die angeblich eine flache Erde andeuten. Nur so viel: Beschreibungen, in denen Begriffe wie Himmelszelt, Säulen des Himmels, Erdkreis, Grenzen der Erde oder Himmelskuppel vorkommen, gelten in der Szene alle als Belege für eine flache Erde. Abgesehen davon würde das NASA-Logo selbst bereits das Böse, das dahintersteckt, entlarven. Gemeint ist das runde Logo mit der blauen Scheibe, den weißen Punkten und dem V-förmigen roten Band. Dieses rote Band soll nämlich in Wahrheit die gespaltene Zunge einer Schlange darstellen. Verstanden? Schlange –Teufel – Täuschung! Das NASA-Symbol gleicht demnach der roten Zunge einer Schlange, da die Erde von einer bösartigen Reptilienrasse beherrscht wird, die indirekt die Elite, einen Verein der reichsten Menschen der Welt, kontrollieren und ausnutzen für ihre Pläne. Men in Black gebe es wirklich. Sie hätten die Matrix erschaffen und benutzen diesen Planeten als lebendige Fabrik, und die Menschen sind die Fabriksklaven. Diese Reptilienrasse sei dafür bekannt, sie reisen durchs All und gehen so bei jeder technologisch schwächeren Zivilisation vor. Sie und die Aliens, die Grauen, stünden mit den Regierungen der Erde unter Vertrag, um die Menschen auf dem Planeten schwach und dumm zu halten. Na, das mit dem »dumm halten« scheint zumindest bei einigen Menschen tatsächlich prima zu klappen. Da vibriert einem doch glatt die Fontanelle, bei diesen fabulösen Enthüllungen. Dabei ist das Logo mehr oder weniger einfach zu entziffern. Die blaue Scheibe ist das Universum. Die weißen Punkte stellen Sterne dar. Die weiße Ellipse zeigt eine Umlaufbahn, wahrscheinlich von einem Satelliten. Und das rote

Band? Das steht für die Aeronautik. Aber was weiß ich schon. Bin immerhin selbst schuld, wenn ich auf die Erklärungen der NASA hereinfalle.

Ist das jetzt alles? Sind Flacherdler also nichts weiter als Kreationisten mit Internetzugang? Mitnichten. Viele wissen nämlich, dass man ihre wissenschaftsgläubigen Mitmenschen nicht wirklich mit der Bibel überzeugen kann. Daher sammeln und präsentieren sie regelmäßig die ganz »offensichtlichen Beweise«, die jeder Mensch erkennen müsse, wenn dieser lediglich die Augen richtig aufmacht und – oje, wie sich mir bei diesem Ausdruck inzwischen jedesmal die Fingernägel spalten – aUfWaChT.

Da wäre zunächst einmal die Sache mit der Erdkrümmung. Die sieht man mit bloßem Auge nicht, also gibt es sie nicht. Keine runde Wölbung am Horizont, keine runde Erde. Logisch, oder? Außerdem bildet Wasser immer eine waagerechte Oberfläche. Meere sind flach. Ozeane. Flüsse. Das Badewannenwasser. Wie soll die Erde dann rund sein? Die größte Erkenntnis diesbezüglich lautet zudem: Wasser ist immer gerade, sonst hätte die Wasserwaage keinen Sinn! Und dann noch die lächerliche Behauptung, die Erde würde sich auch noch drehen. Den meisten Menschen wird schließlich nach ein paar Minuten auf dem Karussell schwindelig, aber anscheinend macht das andauernde Drehen der Erde niemandem etwas aus! Jeder, der nur kurz darüber nachdenkt, müsse merken, dass an der offiziellen Geschichte etwas faul ist. Starkes Argument. Ich halte jedoch dagegen: Jeder Mensch, der darüber nachdenkt, läuft Gefahr, beim Versuch, diesen Einwand zu verstehen, von Schwindel ergriffen zu werden angesichts dieses Schwachsinns.

Kommen wir zum nächsten Beweis: die Sonne. Das Gesetz der Perspektive besage also, dass alles, was sich von uns fortbewegt, kleiner wird und im Sichtfeld nach unten fällt, wenn es über unserer Augenhöhe ist, und umgekehrt, wenn es unter unserer Augenhöhe ist. Demnach geht die Sonne nicht auf und unter, sondern kommt näher und entfernt sich wieder. Aber da ist noch mehr: Aufgrund unseres runden Auges sehen wir bei der Schifffahrt den Fahnenmast immer als Erstes, sodass der Eindruck entsteht, dass die Erde rund ist. Aufgrund dieser optischen Täuschung wiederum haben die Illuminaten seit über 500 Jahren leichtes Spiel, uns diese Erdballtheorie zu verkaufen. Alle Astronauten, Kosmonauten usw. waren oder sind ebenfalls Freimaurer, die teilweise unter Wasser, teilweise in entsprechenden Hochdruckkammern den angeblich schwerelosen Weltraum vorgetäuscht haben. Bei dem Firmament über unseren Köpfen (Sonne, Mond und Sterne) handelt es sich um eine hochkomplexe Konstruktion, die sich gerade mal 5700 Kilometer über der flachen Erde befindet und von den Aldebaranern vor langer Zeit konstruiert wurde. Jawohl. Und du allein hast dieses Geheimnis gelüftet, Hans-Dieter. Bravo.

Wiederum andere Genies behaupten, die Sonne sei gar nicht echt, sondern in Wahrheit »eine gigantische und sehr aufwendige Simulation, ein geheimes NASA-Projekt, finanziert von den Mächtigen dieser Welt«. Na klar. Was sonst? Sehr skurril bei all diesen Erklärungen ist übrigens die absolute Selbstverständlichkeit, mit der sie vorgetragen werden: »Die Sonne ist anhand von Messungen mithilfe eines Sextanten und der Trigonometrie etwa 4500 bis maximal 6000 Kilometer entfernt und hat einen Durchmesser von rund 52 Kilometern. Dasselbe gilt für den Mond. Mond und Sonne sehen nicht nur gleich groß aus, sie sind es auch, in ähnlicher Entfernung zur Erde bewegen sie sich in Kreisbewegungen über uns.« Dass sich um den Mond noch ganz andere Verschwörungsmythen ranken, ignorieren Anhänger der flachen Erde oft, denn schließlich ist ihre eigene Erklärung die beste. Überhaupt scheint in Verschwörungskreisen ein permanentes Kindergartenklima zu herrschen: Deine Verschwörung ist blöd! Mein Aluhut ist größer als deiner! Und wenn solche geistigen Meisterleistungen niemanden überzeugen, dann bleibt immer noch die nackte Prahlerei: »Ich kann bestätigen, dass die Erde flach ist. Ich beschäftige mich seit drei Jahren mit diesem Thema. Es gibt Hunderte Beweise. Die NASA lügt, das merkt man, wenn man das bei YouTube eingibt.« Ich muss zugeben, ich bin manchmal neidisch auf diese einfachen, einfältigen Weltbilder. Auch wenn der Versuch, mich in solch ein geistiges Windspiel hineinzudenken, mir körperliche Schmerzen bereitet. Bleiben wir noch kurz bei der Sonne. Die kann nämlich gar nicht so sein, wie es die Wissenschaft nahelegt, denn: Wie brennt die Sonne in diesem unendlichen Raum ohne Sauerstoff? Da die Sonne so riesengroß sein soll, bräuchte sie sehr viel Sauerstoff, dass ein Astronaut gar keinen Helm im All benötigen würde, falls die NASA-Lügen stimmen würden! Und: Wie kann es im Universum eiskalt sein, auf der Erde im Sommer allerdings 30 Grad? Müsste nicht überall im Umkreis der Sonne mit demselben Abstand zur Erde die gleiche Temperatur herrschen?

Tja, und ich frage mich, was mit unserem Bildungssystem nicht stimmt. Was ist da los? Oder kippen »die« vielleicht doch irgendwelche Chemikalien ins Trinkwasser? Aber es gibt doch Teleskope, mit denen jeder Zweifler und jede Skeptikerin ins All blicken kann, um sich von der Unendlichkeit des Weltalls zu überzeugen. Der Mond, die Sterne, ferne Galaxien, ja sogar Satelliten und die ISS lassen sich mit einem Teleskop beobachten. Oder? Nicht ganz. Satelliten hängen angeblich an Ballons. Sie umkreisen die Erde nicht im Weltraum! Oh, und die ISS? Hängt die auch an Ballons? »Bei der ISS-Inszenierung wurden schon zu viele Schwindeleien aufgedeckt, um wirklich noch daran glauben zu können, dass sie überhaupt existiert. Sollte sie tatsächlich mit einem Teleskop zu sehen sein, ist die Frage, wie dieser Trick funktioniert. Es ist nicht auszuschließen, dass in Teleskopen, auch für den Amateurbereich, eine gewisse Software integriert ist.« Wie bitte? Eine solch fortgeschrittene Technologie soll seit Jahren existieren, aber gleichzeitig benutzen Behörden noch Faxgeräte, wie im Mittelalter? Und dann noch der Mond. Der gute alte Mond, der die »Theorie der Gezeiten« widerlegt. Müsste der Mond, wenn er die Erde anzieht und umgekehrt, nicht schon längst mal auf die Erde gefallen sein? Oder umgekehrt. Aber der Abstand soll ja immer gleich sein laut unseren Supergescheiten. Dazu muss man wissen, dass Ebbe und Flut angeblich dadurch hervorgerufen werden, dass die Erde sich langsam hin und her neigt. Dieses Phänomen wird durch Sonnenstürme oder so hervorgerufen. Wie jetzt? Ist die Sonne also doch echt? Vielleicht. Solche essenziellen Widersprüche sind doch überhaupt nicht der Rede wert.

Also ich weiß nicht, wie es Ihnen geht, aber ich habe den Eindruck, die Schwurbelnasen trauen dieser supermächtigen Elite ganz schön viel zu. Was für ein absurder Aufwand, um die wahre Gestalt der Erde geheim zu halten. Und alle stecken da mit drin. Ganz schön anstrengend. Nur Lichtkrieger88 bei Facebook hat die Wahrheit erkannt und sich zur Mission gemacht, die Welt darüber aufzuklären. Na klar. Eine typische und sehr charakteristische Selbstüberschätzung, die man in jedem Verschwörungsmilieu findet. Man hält sich für schlauer als alle anderen. Und das geht natürlich nur, wenn man etwas weiß, was die anderen nicht wissen – nicht wissen wollen oder können. Da wäre etwa die spektakuläre Erkenntnis, dass die Gravitation eine Lüge und somit ein weiterer Beweis für die flache Erde erbracht ist. Ja, Sie haben richtig gelesen. »Es gibt nur ein Oben und ein Unten. Und Gravitation ist immer noch nur eine THEORIE! Was nach oben oder unten geht, bestimmt die Dichte der Materie!« Oder, wie andere auch sagen: »Wolken widerlegen jeden Tag die Gravitation! Alles bleibt am Boden außer Wolken. Wolken sind ein Zeichen von unserem genialen Schöpfer, dass es so etwas wie die Erdanziehung nicht gibt. Die Natur würde sich niemals selber so erschaffen, dass sie darauf angewiesen ist, dass Wolken abregnen!« Da hat jemand alle Zusammenhänge aber so richtig gut verstanden. »Gravitation gibt es nicht. Sie hat mit Wissenschaft nichts zu tun. Gravitation ist ein Schwindel, ein Aberglaube. Sie wurde erfunden, um die Lüge des heliozentrischen Weltbildes aufrechtzuerhalten. Es gibt keine Erdanziehungskraft, wie man kinderleicht versteht, wenn man logisch denken kann!« Fast schon süß, wenn solche Leute mit Logik argumentieren. Aber es wird noch besser: »Eine Anziehungskraft gibt es in dem Sinne nicht, das Eigengewicht ist der Punkt. Gäbe es eine Kraft, die alles anzieht, dürfte es kein Vogel je in die Luft schaffen! Ein Stein fällt schneller zu Boden als eine Feder, weil er schwerer ist!« An dieser Stelle werden Sie vermutlich an das Fallgesetz und das Experiment mit den zwei verschiedenen Gegenständen denken, die im Vakuum gleich schnell zu Boden fallen. Nun, diese Experimente sind selbstverständlich Fake. Inszenierungen. Genau wie all die ganzen Fotos von der Erde. »Du glaubst nicht, dass die Fotos von der Erde fake sind? Dann erkläre mir doch bitte, wie es sein kann, dass die Erde auf diesen Fotos immer so richtig schön grün, blau und braun ist? Müsste sie nicht eigentlich grau sein, weil hier überall Asphalt ist und mittlerweile fast alles zugebaut ist? Außer in den ländlichen Regionen und natürlich dem Wasser. Wenn die Erde eine Kugel ist, warum gibt es dann kein echtes Bild? Sie könnten unsere Ideologie, wie sie es gerne nennen, mit einem einzigen echten Bild komplett zerstören. Warum tun sie es nicht? Warum ist ihre einzige Möglichkeit, die sie gegen uns haben, zu lügen und uns auszulachen?« Nein, Freundchen, wir lachen über euch, weil es uns langweilt, euch die Grundlagen der Physik zu erklären, die ja eurer Meinung nach sowieso nur auf Lügen aufgebaut sind. Der Witz ist doch: Es gibt echte Bilder von der Erde. Menschen waren bereits im All. Schon einmal vom Fachbereich der Astronomie gehört? Natürlich. Doch was nutzt es, immer wieder diese Dinge durchzukauen, wenn eure einzige Antwort darauf lautet: Lüge. »Man muss sich nur im Netz umschauen, da gibt es genügend Beweise für die flache Erde, aber scheinbar keine einzige für die Kugelerde!« Na gut. Dann bleibt schön in eurer quietschenden flachen Zirkuswelt und lasst uns »Globeheads« den schnöden Glauben an die Wissenschaft. Okay? »Wenn sich die Erde mit über 1500 Km/h drehen würde, wie sollen dann bitte Flugzeuge funktionieren, wenn sie eine Höchstgeschwindigkeit von nur 800 km/h haben? Die würden doch nie vorwärts-, geschweige denn am Ziel ankommen!« Diese fantastische Argumentation hätte ich beinahe vergessen, dabei bildet sie die Vorlage für ein paar der skurrilsten Beweisführungen in vielen Videos über die flache Erde: Jemand hält einen Schaumstoffball in die Kamera und erklärt dem Publikum, dies sei die Erde. Daraufhin wird der Ball mit Wasser getränkt und mit einer Drehbewegung in die Luft geworfen. Die Folge: Das Wasser spritzt vom Ball fort und – tadaaa – Kugelerde und Gravitation sind widerlegt. Alles auf der Erde müsste schließlich ebenfalls ins All geschleudert werden, wenn sie sich als Kugel so schnell drehen würde. Fliehkraft, Baby! Hat diesen Plumpsklopiraten niemand das Gesetz der Trägheit erklärt? Man sagt ja über ungebildete Menschen spöttisch, die hätten in der Schule nichts aufgeschnappt, weil sie zu oft Kreide holen waren. In diesem Fall hege ich die Vermutung, dass sie die Kreide geraucht haben. Aber Hauptsache, *wir* sind hier die Dummen. »Kugelköpfe aufgepasst – seid ihr noch immer so lustig zu glauben, wir würden auf einer glühenden Kugel leben, die sich mit Überschallgeschwindigkeit um sich selbst dreht und mit mehr als 100.000 km/h um einen leuchtenden Gasball rast und mit Millionen km/h durch ein sogenanntes Weltall? Glaubt ihr wirklich, Milliarden Kubikkilometer Wasser würden sich um diese Kugel krümmen, Flüsse und Wasserfälle aufwärts fließen – und das alles in einem imaginären Vakuum? Ihr Kasper seid alle miteinander fehlprogrammiert, darum könnt ihr die Wahrheit nicht erkennen, ihr macht euch überall zur Lachnummer der Wissenden, ihr seid die Hofnarren unserer Zeit!« Tja, darauf kann ich leider nur eines erwidern: Tri-tra-trullala! Obwohl, nein, das letzte Wort soll zu diesem Thema jemand anderes haben: »Wer *genau* wissen will, ob unsere Erde rund oder flach ist, mache bitte eine Astralreise und schaue selber nach!« Nun denn. Auf ins esoterische Reisebüro!

Die innere Erde oder:
Gute Außerirdische, böse Außerirdische!

Die Theorie einer hohlen Erde ist die Annahme, nach der das Innere unseres Planeten, wie die Bezeichnung schon sagt, hohl ist. Und bewohnt. Ebenso hohl ist bei näherer Betrachtung die Theorie selbst. Doch alles der Reihe nach. In früheren Jahrhunderten wurde die Idee einer hohlen Erde durchaus wissenschaftlich diskutiert. Selbst nachdem Isaac Newton 1687 mit seinem Grundlagenwerk über die mathematischen Prinzipien die klassische Physik revolutionierte, konnte man keine genaue Aussage darüber treffen, wie die Masse sich im Erdinneren verteilt. Das Verständnis von Massenverteilung nach dem Newtonschen Gravitationsgesetz bildete die Basis für verschiedene spannende Theorien, die eine Art hohle Erde mehr oder weniger plausibel erscheinen ließen und die Fantasie unter Wissenschaftler:innen beflügelte. Edmond Halley – der Mann mit dem Kometen – war Ende des 17. Jahrhunderts einer der Ersten, der die Möglichkeit einer inneren bewohnten Welt ausformulierte. So war er auch der Meinung, die Polarlichter wären eigentlich Reflexionen aus der Hohlerde, weil an den Polen die Erdkruste viel dünner sei und somit durchlässig für das Licht, das unter der Erde scheint. Diese Theorie griff der Mathematiker Leonhard Euler einige Jahre später auf und erklärte, die innere Erde habe eine eigene kleine Sonne, die in der Mitte des Hohlraumes schwebe. Und in den 1960er-Jahren zeichnete der Künstler und Kartograf Heinrich Berann sogar eine detaillierte Karte der inneren Erde, mitsamt allen Ein- und Ausgängen. Na, wenn das kein endgültiger Beweis ist. Es gibt schließlich auch Karten von Mittelerde, und die ist ja, wie wir alle wissen, ebenfalls real.

Heute wissen wir längst, insbesondere durch Erkenntnisse aus der Geologie, dass die Erde nicht hohl ist. Zumindest nicht so, wie Verschwörungsgläubige es propagieren.

Achtung, hier beginnt nun der Wahnsinn: Bewohnt wird das Erdinnere von Menschen beziehungsweise menschenähnlichen Abkömmlingen verschiedener außerirdischer Völker. Da leben beispielsweise die technisch hoch entwickelten Hyperboreaner, die vor Tausenden von Jahren aus dem Sternensystem Aldebaran auf die Erde kamen und in deren Innerem eine paradiesische Welt aufbauten. Sie werden in der Regel als wunderschöne, kluge, kräftige, blonde, blauäugige Übermenschen beschrieben, die den Lastern unserer bekannten Welt entsagt haben. Das klingt doch irgendwie ziemlich verdächtig, oder? Ja, Sie ahnen bereits, wo die Reise hingeht. Besonders in rechtsesoterischen Kreisen ist diese Version der Hohlerdentheorie sehr beliebt, die dann mit der Neuschwabenland-Verschwörung verbunden wird. Eine fast schon kultige Erzählung, die es geschafft hat, in den popkulturellen Mainstream vorzudringen. Neuschwabenland war ursprünglich tatsächlich eine Region in der Antarktis, deren Besitz die Nationalsozialisten im Rahmen einer Antarktis-Expedition beanspruchten. Nach dem Krieg gab es von deutscher Seite aus keine Gebietsansprüche mehr und, mit dem sogenannten Antarktis-Vertrag stimmten zahlreiche Nationen dafür, dass das Gebiet im Interesse der gesamten Menschheit der wissenschaftlichen Erforschung vorbehalten sein sollte. Tja, von wegen. In Neuschwabenland gab es natürlich eine geheime Nazi-Basis, wohin sich die Anführer – inklusive Hitler – flüchten konnten. Und von dort ging es direkt weiter in die Hohlerde. In dieser geschützten Umgebung konnten sie ihre Kräfte sammeln und immer wieder in den Lauf der Geschichte eingreifen – mithilfe außerirdischer Technologien, wie etwa futuristischer Fluggeräte wie dem Nazi-Ufo »Reichsflugscheibe« und Strahlenwaffen, womit sie geheimnisvollerweise den Verlauf diverser Kriege beeinflussten. Alles möglich gemacht durch die Unterstützung ihrer Verbündeten in der Hohlerde. Denn selbstredend waren und sind die sexy Aldebaraner:innen Freunde der Deutschen. Also der »wahren« Deutschen. Und spätestens ab hier rutscht dieses ganze Verschwörungsgulasch ziemlich schnell in den rechten Ekelfetisch ab, der sich um die guten Nazis dreht, die gegen das Böse in der Welt kämpften und dann tragischerweise verloren. Doch wie das nun mal so ist in kitschigen nationalistischen Heldensagen, werden sie eines Tages, wenn die Zeit reif ist, dem deutschen Volk zum Sieg über die dunklen Mächte verhelfen. Die Deutschen sind schließlich die Auserwählten in einem großen, Jahrtausende überdauernden galaktischen Krieg. Wussten Sie das noch nicht? Dann passen Sie mal gut auf. Sollten Sie einer dieser »echten« Deutschen sein, kann es sein, dass irgendwann ein betörend gut aussehender Aldebaraner an Ihre Tür klopft, an Ihren imaginären Nationalstolz appelliert und Sie auffordert, alles stehen und liegen zu lassen, weil Sie das Vaterland gegen irgendwelche Spinnenungeheuer verteidigen müssen. Wer die Ungeheuer in den Augen solcher braunlackierter Aliens sind, kann man sich an dieser Stelle nur zu gut denken. Und wenn man den Aldebaraner vor der Tür kurz durch einen simplen hasserfüllten Impuls ersetzt, der einem befiehlt, mit einer Waffe »Feinde« zu eliminieren, dann sind wir plötzlich in der grausamen Realität des Rechtsterrorismus angekommen.

Hierbei möchte ich jedoch erneut festhalten, dass nicht alle Verschwörungsgläubige potenzielle Mörder sind. Solche rechtsesoterischen Verschwörungsfantasien befriedigen allerdings eine sehr unangenehme, um nicht zu sagen gefährliche Weltvorstellung, die Türöffner für mehr sein kann. Und das sollte mindestens ein paar Bedenken wecken. Denn von den Nazi-Aliens unter der Erde ist es nicht weit zu anderen antisemitischen Verschwörungsmythen, die durchaus in Gewalt eskalieren können.

Kehren wir jedoch zum Ausgangspunkt zurück und blicken erneut auf – oder in – die Hohlerde und ihre wahnwitzigen Eigenschaften als eigenständige Welt.

Diese Welt, von vielen Agartha genannt – angelehnt an den Namen eines mythologischen Ortes, der angeblich unterhalb des Himalaya-Gebirges existieren soll –, sei ein friedvolles Reich, in dem alle Lebewesen von Liebe zueinander erfüllt sind: »Der Erdinnenraum ist voller Licht: Heller als tausend Sonnen, wärmend und alles Leben nährend. Klimaschwankungen sind uns unbekannt, die Luft hat eine Qualität, wie sie auf der oberen Erde nirgendwo zu finden ist – der Sauerstoff hat einen besonderen Geschmack. Alle Gräser, Pflanzen und Bäume, alle Gewächse und Früchte, auch solche, die auf der oberen Erde längst ausgestorben sind, strahlen in intensiven Farben, haben einen unverwechselbaren Geschmack und sind uns allen in ihrer Heilwirkung vertraut. Und auch unsere Freunde aus dem Tierreich sind uns wunderbare Gefährten, die all ihre Fähigkeiten und ihr Wissen mit uns teilen. Wildtiere, wie ihr sie kennt, gibt es in Agartha nicht. Bei uns trinken Löwe und Ziege aus einer Wasserstelle.« Und Löwe und Ziege ernähren sich von was? Licht? Wieso leben in der Hohlerde überhaupt Löwen und Ziegen? Gibt's da auch Waschbären? Einen McDonald's? Detailfragen, die in der naiven Vorstellung dieses Alien-Garten-Edens keine Rolle spielen. Viel wichtiger ist doch die Frage: Woher wissen diese Leute, wie es da unten aussieht? Haben die sich das irgendwie kollektiv zusammengeträumt oder halluziniert? Die näher liegende Antwort lautet: Augenzeugenberichte. Na klar.

Sehr häufig wird der unter den Hohldenkern fast schon berüchtigte Bericht von Admiral Richard Evelyn Byrd (1888–1958) genannt, der im Rahmen einer militärischen Forschungsexpedition über die Antarktis flog und so einen Eingang zur Hohlerde gefunden haben soll. Daraufhin betrat er die Innenwelt und nahm Kontakt mit den dort lebenden Wesen auf. Leider zwang ihn die US-Regierung, für den Rest seines Lebens über sein Erlebnis zu schweigen. Glücklicherweise kennen die Hohlraum-Historiker den Kniff mit den geheimen Aufzeichnungen, sodass jeder Mensch, der sich dafür interessiert – oder einen im Tee hat – Admiral Byrds seltsames Abenteuer nachempfinden kann. Im Vorwort seines angeblichen Tagebuchs heißt es: »Dieses Tagebuch werde ich im Geheimen und Verborgenen schreiben. Es enthält meine Aufzeichnungen über meinen Arktis-Flug vom 19. Februar 1947. Ich bin sicher, es kommt die Zeit, wo alle Mutmaßungen und Überlegungen des Menschen zur Bedeutungslosigkeit verkümmern und er die Unumstößlichkeit der offensichtlichen Wahrheit anerkennen muss. Mir ist die Freiheit versagt, diese Aufzeichnungen zu veröffentlichen und vielleicht werden sie niemals ans Licht der Öffentlichkeit gelangen. Aber ich habe meine Aufgabe zu erfüllen, und das, was ich erlebt habe, werde ich hier niederschreiben. Ich bin zuversichtlich, dass dies alles gelesen werden kann, dass eine Zeit kommen wird, wo die Gier und die Macht einer Gruppe von Menschen die Wahrheit nicht mehr aufhalten kann.« Dieser Bericht, der in der real existierenden Biografie Byrds mit keinem Wort erwähnt wird, könnte als keckes, unterhaltsames Lügenmärchen im Geiste eines modernen Münchhausens durchgehen – wenn er nicht in gewissen Kreisen so eine gewichtige Rolle spielen würde. »Wir sind inzwischen von den tellerförmigen Flugscheiben eingekreist. Wir scheinen gefangen zu sein. Die Flugobjekte strahlen ein eigenes Leuchten aus. Es knattert in unserem Funk. Eine Stimme spricht uns in englischer Sprache an. [Die Stimme hat einen deutschen Akzent]: »WILLKOMMEN IN UNSEREM GEBIET, ADMIRAL! In exakt sieben Minuten werden wir Sie landen lassen. Bitte entspannen Sie sich, Admiral, Sie sind gut aufgehoben.« Natürlich hatte die Stimme einen deutschen Akzent. Sie wissen schon ... Nur sind es bei Byrd nicht die Aldebaraner, sondern die Arianni. Dieses Volk, dessen Name bestimmt nur zufällig an Arier erinnert, zeichnet sich ebenfalls durch Größe, Schönheit und blonde Haare aus. Freundlich sind sie natürlich auch. Und weise. Und viel weiter entwickelt als wir Menschen von der Oberfläche. »Wir beide, mein Funker und ich, werden aus dem Flugzeug geführt und überaus freundlich empfangen. Dann führt man uns zu einer gleitenden Scheibe, die sie hier als Fortbewegungsmittel benutzen. Sie hat keinerlei Räder. Mit enormer Schnelligkeit nähern wir uns einer schimmernden Stadt. Die Farbenpracht der Stadt scheint von dem kristallähnlichen Material, aus welchem sie gebaut worden ist, zu kommen.« Dann trifft Byrd den Anführer, der ihm sogleich einen Vortrag über die Verfehlungen der Menschen hält, ihn vor den Gefahren der Atomkraft warnt und ihm zu guter Letzt noch ein paar spirituelle Kalendersprüche über die Maßlosigkeit der Menschheit an den Kopf wirft. Währenddessen genießen sie zusammen ein warmes Getränk (»Dieses Getränk schmeckt anders als alles, was ich jemals genossen habe. Kein Getränk, kein Essen hat einen vergleichbaren Geschmack«), und nach relativ kurzer Zeit wird wieder Abschied genommen. Wäre ich gutmütig, könnte ich das Ganze einfach als eine Art esoterische Metapher einordnen, über die kriegslustigen Menschen, die man mit ihren Fehlern und Lastern konfrontiert und denen man vor Augen führt, wie viel weiter sie sein könnten, wenn sie sich mal zusammenreißen würden, anstatt sich permanent zu bekämpfen. Betrachtet man allerdings die Welle, die diese skurrile Science-Fiction-Mär losgetreten hat, dann kriegt man regelrechtes Herzflattern. Denn ich muss hier leider noch mal die Tür zum Naziklo aufreißen: Byrds fiktives Tagebuch bildet die Vorlage für die volksverhetzenden Visionen eines gewissen Jan van Helsing, dessen Werke teilweise indiziert sind und sogar jahrelang einem Beschlagnahmebeschluss unterlagen. Diese Bücher triefen vor antisemitischen Verschwörungsmythen und judenfeindlicher Hetze. Die Hohlerde ist dabei Dreh- und Angelpunkt einer wilden Mischung aus germanischer Mythologie, Prä-Astronautik, moderner Ufologie und jeder Menge esoterischer Luftschlösser, gepaart mit nahezu allen jemals formulierten Hassfantasien rund um eine jüdische Weltverschwörung, inklusive einer unmissverständlichen Holocaustleugnung. Daneben erscheint die reine Neuschwabenland-Story wie eine putzige Lagerfeuergeschichte.

Der gemeine Wald- und Wiesenschwurbler distanziert sich jedoch für gewöhnlich von solchen rechtsextremistischen Werken – wie man das eben so macht. Dennoch ist dieser ganze antisemitische Schund ein Teil der Verschwörungsblase, in der sich die Aluhüte untereinander austauschen. Die Tapete hat also hier und da ein paar braune Flecken, aber das ist offensichtlich nicht so schlimm. Frei nach dem Motto »Ich bin doch kein Nazi, aber ...« akzeptiert man, dass es da draußen auch »kontroverse« Meinungen gibt, die man hinzunehmen hat, selbst wenn man sie nicht teilt. Außer natürlich, eine dieser Meinungen beinhaltet die Ablehnung und Verurteilung hasserfüllter Nazifantasien. Dann ist man selbstverständlich ein indoktriniertes Schlafschaf oder ein Antifa-Agent, der nur glaubt, was ihm in der Schule beigebracht wurde. Tja, Entschuldigung, dass mein langweiliger Bildungsweg mir nicht die Tore zur YouTube-Universität aufgestoßen hat.

Und so pickt sich die Szene dann gerne die Rosinen aus derartigen Quellen heraus und lässt die unliebsamen Details drumherum am liebsten einfach unerwähnt. Gleichzeitig werden in Gesprächen mit Außenstehenden hauptsächlich jene »Augenzeugenberichte« betont, die nicht in Antisemitismus gebadet haben. Und Sie werden mindestens eine davon kennen: »Die Reise zum Mittelpunkt der Erde« von Jules Verne aus dem Jahr 1864. Geschrieben also in einer Zeit, in der es keine sichere Erkenntnis darüber gab, wie der Erdkern beschaffen ist, vermischt der Roman viele wissenschaftliche Ansprüche mit innovativer Fantastik, während er seine Leser:innen auf eine faszinierende Reise durch unterirdische Welten mitnimmt. »Wie konnte Jules Verne so vieles wissen, wenn er nicht Aufzeichnungen von dort hatte oder vielleicht sogar selbst dort war?« Ähm, ich glaube, das nennt man Vorstellungskraft. Aber gut, dann war er eben in der Hohlerde. Von mir aus. »Jules Verne war Freimaurer höchsten Grades und wusste über alles Bescheid! Die hätten in Hollywood nie sein Buch verfilmt, wenn die Geschichte nicht wahr wäre! Die zeigen immer alles in Filmen!« Ja, erwischt. Jules Verne war nicht nur Freimaurer, sondern auch Papst und obendrauf ein ganz famoser Pokémon-Trainer. Die Sache mit Hollywood ist übrigens ein typisches Narrativ, das auch bei der flachen Erde kurz Erwähnung fand: Egal, in welcher Verschwörungsfantasie wir uns bewegen – immer wieder gibt es das Argument, gewisse Filme (in der Regel aus dem dystopischen Science-Fiction-Genre) würden die Wirklichkeit abbilden, weil die mächtigen Eliten zu eitel wären, um uns ihre geheimen Pläne nicht doch noch irgendwie unter die Nase zu reiben, oder weil sie uns unterbewusst auf die baldige Offenbarung der Wahrheit vorbereiten wollen. Allein die »Matrix«-Filme haben unter Verschwörungsgläubigen eine regelrechte Hysterie ausgelöst. Ein Schwurbelkomplex, der uns in diesem Buch noch häufiger begegnen wird.

Zurück zum Thema. Im Gegensatz zur flachen Erde, wo die »Beweise« für ihre Existenz quasi »überall um uns herum« zu finden sind und man gerne die Bibel zitiert, um vermeintlich historische Argumente vorzutragen, ist das bei der hohlen Erde schon anders. Ihre Anhänger rühmen sich gerne damit, sich auf wissenschaftliche Theorien berufen zu können und allein deshalb die vielen Mutmaßungen und natürlich die Augenzeugenberichte wahr sein müssten. Dazu zählen, trotz aller Wissenschaftlichkeit, auch Sagen und Legenden, die sich um eine Unterwelt drehen. Oder denken Sie etwa, der Hades der alten Griechen ist nur ein Mythos? »Herkules stieg, wenn man das genau untersucht, in die Hohlerde ab oder in einen Teil von ihr, das ist ziemlich eindeutig. Er und die anderen Helden hatten keine menschliche DNS, für sie war es normal, in die Hohlwelt zu reisen, die Eingänge waren jedem bekannt.«

Was leider unbeachtet bleibt: Wissenschaft kann niemals eine universelle Wahrheit anbieten. Bei ihr dreht sich immer alles um Evidenz. Und die Wissenschaft irrt nun mal auch – was gut ist, weil dadurch neue Fortschritte gemacht werden. Wissenschaft entwickelt sich. Was heute eine Theorie ist, kann morgen schon wissenschaftlicher Konsens sein – oder absoluter Unsinn. Das verstehen Verschwörungsgläubige allerdings nicht. Für sie bedeutet eine neue wissenschaftliche Erkenntnis nicht etwa, dass man dazugelernt oder dass die Forschung neue Ergebnisse zu Tage gefördert hat, sondern: Entweder die alten Theorien (wie die über die hohle Erde) waren absolut richtig und es mussten neue erfunden und verbreitet werden, um die Wahrheit zu unterdrücken, oder die alten Theorien waren eine Lüge, um die Menschheit zu täuschen, weil man ihr die eigentliche, noch zu enthüllende Wahrheit verheimlichen wollte. Je nachdem, was einem gerade besser in den Kram passt. Letzteres konnte man übrigens besonders gut während der Corona-Pandemie beobachten, als alle frühen Erklärungsmodelle, die selbstverständlich im Laufe der Pandemie durch neue abgelöst werden sollten, von den Aluhüten als Lügen bezeichnet wurden. Doch dazu später mehr.

Im Fall der hohlen Erde rezitiert man in Diskussionen fast schon gebetsmühlenartig die Theorien der vergangenen Jahrhunderte. Aber, wer hätte das gedacht, natürlich nur jene, die den eigenen Standpunkt unterstreichen sollen. Wenn es beispielsweise um Newton und die bis heute gültige Gravitationslehre geht, haben die Anhänger der hohlen Erde mit denen der flachen Erde nämlich eins gemeinsam: alles Lügen. Denn: »Wissenschaftler gehen davon aus, dass die Evolution unserer Mutter Erde durch die ständige Umdrehung im Inneren einen Hohlraum bildete, der mit der Zeit Wasser hineinlaufen ließ und sich sowohl im Inneren als auch außerhalb der Erde Leben bilden konnte. Man kann sich hierzu einen ausgehöhlten Kürbis vorstellen, wie man ihn zu Halloween auf den Balkon stellt. Während man auf der Außenseite ganz normal herumlaufen kann, so kann man auf der inneren Kürbisschicht ebenfalls herumlaufen. Innerhalb der übrig gebliebenen Kürbisschicht befindet sich eine Art Gravitationsring, der es ermöglicht, dass man festen Boden unter seinen Füßen behält.« Interessant. Steht so natürlich in keinem Physikbuch, deshalb muss es ja wahr sein. Außerdem hätte der erfindungsreiche Elektroingenieur Nikola Tesla (1856–1943) angeblich seinerzeit die Levitationstechnologie entwickelt, die beweist, dass die Schwerkraft nicht existiert. Weil, wie wir von den Anhängern der flachen Erde wissen, alles, was lange in der Luft bleiben kann, die Schwerkraft widerlegt. Wolken, Vögel, Ballons, Rauch und eben auch Dinge, die mittels Levitationstechnik zum Schweben gebracht werden. Nimm das, Newton!

Kein Wunder also, dass Tesla, der für viele Neuerungen auf dem Gebiet der Elektrotechnik verantwortlich war, in der Schwurbelszene einen regelrechten Kultstatus genießt. Der Physiker und Erfinder wird verehrt wie ein Heiliger. Gerade die angesprochene Levitationstechnologie soll beispielsweise die Basis für die berühmten lautlosen Flugscheiben sein. Und nicht nur das: Mithilfe der gleichen Technik wurden damals auch die Pyramiden gebaut. So zumindest eine der zahlreichen Verschwörungstheorien rund um dieses Thema. Die riesigen Steinquader packte man also einfach auf eine schwebende Rampe und der IT-Fachmann des Pharaos steuerte das Teil mit einem Joystick zielgenau an die richtige Stelle der Pyramide?

Tesla hatte neben seinen tatsächlichen Errungenschaften durchaus viele Ideen und Theorien, die sehr revolutionär und innovativ, aber gleichzeitig auch äußerst unpraktikabel waren. So war eins seiner Ziele, elektrische Energie drahtlos zu übertragen. Oder anders gesagt: freie, kostenlose Energie für alle. In der Aluhutszene bedeutet das nichts anderes als den Weg zum Weltfrieden, den natürlich auch Tesla im Sinn hatte, bevor er von Thomas Edison, dem Handlanger der Freimaurer (oder Satanisten, oder Echsenmenschen, oder Juden, oder satanischen Echsenjuden) hintergangen wurde. Die nach ihm benannte Tesla-Spule (oder auch Tesla-Transformator) war angeblich der Schlüssel dafür. Dass dieses Gerät sich für die gezielte Übertragung von elektrischem Strom nicht wirklich eignet, ist natürlich völlig egal. Man ist sich sicher: Tesla kannte die Wahrheit, wollte die Welt verbessern, und dafür wurde er schändlicherweise umgebracht. Doch nicht nur das. Die Mörder stahlen seine Erfindungen und benutzten sie fortan für das Böse. Wie etwa die Erdbebenmaschine, mit der die Mächtigen bis heute immer wieder gezielt Katastrophen auslösen. Gleichzeitig halten die dunklen Mächte alle Technologien Teslas, die der Menschheit irgendwie nutzen könnten, unter Verschluss. Und was hatte Tesla laut hysterischen Schwurbeldodos nicht alles erfunden: Eine Plasmatechnologie, die Materie erschaffen kann. Eine Methode, mit der sich Vegetation beeinflussen lässt. Die Möglichkeit der Dematerialisation. Und das Beste: eine Technologie, mit der Krankheiten kuriert werden können. Oft wird dabei von einer »Tesla-Healing-Machine« gesprochen, also einem Heilungsapparat, der die westliche Medizin überflüssig machen würde. Als Referenz werden hierfür gerne die sogenannten Hochfrequenz-Heilgeräte genannt, die zwischen dem Ersten und dem Zweiten Weltkrieg zum Einsatz kamen. Diese Geräte verwendeten eine Tesla-Spule, um sehr hohe Frequenzen zu erzeugen, die in einem Glasrohr hör- und sichtbar gemacht werden konnten. Dieses aufgeladene Glasrohr wurde an den Körper gehalten, um diesen kunst- und effektvoll zu behandeln. Berührte nämlich ein solches Rohr die Haut, entstanden im Glas ein beeindruckendes Summen und viele grelle, bunte Funken. Auf der Haut erzeugte das Ganze lediglich ein leichtes Kribbeln und sollte der besseren Durchblutung sowie der Blutauffrischung dienen. Eingesetzt wurden die Geräte gegen allerlei Beschwerden: Ausschläge, Schmerzen, Haarausfall, Bettnässen, Epilepsie und sogar einige Infektionskrankheiten. Eine echte Wirkung hatten solche Behandlungen allerdings im besten Falle auf psychologischer Ebene. Nichtsdestotrotz galten sie eine Zeit lang als Wunderwaffe der modernen Medizin.

Und während die Wissenschaft heutzutage durchaus das Lebenswerk Teslas schätzt und viele Theorien nicht gänzlich aufgegeben hat, leben seine Ideen in den Grundzügen esoterischer Pseudowissenschaften fort, wie Bioresonanzmedizin, Quantenheilung, Dunkelfeldmikroskopie und wie diese Eulenspiegeltherapien sonst noch alle heißen. Dort findet man letztendlich haufenweise Schwurbelmaschinen mit skurrilen Namen wie Diamond Shield Zapper, Power Tube, Neo Rhythm Device, Tesla Harmony Chip oder Multiwellen Oszillator. Alles ganz hochentwickelte »medizinische« Apparate, die natürlich auf Grundlage von geheimen Technologien und altem, über den normalen menschlichen Verstand hinausgehendem Wissen funktionieren. Oft wird in solchen esoterischen Kreisen der Aufbau einer Tesla-Spule mit dem Chakra-System des Menschen verglichen, weil angeblich beides auf der gleichen Frequenzebene orgelt. Doch erst mal genug davon.

Ich wollte mit diesem kleinen Exkurs lediglich die Bedeutung Teslas in der Schwurbelszene hervorheben, denn er war es schließlich, der die futuristische Technologie aus der Hohlerde für alle Menschen auf der Oberfläche zugänglich machen wollte. Wie eine Art Technik-Prometheus, der uns Neandertalern die Wunder des Kosmos darlegt. Sehr pathetische Formulierung, ich weiß. Sie bildet aber eine gute Überleitung zum nächsten Verschwörungswahn, der besagt, dass Tesla selbst ein Außerirdischer war – und zwar von der Venus. Sie wissen schon: Venus, der Planet mit der giftigen, undurchsichtigen Atmosphäre, die selbstverständlich nur eine Tarnung für das pralle Leben auf und unter der Oberfläche darstellt. Denn natürlich ist auch die Venus hohl.

Genau wie der Mond, übrigens. Das bedeutet also, Tesla hatte aufgrund seiner Herkunft Kontakt mit außerirdischen Technologien und somit auch leichten Zugang zu seinen Kollegen in der Hohlerde. Somit hätten wir ein weiteres außerirdisches Volk identifiziert: die Venusianer. Scheinbar geht es in der Hohlerde sehr wuselig zu. Denn neben den bereits genannten Völkern leben unter der Erde auch die Vril, die Pate standen für eine beliebte Verschwörungsfantasie rund um die fiktive Vril-Geheimgesellschaft. Diese mysteriöse Gemeinschaft soll am Aufstieg der Nationalsozialisten beteiligt gewesen sein und auch lange nach dem Krieg versucht haben, das Dritte Reich wiederauferstehen zu lassen. Vril ist dabei nicht nur der Name der Außerirdischen, sondern auch die Bezeichnung für eine übernatürliche, energetische Urkraft, die unterm Aluhut vieler Esoteriker bis heute noch fortlebt. Die Vril sind in diesem Szenario natürlich die Guten. Die Sache mit dem Weltkrieg war schließlich nicht deren Schuld. So eine Eskalation kann eben mal passieren, wenn man die Bösen bekämpft. Und mit den Bösen sind in diesem Fall tatsächlich nicht ausschließlich die Juden gemeint, sondern andere böse Außerirdische: die Reptiloiden.

Trommelwirbel. Da sind sie also endlich, die Superstars unter den Bösewichten. Die Diener des unaussprechlichen Grauens. Die satanischen Widersacher aller reinen Seelen. Und leider auch die Vorlage für so viele Verschwörungsmythen, dass es fast unmöglich erscheint, alle kursierenden Interpretationen aufzuzählen. Es gibt allerdings einen roten Faden in diesen paranoiden Gedankenkonstrukten: »Reptiloide Außerirdische haben seit Menschengedenken die Herrschaft über unseren Planeten gehabt. Sie haben sich den Menschen durch Genmanipulation so geschaffen, wie sie ihn haben wollten – als Sklaven und als feinstoffliche Nahrungsquelle.« Die Erde ist also im Grunde eine Art reptiloide Speisekammer. Und wir sind lediglich Snacks. Okay, und wo sind diese Reptiloiden, die mich vernaschen wollen?

Nun, hier wird es noch verrückter. Denken Sie an eine Person, die in der Öffentlichkeit steht und Einfluss hat. Zack, insgeheim ein reptiloides Wesen. Politiker:innen (ja, auch Angela Merkel), nahezu alle Hollywood-Stars, Sänger:innen, der Papst, Mark Zuckerberg, Königin Elisabeth II. und überhaupt alle Royals und Adligen auf der ganzen Welt: Reptiloiden in Menschengestalt. Ausnahmen bestätigen natürlich die Regel. Tragische Persönlichkeiten, die durch ungeklärte Umstände ums Leben kamen oder Suizid begingen, waren gottesfürchtige Lichtkrieger, die der Wahrheit zu nahe gekommen und im Auftrag der reptiloiden Overlords ermordet worden sind. Eine solche tragische Figur haben wir bereits kennengelernt: Nikola Tesla. Weitere Reptiloiden-Opfer waren beispielsweise John F. Kennedy, Michael Jackson, Heath Ledger oder Lady Diana. Auch sie wussten zu viel. Wobei gleichzeitig die Mythen kursieren, diese Menschen hätten ihren Tod inszeniert und wären lediglich aus Angst vor einer eventuellen Eliminierung durch reptiloide Killer untergetaucht – nur um irgendwann wieder überraschend in die Öffentlichkeit zu treten und die ganze schockierende Wahrheit aufzudecken. Besonders auf Lady Diana ruhen in der Szene viele Hoffnungen, denn sie hatte schließlich in die königliche Reptiloidenfamilie eingeheiratet und alle unvorstellbaren Gräueltaten mit eigenen Augen gesehen. Angeblich existieren geheime Tagebücher, in denen sie während ihrer Zeit im Buckingham Palace festhielt, wie Mitglieder des Königshauses ihr menschliches Aussehen ablegten und in ihrer echten reptiloiden Gestalt herumliefen. Und, wie mitteilungsbedürftige Schwurbelchronisten wissen: »Britney Spears schwört, dass Prinz William und die gesamte königliche Familie tatsächlich sich verändernde Reptilienmonster sind. Sie fand dies heraus, als sie vor ein paar Jahren mit ihm skypte. Selbst Wladimir Putin bestätigt, dass Königin Elisabeth ein Reptilianer ist und meidet sie. Britney Spears hat engen Freunden und Mitarbeitern erzählt, dass Prinz William ein Reptil ist, das in Momenten erhöhter Erregung zwischen menschlicher und Reptil-Form wechselt.« Kriegstreiber Putin, Herzblatt und Posterboy neurechter Autokratieverehrer, weiß also ebenfalls Bescheid.

Wieso aber die Geheimniskrämerei? Warum werden wir Menschen nicht in Käfigen gehalten und einfach bei Bedarf abgeschlachtet? Nun, das ist die falsche Frage, denn genau das passiert gerade in diesem Moment unter der Erde. Hinzu kommen all die Menschen, die immer wieder spurlos verschwinden – reine Nahrungsquelle. Des Weiteren werden die reptiloiden Gestaltwandler für nahezu alles Schlechte in der Welt verantwortlich gemacht. Wie? Nicht mehr die Juden? Zu früh gefreut. Wir wären nicht in eine Welt voller hirnverschmorter Rechtsesoteriker, wenn wir nicht jederzeit über judenfeindliche Hetze stolpern würden. Selbstverständlich sind die Drahtzieher des großen reptiloiden Netzwerkes, das die Welt ins Chaos stürzt, einflussreiche Menschen jüdischen Glaubens. Ein Name, der immer wieder fällt, ist George Soros. Der Geschäftsmann und Philanthrop spielt in nahezu jeder Verschwörungsfantasie eine Rolle. Wenn das stimmte, hätte der gute Mann – 91 Jahre alt – keine einzige freie Sekunde mehr in seinem Terminkalender. »Heute wieder heimlich neue Schattenregierung installieren, gar kein Bock!«

Der Grund, warum das Ganze im Verborgenen geschieht und wir nichts davon mitbekommen, ist einerseits, weil die Medien, die meisten politischen Systeme und überhaupt alle öffentlichen Instanzen, inklusive Kirchen, komplett unter reptiloider Kontrolle stehen, und andererseits, weil die den Menschen wohlgesinnten Außerirdischen sich zu einer galaktischen Föderation zusammengeschlossen haben, die uns und die Erde beschützen. Mit einer solchen Weltanschauung kann man übrigens auch die Eintrittskarte zu diversen sektenartigen Gemeinschaften lösen, etwa zu der sogenannten RAEL-Bewegung, einer Gruppe UFO-Gläubiger, die den Empfang unserer außerirdischen Schöpfer vorbereiten und das menschliche Klonen ermöglichen wollen –

oder sich ganz klassisch in eine abgefahrene Parallelwelt flüchten, die leider nur auf den ersten Blick witzig erscheint. Der ganze Humbug rund um böse Echsenwesen hat nämlich nur eines zur Folge: Die Entmenschlichung vermeintlicher »Feinde«, und damit sinkt die Hemmschwelle, Gewalt auszuüben.

Heute wird dieser Verschwörungsglaube hauptsächlich von der Esoterikszene am Leben gehalten. Als prominentestes Beispiel für derlei progressive Grütze wäre Christina von Dreien zu nennen. In ihren Büchern, YouTube-Videos und Vorträgen, mit denen sie im deutschsprachigen Raum regelmäßig die größten Hallen füllt, schwadroniert sie über »unlichte« Außerirdische, die insgeheim die Welt beherrschen und sich von der Angst der Menschen ernähren. Sie erzählt von »riesigen unterirdischen Höhlensystemen, deren Eingänge an der Erdoberfläche liegen und durch die man viele Tausende von Metern ins Erdinnere hineingelangen kann«, wo sich »seit Jahrtausenden destruktive reptiloide und dinoide Wesen versteckt halten«. Durch diese Höhlen gelangt man schließlich in die eigentliche Hohlerde, deren Bewohner wahlweise in der dritten, vierten oder fünften Dimension leben. Dort, im Zentrum der Erde existiert sogar eine kleine Sonne, die Licht und Energie für eine reiche Flora und Fauna spendet. Diese Innere Welt ist natürlich das reinste Paradies und Heimat für Millionen hochentwickelter Menschen, und so weiter, bli-bla-blupp. Christina von Dreien bedient sich der ganzen alten Verschwörungsgeschichten über die Hohlerde und frittiert sie in spirituellem Butterschmalz, um sie für eine neue Generation desillusionierter, nach Aufmerksamkeit gierender möchtegern-erleuchteter Pseudo-Hippies schmackhaft zu machen. Ach ja, der heilige Josef höchstpersönlich lebt auch da unten. Warum auch immer. Und, als ob eine hohle Erde nicht genug wäre: »Die schwarzen Flecken auf der Oberfläche unserer Sonne sind übrigens Eingänge ins Innere der Sonne. Denn auch dort gibt es, wie überall, Leben.« Alles klar, Christina.

Ein anderer esoterischer Quacksalber, der im braunverschlackten Kopp-Verlag heimisch werden konnte, hält in seinen Büchern fest, wie nach dem Zweiten Weltkrieg eine außerirdische Rasse, die wir heute als Reptiloide kennen (und lieben), den militärisch-industriellen Komplex der USA infiltrierte, um so ein geheimes Weltraumprogramm mit interstellaren Häfen in der Antarktis, auf dem Mond und dem Mars aufzubauen. Daraufhin gründeten die Außerirdischen überall im Sonnensystem Kolonien, und bis heute halten sie sich dort unzählige menschliche Arbeits- und Sex-Sklaven. Es geht in diesem – leider völlig ernst gemeinten – Mix aus Geschichte, rechter Esoterik und aberwitziger Science Fiction auch um den Einfluss der Reptiloiden im alten Ägypten, in Atlantis und im Dritten Reich, wo sie natürlich die armen Deutschen bloß manipuliert haben oder sogar selbst, als Nazis verkleidet, hinter den Gräueltaten steckten.

In vielen weiteren Büchern anderer Autorinnen und Autoren, in Internet-Blogs und natürlich in entsprechenden Gruppen in sozialen Medien werden darüber hinaus immerzu Botschaften von Vertretern jener galaktischen Föderation oder generell von irgendwelchen außerirdischen Persönlichkeiten veröffentlicht.

»Geliebte Erdenlichter – wir begrüßen Euch in der reinen Herzensschwingung unseres Seins – wir sind Limael und Sandorin – und wir sprechen aus der siebten Energiedichte aus Aldebaran zu Euch. Wir sind wie Eure Geschwister – die Euch beim Aufstieg in das bewusste Christus-Selbst unterstützen. Wir begleiten Euch – liebe Erdengeschwister – mit jedem Atemzug und senden Euch liebevolle Impulse – die Euch an Eure ursprüngliche Essenz erinnern. Aufstieg in das kosmische Christus-Selbst – das ist unser gemeinsamer Weg und wir unterstützen all jene – die dafür bereit sind.« Stopp – kurze Pause. Vordergründig bieten diese in LSD getränkten Texte den typischen Brei aus schwammigem, aufgewärmtem Aberglauben und naiven Heile-Welt-Fantasien, im Kern jedoch bilden sie lediglich die konsequente

Weiterentwicklung eines völlig absurden Verschwörungsmythos. Oder was, um Himmels willen, ist das: »Es beginnt jetzt ein großes Katz-und-Maus-Spiel um die Wahrheit auf euren Planeten. Die Kräfte ringen nun miteinander. Neuigkeiten werden um den Äther ihre Kreise ziehen, die für manche unglaublich scheinen, für andere lang gehegte Hoffnungen erfüllen. Es ist ein Spiel um die Köpfe der Menschen. Ein Kampf um ihren Geist. Denn ist dieser Geist in seiner Masse des kollektiven Unterbewusstseins die stärkste Triebkraft auf diesem Planeten. Wer sie beherrscht, beherrscht die Manifestationsgewalt für Tausende Jahre. Ihr seid frei, doch wisst ihr es nicht. Und dieser Umstand macht euch manipulierbar. Und die Dunkelkräfte möchten aus dieser eurer Macht schöpfen. So ist es eine Gratwanderung. Eine geistige Schlacht um das Vertrauen der Menschen. […] Bedenkt, jeder befreit sich selbst aus dieser Matrix oder nicht. Jedem ist es seine Entscheidung. So entscheidet nicht für andere, doch führt, wo Führung notwendig und gewünscht ist. Vertraut in den Seelenplan der Menschen. Ich sende euch mein Licht und meine Liebe, und freue mich auf euch, wenn wir uns treffen in der neuen Ära. Narzi Kuman Londo, galaktische Föderation.« Klingt irgendwie alles nach einem außer Kontrolle geratenen Rollenspiel. Und einem heftigen Drogentrip. In »Fachkreisen« sagt man allerdings Channeling dazu. Das sind grob gesagt Nachrichtenübermittlungen von Wesen aus anderen Welten, darunter auch Geistern und Engeln, durch ein sogenanntes Medium. Meist sind das Botschaften, die lediglich das eigene Weltbild unterstreichen sollen, oftmals dienen »gechannelte« Nachrichten aber auch als Werbung für diverse Dienstleistungen, wie etwa die Kommunikation mit verstorbenen Verwandten, wofür manche Menschen erstaunlich viel Geld bezahlen.

So oder so: Channelings, egal welcher Art, sind fester Bestandteil der Esoterikszene. Sie gehören dazu wie Flatulenzen zu einem deftigen Chilli. Und selbstverständlich gibt es solche

Darmwinde auch von Personen aus der Hohlerde: »Seid gegrüßt meine Lieben. Ich bin Adama, der Hohe Priester von Telos. Ich kommuniziere mit euch aus unserer unterirdischen Stadt unterhalb des Mount Shasta. Wir haben die Fähigkeit, viel Heilung in die mannigfaltigen Aspekte eurer Leben einzubringen, die einer größeren Ausbalancierung bedürfen. Seid versichert, dass wir immer willens, fähig und bereit dazu sind, euch auf so viele Arten zu assistieren. Um der Klarheit willen, lasst mich euch erklären, dass wir nun fünfdimensionale Wesen geworden sind. Unsere Körper haben einen Zustand der Unsterblichkeit und Perfektion erreicht. Wir haben gewählt, in ihnen genügend Dichte zu bewahren, sodass sie sichtbar und berührbar bleiben ohne irgendwelche Begrenzungen zu erfahren. Die göttliche solare Blaupause unserer Körper ist die gleiche wie eure. Unsere DNS ist ebenfalls die gleiche wie eure gewesen ist, bevor ihr in solch große Dichte hineingezogen und manipuliert worden seid, wie ihr sie auf der Oberfläche für eine sehr lange Zeit erfahren habt. Dies bedeutet, dass unsere DNS viel weiter entwickelt ist, als eure jetzt. Unsere physischen Körper sind nie so degeneriert worden und mutiert wie eure. Wir haben die Fähigkeit, willentlich in der dritten, vierten und fünften Dimension zu surfen und dies beschert uns viel Flexibilität, Freiheit und Entzücken. [...] Grundsätzlich haben eure und unsere Körper dasselbe Potential; sie wurden mit dem gleichen göttlichen Blaupausen-Muster erschaffen. Das bedeutet, ihr Lieben, dass ihr in ein paar Jahren, wenn sich euer Bewusstsein von den Begrenzungen und Bewertungen der dreidimensionalen Frequenz zum Bewusstsein und zur bedingungslosen Liebe der fünften Dimension aufschwingt, lernen werdet, die Frequenz eurer Körper anzuheben, so wie wir es getan haben. Ihr werdet schrittweise das Entzücken des Sehens, Fühlens und Erlebens erfahren, wenn sich eure physischen Körper direkt vor euren Augen Stück für Stück transformieren, und das innerhalb einer relativ kurzen Zeit. [...] Wir senden euch unsere Liebe und unsere Freundschaft aus Telos.« Netter Kerl, dieser Adama. Kein Wunder, die Einwohner von Telos sind nämlich nichts anderes als die Überlebenden der verlorenen Kontinente Atlantis und Lemuria: »Telos ist eine höchst wundervolle und magische Lichtstadt geworden und sie ist unser Zuhause seit der Zerstörung unseres Kontinentes. Obwohl beinahe dreihundert Millionen unserer Leute bei der Explosion umgekommen sind, haben fünfundzwanzigtausend von uns überlebt. Heute könntet ihr fast 1,5 Millionen von uns zählen, die bei uns im Inneren der Erde leben.« Damit wäre auch das Rätsel von Atlantis mehr oder weniger gelöst.

Was ich mich zwischen all diesem Irrsinn frage: Kann die galaktische Föderation nicht einfach kurzen Prozess mit den bösen Reptiloiden machen? Was soll dieses Gerede über Schutz und Hilfe, wenn hier ja doch permanent die sprichwörtliche Kacke am Dampfen ist? Die Antwort ist so einfach wie langweilig: »Das Göttliche bringt immer das nötige Gleichgewicht, damit alle koexistieren können.« Das heißt, jeder Mensch muss selbst gucken, wo er bleibt: Spiritueller Aufstieg, um dann irgendwann mit coolen Aliens in der fünften Dimension abzuhängen, oder die totale Selbstaufgabe und das Leben weiterhin als Sklave der dunklen Mächte fristen. Doch während die einen Außerirdischen nur Licht und Liebe predigen, versprechen andere Außerirdische, sich tatsächlich einmischen zu wollen. Bald. Demnächst. Irgendwann. Ganz sicher. »Viele wichtige Schlachten werden geschlagen werden, und an vielen wichtigen Orten werden sich die Menschen miteinander vereinigen. Darüber hinaus ist alles für einen globalen Finanz-Neustart mit dem Einsatz neuer Werkzeuge und Methoden vorbereitet, was bedeutet, dass alle alten Methoden der Schaffung und Kontrolle der Wirtschaft in einem Wimpernschlag abgeschafft werden. Und so können viele neue Technologien, die unterdrückt wurden, endlich ans Tageslicht kommen! Wir haben unseren Plan so gut vorbereitet, so reibungslos, Schritt für Schritt, Zentimeter für Zentimeter, hier ein Tag, dort ein anderer Tag. Und wir sind dabei, unser letztes Ziel zu erreichen: Die endgültige Befreiung des Planeten Erde aus der brutalsten Sklaverei in diesem Universum. Die dunklen Mächte halten die Welt in Knechtschaft und werden von dämonischen Wesenheiten kontrolliert, die Eure Evolution behindern, die darin besteht, dass Ihr auf die nächste Ebene der Liebe, des Friedens und der Einheit aufsteigt, während sie von Eurer Angst, Eurem Zorn und Eurem Kummer leben. Diesmal wird der Kampf mit den dunklen Kräften nicht mehr auf der Astralebene stattfinden, sondern auf der Oberfläche Eures Planeten, und es werden viele wichtige Schlüsselentscheidungen getroffen und viele Schlüsselschlachten geschlagen werden, um alles für das Ereignis vorzubereiten.« Alles klar, ruft mich an, wenn es so weit ist. Ich werde aber wahrscheinlich nicht rangehen.

Interessant bei all dem Reptiloiden-Wahn ist der Glaube, dass es auch gute Vertreter dieser Spezies gibt. Denn »auf jeder Seite von Rassen gibt es Gute und Böse«. Darüber hinaus gibt es auch nicht *die* Reptiloiden: »Es gibt viele Repto-Rassen. Denen aus der inneren Erde begegnet man auch nicht einfach so, wahrscheinlich gibt es dort eine andere Schwingungsebene. Die Reptos auf der Oberfläche sind nicht wirklich echt, sie haben eine Repto-Seele, sehen aber aus wie wir.« Okay, dann gibt es also Reptiloiden, die hier in menschlicher Verkleidung herumlaufen *und* Menschen mit einer reptiloiden Seele? »In unserer heutigen Gestalt leben wir erst seit etwa 5000 Jahren! Vor der Sintflut hatten wir stärkere reptiloide Kopf- und Körperformen und waren Arbeiter für einige herrschende Klassen Außerirdischer. Mit der, nach der Sintflut erfolgten genetischen Veränderung entwickelten wir uns zum heutigen Homo Sapiens und wurden dominanter und damit unberechenbarer für die damaligen außerirdischen langköpfigen Besatzer der Erde. Daran war letztendlich das Vrilerbe, das wir am besten aufnahmen, beteiligt. Die Vril beschützten uns damals vor einer globalen Vernichtung. Die anderen Spezies zogen von der Erde ab.« Respekt. Sehr eindrucksvoll wurde hier kreationistisches Bibel-Geschwätz mit esoterischen Reptiloidenmythen vermengt. Die fragwürdige Ehre gebührt in diesem Fall Christa Jasinski, überschwängliche Schwurbel-Koryphäe, die ganze neun Bücher über die Hohlerde geschrieben hat.

Ihre Werke beruhen angeblich auf den Tagebüchern ihres Mannes, der regelmäßig Kontakt mit Hohlerdenbewohnern hatte. Informationen aus erster Hand also. In ihrer Buchreihe beschreibt sie folglich nicht nur die verschiedenen Zivilisationen der Hohlerde, sondern gibt auch ihre gewonnenen Einblicke in die geheime Geschichte der Menschheit wieder, klärt über verschiedene außerirdische Rassen auf und presst dann alle »Informationen« in ein buntes, religiös-esoterisches Korsett, sodass sich das Ganze am Ende anfühlt wie eine irrwitzige Mischung aus einer Kinderbibel und einem trashigen Science-Fiction-Roman. Als hätten Douglas Adams und Lewis Carroll zusammen eine überlange Sonntagspredigt geschrieben. Alkoholisiert und vollgepumpt mit Opium. Von Christa erfahren wir auch: »Euer vermeintliches Mittelalter ist viel komprimierter und das römische Imperium weniger prächtig in seinen Bauten. Viele Bauten, die ihr dem römischen Imperium anpreist, wurden erst viel später erstellt. Auch das Kolosseum ist erst an die 1200 Jahre alt. Es stand nur etwa 50 Jahre, dann begann es zu verfallen. Ständige Neubauten erhielten es, damit der Vatikan ein leichtes Religionsspiel hatte.« Ach, und den Kölner Dom haben in Wahrheit atlantische Gnome aus einem riesigen Stück Käse geschnitzt!

Solche »Argumentationen« rund um eine »gefälschte Geschichte« sind unter Verschwörungssottos tatsächlich ein äußerst beliebtes Mittel, um die Kurzschlüsse im Kleinhirn zu erklären. Gerade im Bezug auf reptiloide Wesen hat sich unsere Vergangenheit ganz anders abgespielt. So lebten die Reptiloiden noch vor den Dinosauriern auf der Erde, es gibt sie also schon seit einer

Million Jahren. Eine Million? Sind die letzten Dinos nicht vor über 60 Millionen Jahren über den Jordan gegangen? Nein, weil laut den Schwurbel-Historikern die Dinosaurier maximal eine Million Jahre alt sein können. Weil das nun eben so ist. Weiter im Text: Die Reptiloiden kamen ursprünglich von einem Planeten aus dem Sternbild des Drachen. Ha, wie passend. Die Reptiloiden fanden die Dinos aber irgendwie blöd, löschten diese aus und züchteten eine mehr oder weniger intelligente Sklavenrasse: die Menschen. Wie das aber nun mal so ist, wenn jemand auf Koks ein schlechtes Drehbuch für einen billigen Science-Fiction-Film schreibt, entstanden über die Zeit sexuelle Spannungen zwischen Ober- und Unterklasse und es wurden Mischwesen geboren. Das fanden Reptiloide und Menschen gleichermaßen nicht so toll. Es gab Aufstände, Kriege und im privaten Rahmen bestimmt auch eine Menge Reptilio-und-Julia-Momente. Eins meiner Highlights ist übrigens die Annahme, das römische Imperium sei ein Versuch der Reptiloiden gewesen, ein weiteres Mal die Erde komplett zu versklaven. Die römischen Kaiser waren selbstverständlich reptiloide Herrscher, die mit außerirdischer Technologie die Menschheit unterjochen wollten. Nur die heißblütigen Germanen boten den Fieslingen die Stirn. Klar. Deswegen zerfiel das Imperium natürlich auch … Moment. Halt. Stopp. Ich merke, wie sich beim Tippen dieser letzten Sätze eine unangenehme Gänsehaut auf meinem Hirn bildet. Wenn Sie das auch mal spüren möchten, »empfehle« ich Ihnen die lethargische Lektüre namens »Die geheime Weltherrschaft der Reptiloiden«. Sie wurden hiermit gewarnt.

Man kann übrigens nicht über reptiloide Wesenheiten reden, ohne kurz auf David Icke einzugehen. Icke war nämlich derjenige, der Mitte der 1990er-Jahre aus den vielen verstreuten Verschwörungserzählungen einen einzigen großen Popel formte und mit spirituellen Ansätzen anreicherte. Er ist eine Schlüsselfigur für die heutigen Verschwörungsklischees, indem er all die bereits vorhandenen Mythen über Illuminaten, Außerirdische und eine jüdische Weltverschwörung zu einem Netzwerk verknüpfte. So ergaben beispielsweise die antisemitischen Hasslegenden plötzlich einen Sinn, weil die Juden damals mit den bösen Außerirdischen zusammengearbeitet hatten. David Icke verband die Verschwörungsfantasien vergangener Jahrzehnte mit den Ängsten und Sorgen der Gegenwart – wie die fortschreitende Globalisierung oder der sich rasant entwickelnde technische Fortschritt – und hüllte sie in ein esoterisches Gewand, um so besonders jene Menschen anzusprechen, die bis heute wissenschaftsfeindliche Tendenzen in ihrer Weltanschauung aufweisen und meinen, mit Aberglauben alles erklären zu können. In seinen Büchern geht es um Echsenmenschen und die sogenannte Neue Weltordnung – *das* Schreckgespenst der Aluhüte –, deren Ziel es sei, alle Menschen zu versklaven; es geht um Vampire, die in Wahrheit außerirdische Formwandler und auf menschliches Blut angewiesen sind, um ihre menschliche Gestalt zu bewahren; um die Verteufelung der Religionen, allen voran der katholischen Kirche, die in Wahrheit nur Tarnung für einen satanischen Kult ist, der in der Tradition aztekischer Rituale grausame Menschenopfer praktiziert; um Computerchips, die alle Menschen überwachen und kontrollieren sollen. Es geht um Zombies, um Chemtrails, um gute und böse Reptiloide und und und. David Icke hat es geschafft, die irrsinnigsten Verschwörungsfantasien in den Mainstream zu hieven. Er lieferte leicht verständliche Erklärungen für unerklärliche Dinge und traf damit den Nerv der Esoterikszene, die diese neuen, bahnbrechenden Erkenntnisse, die über Engel, Geister und andere angestaubte Mystizismen hinausgingen, gierig aufnahm und zu noch skurrileren Weltbildern aufbaute. Ein bisschen wie stille Post in einer psychiatrischen Anstalt. Heute glauben junge Menschen an geheime reptiloide Welteliten, die mit außerirdischer Technologie aus der Hohlerde die Menschheit kontrollieren sowie durch Impfungen zu willenlosen Sklaven umprogrammieren, und haben womöglich noch nie etwas von David Icke gehört. Oder Perry Rhodan. Denn man kommt nicht drumherum, die Erzählungen über Echsenwesen mit den beliebten Heftromanen aus den 1960er-Jahren zu vergleichen. Dort waren reptilienartige Außerirdische an der Tagesordnung, mit dem Unterschied, dass es sich dabei um seichte Science-Fiction handelte. Wobei ... Sie ahnen es bereits: Natürlich waren auch die Perry-Rhodan-Geschichten versteckte Dokumentationen. Genau wie die Schriften von Robert E. Howard, H.P. Lovecraft (der mit seinen Vorstellungen über kosmische Urgötter und deren Abkömmlingen, die noch unter uns weilen, bis heute unzählige Aluhüte zum Glühen bringt), Edgar Allan Poe (dessen Romanfigur in »Die Erzählung des Arthur Gordon Pym« angeblich in die Hohlerde stürzt) und überhaupt alle fantastischen Schriftsteller:innen – womit wir auch wieder bei Jules Verne angekommen wären, was den Kreis der schriftlichen Beweise für Echsenwesen und andere Außerirdische innerhalb und außerhalb der Erde schließt.

Kommen wir zu guter Letzt noch zur Masterfrage: Wie gelange ich in die Hohlerde? Nun, am einfachsten wäre es durch die natürlich entstandenen Haupteingänge am Nord- und Südpol. Denn: »Wie kann ein massiver Erdkern gebildet werden, wenn Planeten durch Rotation der Masse entstehen? Bei jeder Rotation gibt es eine Achse, um die sich alles dreht. Wie aber sollte sich an der Achse Masse sammeln? An der Achse kann sich wegen der Fliehkraft keine Masse halten, es muss innen also hohl sein. Wenn es innen hohl ist, gilt dies für die gesamte Achse, also auch für die Pole; es muss jeweils eine Öffnung vorhanden sein. Bei einer Waschmaschine sammelt sich die Wäsche beispielsweise an der Wand. An der Achse, von der Tür bis zur Wand, entsteht ein Hohlraum. Wenn Öffnungen vorhanden sind, entsteht bei Quer-Rotation der Erde ein Sog; Wolken, welche um die Öffnung kreisen, werden auf der einen Seite (Südpol) ins Innere gezogen und treten auf der anderen Seite (Nordpol) wieder aus. Das ist Wissen, verborgen vor der Öffentlichkeit!« Tja, dieses Wissen war dann wohl nicht besonders gut verborgen, wenn jeder Plastikphilosoph auf Facebook darüber schreiben kann. Jemand beim reptiloiden Geheimdienst wird jetzt bestimmt seinen Job verlieren.

Abgesehen davon: Die Erde mit einer Waschmaschinentrommel vergleichen? Wie genial ist das denn, bitte? Allerdings weist die Theorie einen entscheidenden Fehler auf, denn: Sobald jemand einen derartigen Vergleich formuliert, fangen alle toten Physiker:innen auf dieser Welt an, in ihren Gräbern zu rotieren – und zwar so heftig, dass sie die Fliehkraft der Waschtrommel massiv stören würden. Zu den Polen: Der Glaube, dass sich dort die Eingänge zur Hohlerde befinden, greift auch die alte Theorie aus dem 17. Jahrhundert über die Nordlichter auf, die eigentlich aus dem Inneren der Erde kommen. »Das schimmernde Licht über dem Nordpol ist nicht zufällig nur dort zu sehen, denn es scheint durch die Polöffnung aus der Innererde nach draußen, aber das lehrt euch niemand in den Freimaurerschulen, außer Lügen!« Alles klar, Meister. Wusste gar nicht, dass ich auf einer Freimaurerschule war. Wie bitte? Alle Schulen sind Freimaurerschulen, in denen nur Lügen gelehrt werden? Gut, dann wäre das auch mal geklärt.

Liebe Leserinnen und Leser, merken Sie sich das, bitte. Es ist nämlich eins der Hauptargumente, die Schwurbelhauben gegen wissenschaftlich geprüfte Fakten anführen. Leider kann man nicht einfach zu den Polen reisen und an die Tür klopfen, denn in diesem Fall sind sich die Anhänger der hohlen und der flachen Erde absolut einig: Das Militär beziehungsweise überbezahlte NASA-Söldner der grimmigen Weltherrscher bewachen die Pole und lassen niemanden in deren Nähe. Die NASA nimmt hier auch wieder die Rolle der großen Vertuscher ein, die mit gefälschten Bildern die offensichtlichen Eingänge an den Polen geheim hält. Glücklicherweise haben die cleveren Internet-Detektive verschiedene Seiteneingänge in die Hohlerde gefunden. Etliche davon sind auch in Deutschland zu finden. Am Untersberg in den Alpen, beispielsweise. Oder in der Eifel. Oder an der Donau: »Die Donau soll ja im Inneren der Erde entspringen, also nicht einfach unter der Erde, sondern in einer Welt unter der Erde. Viele Phänomene sollen deshalb an der Donauquelle passieren, wie unheimliche Geräusche und Lichter und sogar reptilienähnliche Wesen gehen dort manchmal umher.« Faszinierend. Und obwohl sie scheinbar so dermaßen bekannt sind, hat komischerweise noch niemand den Abstieg durch diese Öffnungen gewagt. Oder vielleicht doch? Gibt es bloß keine Berichte darüber, weil die Elite alle Beweise vernichtet hat? Und wenn dem so wäre, warum verschließt man diese Durchgänge nicht einfach oder stellt wenigstens ein paar kräftige Mucki-Echsen als Türsteher auf? Nun, dafür gibt es unter anderem die Erklärung, dass die Durchgänge nur zu bestimmten Zeiten, während besondere Energien wirken, offen sind. Und es wäre äußerst schwierig, den richtigen Zeitpunkt vorherzusagen. Des Weiteren begäbe man sich dabei in Lebensgefahr, weil die Regierung überall in der Nähe Agenten stationiert hat, die dafür Sorge tragen, dass niemand die Portale benutzt.

Trotz dieser Gemeinsamkeit mit den Flachdenkern haben Hohlerde-Gläubige doch eine ziemlich eindeutige Meinung über ihre Schwurbel-Kollegen: »Flat Earth wurde als Desinformation und Spaltpilz in die Welt gesetzt, als immer mehr Informationen den Beweis antraten, dass die Erde hohl ist.«

Und wenn sie nicht gestorben sind, dann schwurbeln sie noch heute.

Chemtrails oder:
Warum riecht es hier nach Essig?

> Rosen sind rot,
> Chemtrails sind es nicht,
> die bringen den Tod,
> und schmelzen mein Gesicht.

Es folgt eine dramatische Pause, begleitet von schaurigem Fackellicht, Donner und Blitzen, während im Hintergrund das Wehklagen Millionen gequälter Seelen ertönt ... So oder so ähnlich präsentieren alubehütete Dodos ihre Gruselgeschichten über Chemtrails, wenn sie im Internet davor warnen. Nur ohne zu reimen. Und mit viel mehr Rechtschreibfehlern.

Die Chemtrail-Verschwörung ist aus der Schwurbelszene nicht mehr wegzudenken. Neben Mondlandung und 9/11 stellt sie heutzutage vielleicht den häufigsten Einstiegsmumpitz in die verstrahlte Seifenblasenwelt der Verschwörungsmythen dar. Falls es an Ihnen vorbeigegangen sein sollte: Der Begriff »Chemtrails« ist eine Zusammensetzung aus »Chemicals« und »Contrails« und beschreibt im Grunde so ziemlich alle Kondensstreifen, die Flugzeuge am Himmel hinterlassen: In Wahrheit sind das nämlich keine Kondensstreifen, sondern absichtlich versprühte Chemikalien, die das Wetter manipulieren und uns alle vergiften. Weil die bösen Eliten, die das alles koordinieren, nun ja, böse sind und deshalb böse Dinge tun. Wobei die Gründe selbstverständlich viel tiefsinniger und fantasievoller sind, wie wir bald erfahren werden. Ich möchte vorher nur kurz einschieben, dass Kondensstreifen sich mit konventionellen Mitteln der Naturwissenschaften wie Physik und Chemie wunderbar langweilig erklären lassen. Die Entstehung von Kondensstreifen hängt von mehreren Faktoren wie Luftfeuchtigkeit, Temperatur, Flughöhe, Flugrichtung und sogar Art der Flugzeugmotoren ab. Diese bestimmen mitunter auch das Aussehen und die Beständigkeit solcher Streifen, wenngleich Verschwörungsfetischisten da fraglos zwischen »normalen« Kondensstreifen und »Todesstreifen« unterscheiden können.

Es gibt in sozialen Netzwerken fast unendlich viele Gruppen, Seiten und Kanäle, die sich über Chemtrails austauschen. Dort werden regelmäßig Fotos von Kondensstreifen, die man pathetisch »Luftangriffe« nennt, geteilt, während man sich gegenseitig mit »Erkenntnissen« über den Sinn und Zweck der Chemtrails überbietet. Und hier wird es interessant. Oder sollte ich schräg sagen? Denn einerseits herrscht zwar absolute Einigkeit darüber, dass Chemtrails uns schaden und grundsätzlich negative Auswirkungen auf die Natur und das Leben haben, andererseits gibt es fast so viele verschiedene Erklärungsmodelle dafür wie Kondensstreifen am Himmel.

Die klassische Triebfeder für den Einsatz von Chemtrails ist die allgemeine Bevölkerungsreduktion. Ganz einfach. Die Menschen sollen sterben. Weil es offenbar zu viele davon gibt und die Eliten scheinbar gar nicht so viele benötigen. Begründet wird das sehr gerne mit den »Georgia Guidestones« – einem ominösen Granitkunstwerk, das einige Rätsel aufwirft, denn bis heute scheint die Identität der Auftraggeber ungeklärt. Besonders interessant sind in diesem 1980 errichteten Bauwerk jedoch die zehn »Leitsätze für die Menschheit«, die in verschiedenen Sprachen eingraviert wurden. Darunter befindet sich auch der entscheidende Punkt, der besagt, man solle die menschliche Bevölkerung unter 500 Millionen halten, im fortwährenden Gleichgewicht mit der Natur. Sachliche Interpretationen bezüglich Errichtung und Botschaft der »Guidestones« gehen davon aus, dass das massive Kunstwerk als rationales Grundkonzept für den Aufbau einer neuen Gesellschaft dienen soll, wenn die Welt in einem Atomkrieg untergeht. Anfang der 1980er-Jahre war das immerhin eine durchaus berechtigte Sorge, denn: Auf dem Höhepunkt des Kalten Krieges entstanden, spiegeln der Bau und seine »Leitsätze« die reale Angst vor einer totalen Vernichtung wider, mit dem Willen, die Botschaft an die Überlebenden zu hinterlassen, nicht die gleichen Fehler zu begehen. So erklären sich auch andere Richtlinien wie »Vereine die Menschheit mit einer neuen, lebenden Sprache« oder »Schütze die Menschen und Nationen durch gerechte Gesetze und gerechte Gerichte«. Egal. Der gemeine Aluhut sieht darin lediglich den Aufruf, die Bevölkerung auf 500 Millionen Menschen zu reduzieren. Alles andere ist viel zu kompliziert und bestimmt nur ein Ablenkungsmanöver der Elite. Apropos: Bei stetig steigenden Bevölkerungszahlen leistet besagte Elite irgendwie ganz schlechte Arbeit.

Insgesamt ist es wohl recht anstrengend geworden, eine immer größere Anzahl von Menschen zu kontrollieren, ohne dabei den Überblick zu verlieren. Also vergiften die bösen Weltherrscher die Atmosphäre, weil das so schön unauffällig ist. Und so werden einfach mal eben tödliche Substanzen in die Luft gesprüht, vorzugsweise Barium und Aluminium. Das sind zumindest die zwei Elemente, die am häufigsten von den Chemtrail-Fanatikern genannt werden. Und das hat auch einen plausiblen Grund: Das chemische Zeichen für Barium lautet Ba. Das für Aluminium Al. Zusammengelegt ergeben die Buchstaben das Wort Baal, was natürlich nicht zufällig der Name des berühmten semitischen Gottes ist, der im Christentum zum Dämon gemacht und im Laufe der Zeit sogar mit Satan gleichgesetzt wurde.

Wie auch immer, da wären wir also wieder bei Satan angekommen. Immer wieder Satan. Der König der Hölle, dem die Eliten huldigen, ist selbstverständlich auch für die Vergiftung der Menschheit verantwortlich. Schock überwunden? Gut. Dann sind Sie hoffentlich bereit für die nächste Enthüllung: »Guten Morgen, Freunde! Da wurden seit Stunden wieder Giftstoffe ausgebracht: Aluminium, Strontium, Barium, auch Viren und Bakterien können beigemischt werden! Die systematische Vergiftung der Menschheit geht weiter.« Hui, neben giftigen Elementen also auch Viren und Bakterien. Was noch? Pilze? Nanobots? Fleischfressende Mikroorganismen? Zimt? Die Antwort lautet traurigerweise: nein. Also bezüglich Zimt. Die anderen genannten Dinge sind tatsächlich Teil der Chemtrail-Verschwörung. Die Flugzeuge sprühen nämlich auch die sogenannten Morgellons über uns ab: »Die betreiben DNA-Hacking. Es wird über die Morgellons in Chemtrails eine Schnittstelle über Nano RFID im Kopf installiert. Die Blutplasma-Parasiten befinden sich im Regen und in der Atmosphäre, nachdem die Chemtrail-Flieger ihr Werk getan haben.« An dieser Stelle eine kurze Erläuterung: Menschen, die glauben, an der »Morgellon-Krankheit« zu leiden, geben an, dass Fasern durch ihre Haut wachsen oder Parasiten in ihnen Einfluss auf ihre Gedanken ausüben. In der Medizin wird dies auf eine psychische Störung als Variante des Dermatozoenwahns zurückgeführt. Das ist die wahnhafte Vorstellung, dass sich Lebewesen unter der Haut befinden. Die Patienten sind oft von Juckreiz, Schmerzen und Angst geplagt. Beweise für eine reale Erkrankung durch Parasiten liegen allerdings nicht vor. Die Betroffenen glauben dennoch fest daran, von irgendwelchen Lebewesen befallen zu sein. Textil- und Fruchtfasern sowie Staubpartikel halten dann als Beweise für die Existenz der Morgellons her. Eine psychiatrische Behandlung lehnen die Patienten in der Regel leider ab. Insbesondere, wenn sie von anderen Geplagten und – besonders schlimm – esoterischen Wunderheilern in ihrem Wahn bestärkt werden. Das ist ein ganz großes Problem. Im Zeitalter des Internets mutierte diese Wahnvorstellung zudem zu einer umfassenden Verschwörungsfantasie, nach der Morgellons künstlich erschaffene Parasiten seien, die von der Regierung verteilt werden, um Menschen damit zu kontrollieren und/oder krank zu machen. Diese angeblich mit künstlicher Intelligenz ausgestatteten Fadenwürmer sollen regelmäßig über Chemtrails in die Atmosphäre gesprüht werden und sich inzwischen überall in und um uns herum befinden. In der Luft, im Trinkwasser und in der Nahrung. Es gibt diverse Communitys in den sozialen Medien, die sich ausschließlich mit Morgellons beschäftigen, wobei dieser Wahn beziehungsweise diese Verschwörung eng mit dem Chemtrail-Glauben und anderen Verschwörungsmythen rund um eine Neue Weltordnung verknüpft ist und man längst nicht mehr unterscheiden kann, ob jemand augenscheinlich psychisch krank ist oder »nur« ein verschwurbeltes Weltbild vertritt. Übrigens herrscht keine wirkliche Einigkeit darüber, was genau diese Morgellons sein sollen. Irgendwelche würmerartigen Parasiten, ja, aber bezüglich der Details gibt es unterschiedliche Auffassungen. Sind sie auf der Erde in einem menschlichen Labor erschaffen worden? Mit außerirdischer Technologie? Sind sie womöglich komplett außerirdischen Ursprungs? Oder sind es am Ende gar keine Würmer? »MORGELLONS – Das ist schwarze Magie auf höchstem technischem Niveau! Morgellons sind nicht nur energetische Pilzsporen, sondern zur Hälfte künstliche Bio-Roboter mit geheimnisvoller Mission! Das alles ist nichts für zarte Gemüter!« Aha, energetische Pilzsporen also. Das würde vielleicht einiges erklären. An anderer Stelle heißt es: »Morgellons sind intelligente, selbstreproduzierende Nanomaschinen mit Sensoren. Sie tragen genetisch verändertes Material und aufgespaltene DNA/RNA-Stränge. Sie nutzen die bioelektrische Energie des Körpers als Energiequelle. Sie können auf ELF-Wellen und Radio-Signale reagieren. Sie werden höchstwahrscheinlich über Chemtrails verteilt und sind in allen Körpergeweben vorhanden!« Und darauf soll es hinauslaufen: »Es findet ein Genozid durch Morgellons statt!« Geht's vielleicht auch etwas weniger drastisch? »Diese Morgellons überleben als Dämonen im

Körper. Was bleibt, wenn wir sterben, ist also der Dämon. Der Mensch verliert seine Seele durch Morgellons, und das ist auch das, was angestrebt ist. Die Trennung der Seele. Technik schreitet immer mehr voran, es gibt mehr Impulse von außen als von innen. Das ist die satanische Agenda.« Klar, und diese technikfeindlichen Sätze hast du auf einen handgroßen Hochleistungscomputer getippt, der deine Botschaft mithilfe von Satelliten einmal quer durch den Weltraum geschickt und für alle Menschen auf dem Planeten lesbar gemacht hat. Aber okay, Technik ist böse. Verstanden. Ansonsten bestehen die meisten Aussagen über Morgellons aus irrsinnigen Erfahrungsberichten wie dieser hier: »Hab heute das erste Mal die Morgellons gefunden in den Teilen, die ich tief aus der Haut ziehe, mit einem Taschenmikroskop, gibts bei Amazon schon ab 6 Euro, ich hab eins für 15 Euro, bis 200-fache Vergrösserung, das 1 Millimeter kleine harte Teil aus meiner Haut war VOLLER schwarzer in sich verkräuselter Fäden, dickere und dünnere, ca. 10, aber scheinbar abgestorben, weil in körpereigenes Material gehüllt und abgestoßen. Bin noch total aufgeregt, dass ich das Teufelszeug das erste Mal mit EIGENEN Augen gesehen habe. War ne ziemliche Fummelei mit dem Mikroskop!!! Ignoranten werden sagen, es sind Fusseln aus der Kleidung??? Aber ich wollte mir das unbedingt mal reinziehen! Es ist wahr. Es gibt sie, die Würmer! Sie sind da!!!« Na, das klingt doch ziemlich glaubwürdig. Ein 15-Euro-Taschenmikroskop kann schließlich nicht lügen. Bei einem Billigteil für sechs Euro wäre man ja zu Recht skeptisch, aber so ... Dann leben wir eben mit diesen Morgellons. Was soll's. Scheinen ja sehr genügsame Haustierchen zu sein. Meins heißt Herbert.

Ein weiteres Ziel, das mit der Verteilung von Chemtrails verfolgt wird, ist die permanente Wetterbeeinflussung, auf englisch Geoengineering. »Wenn man über die Jahre die Sprühflugzeuge und ihre chemischen Hinterlassenschaften am Himmel gezielt beobachtet und studiert, muss man zwangsläufig zu dem Ergebnis kommen, dass die Abschottung der Sonne und die Vernebelung des Himmels das primäre Hauptziel dieser Maßnahmen sind.« Und wenn das Wetter es dann noch wagt, nicht der Jahreszeit entsprechend zu liefern, ist die Paranoia perfekt, wie ein exemplarischer Facebookeintrag aus einem bewölkten Tag im April zeigt: »Sie reden von Klimaerwärmung und es ist immer noch arschkalt und keine Sonne zu sehen! Und ihr wollt mir wirklich erzählen, Chemtrails und Geoengineering gibt es nicht? So dumm kann doch keiner sein!« Doch, mein Lieber. Du und deine Aluhut-Kumpels beweisen das jeden verdammten Tag. Überhaupt wird jedes Wetterphänomen sowie jede auffällige oder grundsätzlich ungewünschte Wetterveränderung auf den Einsatz von Chemtrails zurückgeführt. Zu kalt draußen? Chemtrails! Zu warm? Chemtrails! Schon wieder Regen? Chemtrails! Bewölkter Himmel? Chemtrails! Dezember und noch kein Schnee? Chemtrails! Schnee im April? CHEMTRAILS! Schnee ist übrigens ein gutes Stichwort. Ein beliebter Beweis für künstlichen durch Chemtrails hervorgerufenen Schnee ist nämlich der Trick, den Schnee anzuzünden. In unzähligen Videos wird gezeigt, wie jemand einen Schneeball über ein Feuerzeug hält und triumphierend präsentiert, wie sich der Schnee schwarz färbt. Das Einzige, was diese Aluhut-Wissenschaftler jedoch damit beweisen, ist ihre Unkenntnis in Sachen Chemie. Das Schwarze am Schneeball sind weder verbrannte künstliche Zusätze noch verkohlte Morgellons. Es kommt vom Feuerzeug selbst und nennt sich Ruß. Fakten – autsch. Die zählen aber ja bekanntlich nicht, weil – Sie wissen schon – Freimaurerschulen, Lügen, Naturwissenschaften des Teufels. Oder anders ausgedrückt: Was man nicht kapiert, gibt's nicht. Lustigerweise denken die Plattfußeumel das auch von uns: »Die breite Masse versteht noch nicht mal, dass sie nichts versteht. Durch die Medien wird ihnen doch immer suggeriert, dass sie definitiv klüger sind als die ›verrückten Verschwörungstheoretiker‹, ich meinte natürlich besser Informierten. Von daher denken die meisten wir ›glauben‹ an Chemtrails. Nur haben Chemtrails eben nichts mit Glaube zu tun, sondern mit Informiertheit. Selbst wenn man Freunde oder Bekannte darauf hinweist, so hapert es ja meistens schon, eine Minute dafür aufzubringen. Sagt dann nur nicht wir hätten euch nicht gewarnt.« Mit »Informiertheit« sind übrigens jene YouTube-Videos über verrußte Schneebälle und andere »Aufklärungsdokumentationen« von selbst ernannten Experten gemeint, die hektisch den bewölkten Himmel filmen und dann hysterisch in die Kamera keifen, wie offensichtlich die Wetterbeeinflussung doch sei und dass man »endlich aufwachen« solle. Danke, ich schlafe lieber gemütlich im Schoß naturwissenschaftlicher Fakten, auf einem weichen Kissen, das die meisten Menschen als gesunden Menschenverstand kennen. Wie frustrierend, wenn man von allen nur als Spinner bezeichnet wird. »Wie kann das sein??? Flugzeuge verdunkeln die ganze Welt und niemanden interessiert es!« Wie das sein kann? »Auch ich erzähle es jedem, aber die Reaktion ist immer die gleiche. Entweder wollen sie mir gar nicht zuhören oder ich spinne, sagen sie. Dabei ist der Himmel an manchen Tagen so dunkel vollgesprüht, dass einem das Atmen schwerfällt. Alles sehr traurig.« Mein Mitleid hält sich schwer in Grenzen. Schon mal was von Smog gehört? Sehr beliebt sind auch die Vorwürfe an die Piloten, die am Steuer der Chemtrailflieger sitzen: »Warum denken diese Piloten eigentlich nicht daran, dass da auch ihre Familie lebt und sie die mitvergiften? Oder haben die keine Familie, keine Freunde?« Und ihr wollt informiert sein? Chemtrailpiloten und ihre Familien sind dank einer Spezialimpfung selbstverständlich immun gegen die Chemtrailgifte. Muss man wissen! Oft genug sind die Leute aber auch einfach nur wütend: »Die ganze Nacht natürliche Wolken gehabt. Trotzdem jetzt morgens sichtbar gesprüht. Obwohl genug Naturwolken da sind. Diese Lügner kotzen mich an. Was mich noch mehr aufregt, die Bastarde, die dazu sagen, es sind doch normale Flugzeuge. Und wer mich am meisten nervt, sind die unter uns, die wissen was abgeht und sagen, ja kann man nichts machen dann ist das halt so! Wie lange wollt ihr mit diesen Leuchten noch unter der Chemiedecke leben?« Ganz ruhig, Brauner. Du wirst doch wohl keine Dummheiten anstellen, oder? »Es macht keinen Sinn, wenn wir hier unter uns sind, aber unsere Freunde im wahren Leben und im Facebook von dem hier überhaupt keine Ahnung haben. Nur zusammen und in der Masse hat unser Überlebenskampf eine Möglichkeit zum Erfolg, dass diese Chemtrails-Mordmaschinerie gegen uns gestoppt wird und die Handlanger bis zu den mordenden Piloten, die mit Wissen diese tödliche Chemie über uns fallen lassen, ausgeschaltet werden. Nur durch die MASSE, also unsere unmittelbaren Freunde, die uns verstehen, können wir gewinnen. Wir sind hier nicht in WÜNSCH DIR WAS. Es geht ums verdammte Überleben.« Ist das eine Drohung? Ich meine, ja. Auf die Verfasser solcher Nachrichten sollte man ein waches Auge haben. »Wieso schauen wir Deutschen untätig unserem Untergang zu? Unser Volk wird gerade ausgetauscht, mit Chemtrails besprüht, durch Mobilfunkmasten verstrahlt und seiner Spiritualität beraubt. Reicht das immer noch nicht, um endlich tätig zu werden und zurückzuschlagen? Und ich meine ernsthaft, dass wir die Ursachen selbst bekämpfen sollten, also den Verbrechern das Handwerk legen und nicht nur aufklären und uns selbst schützen. Warum hindert niemand die Flugzeuge am Sprühen? Warum sind da nicht Menschenmassen, die die Chemtrailflieger am Aufsteigen hindern? Warum lassen wir die Eliten unsere Umwelt vergiften? Wir könnten viel mehr tun, als uns nur informieren und gegen die Folgen zu schützen!« Die erwähnten »Verbrecher« sind – Überraschung – auch in diesem Fall die üblichen Verdächtigen: George Soros, die Familie Rothschild, zionistische Syndikate, reptiloide Overlords – suchen Sie sich etwas aus. Und falls Sie sich jetzt fragen, ob ich solche Nachrichten den Behörden gemeldet habe, lautet die Antwort: ja. Gab es Reaktionen, Konsequenzen? Einmal dürfen Sie raten. Richtig: nein. Zumindest keine, von denen ich wüsste. Sicherlich, man kann nicht jedem zeternden Facebook-Clown einen Besuch abstatten und bei ihm eine Gefährderansprache durchführen – obwohl, wieso eigentlich nicht? Wahrscheinlich, weil es viel einfacher ist, hinterher zu behaupten, man hätte nichts ahnen können. Und überhaupt seien das dann nur tragische Einzelfälle. So wie die Terroranschläge in Halle und später in Hanau, wo die Täter in sozialen Netzwerken völlig entspannt ihren Wahnvorstellungen über eine jüdische Weltverschwörung frönen konnten.

Dazu muss ich Folgendes loswerden: Seit Jahren stochere ich im tiefsten Unrat verschiedenster sozialer Netzwerke herum und hole dabei allerlei Wahnsinn ans Tageslicht. Das meiste ist skurril und lustig, vieles ist befremdlich und verstörend, doch manches ist auch gefährlich. Wenn verblendete Sozialversager sich gegenseitig in ihren rassistischen Idealen bestätigen, dann kommen irgendwann Gewalttaten dabei heraus. Warum werden Verschwörungsfantasien nicht viel ernster genommen? Warum müssen erst Menschen sterben, bevor solchen verschwurbelten Ideologien mediale Aufmerksamkeit geschenkt wird? Ganz ehrlich, ich war selbstverständlich schockiert über diese Taten, aber gleichzeitig nicht überrascht. Denn die hasserfüllten Gewaltfantasien, die dort in die Tat umgesetzt wurden, sind in sozialen Medien an der Tagesordnung.

Es ist jetzt nur so ein alberner Gedanke von mir, aber vielleicht könnte man potenziellen Kriminellen ja auch irgendwie schon im Vorfeld den Wind aus den mordlustigen Segeln nehmen, wenn man sie durch gezielte Verbannung aus besagten sozialen Netzwerken daran hindern würde, sich immerzu mit hasserfüllten Verschwörungsfantasien aufzupeitschen. Der Facebook-Konzern löscht aber lieber Nippel, Satire und Kommentare, die antisemitische Beiträge verurteilen, anstatt die antisemitischen Beiträge selbst. Seit die Aluhut-Soldaten jedoch die Telegram-App für sich entdeckt haben, ist es mit der Verfolgung volksverhetzender Nachrichten noch viel schwieriger geworden. Komplexes Thema, ich weiß. Kümmern wir uns an dieser Stelle aber weiter um die Chemtrailverschwörung und fassen kurz zusammen:

> Barium in den Wolken,
> Aluminium im Wind,
> Chemtrails sind tödlich,
> das weiß jedes Kind.
> Morgellons in der Nahrung,
> das Wasser voll Viren,
> alles gesteuert,
> von Rothschildvampiren.

Wetter und Klima spielen bei den Chemtrailnasen generell eine ganz große Rolle. Neben der traurigen Tatsache, dass die Knalltüten selbstverständlich nicht den Unterschied zwischen den beiden Begriffen kennen, haben sie eine mehr oder weniger klare Meinung, was den Klimawandel betrifft. Dieser ist nämlich, wer hätte das gedacht, bloß eine Erfindung der Eliten, um vom Geoengineering abzulenken. »Geplant ist die vollständige Zerstörung des gesamten Ökosystems.« Zusätzlich gibt es noch die fantastische Theorie, dass man mit den Chemtrails eine Art Terraforming betreibt, um das Klima langfristig für außerirdische Invasoren zu verändern, damit es dem ihres Heimatplaneten ähnelt. Auf der anderen Seite gibt es unter Chemtrailjunkies durchaus viele, die eine außerirdische Beteiligung für Unsinn halten. Ihrer Meinung nach dienen die Chemtrails einem noch perfideren Zweck: »Sie verkünsteln den Himmel mit Chemtrails, damit er als Monitor für Hologramme funktioniert, siehe Project Bluebeam!« Was hier wie der Name einer Synth-Pop-Band klingt, ist eine weitere Verschwörungsfantasie, die im Kern besagt, dass der Himmel demnächst als Leinwand für holografische Projektionen benutzt wird, um der ganzen Welt eine Alieninvasion vorzuspielen. Ziel dieser Fake-Invasion soll angeblich sein, die Nationen der Erde gegen einen gemeinsamen, übermächtigen Feind zu einen und so den Weg für einen einzigen Weltstaat zu ebnen. Der Beginn einer Neuen Weltordnung, kurz NWO. Das Bluebeam-Projekt hätte übrigens schon einige Testläufe hinter sich. Einer davon war beispielsweise beim Terroranschlag am 11. September 2001. Also beim angeblichen Terroranschlag, natürlich. Denn die Flugzeuge, die in das World Trade Center flogen, waren lediglich Hologramme, die die absichtliche Sprengung der Gebäude vortäuschen sollten. Ich frage mich, ob man mir dieses Bluebeam für meine nächste Geburtstagsfeier ausleihen könnte. Ach ja, diverse Geister- und Dämonenerscheinungen oder Visionen von Jesus, Maria und anderen religiösen Gestalten wären auch alles nur Hologramme im Rahmen des Bluebeam-Projekts. Was der Vatikan wohl dazu sagt? Wahrscheinlich nichts, denn dort sind schließlich alle eingeweiht. Der Beweis dafür ist auf der alten vatikanischen 100-Lira-Münze für jeden sichtbar: Dort sieht man nämlich – Schockschwerenot – ein Flugzeug, das einen Kondensstreifen, pardon, einen Todesstreifen, hinter sich herzieht. Amen.

Chemtrails alleine sind aber im Grunde nur die halbe Verschwörung. Dieser Unsinn geht Hand in Hand mit der HAARP-Paranoia. HAARP steht für High Frequency Active Auroral Research Program und ist die Bezeichnung für ein US-amerikanisches Forschungsprogramm auf dem Gebiet der Anwendung elektromagnetischer Wellen zur Untersuchung der Ionosphäre und der Funkwellenausbreitung. Verschwörungstheoretiker glauben, dass mit dem Betrieb solcher HAARP-Anlagen Naturkatastrophen wie Überschwemmungen, Erdbeben und Vulkanausbrüche ausgelöst werden können, gleichzeitig aber auch Stromausfälle und gezielte Strahlenangriffe gegen »Feinde des

Systems«. Andere behaupten sogar, HAARP-Anlagen hätten die Fähigkeit zur Manipulation menschlicher Gedanken. Dass solche Anlagen nicht nur in den USA, sondern auch in anderen Teilen der Welt stehen, stützt die irrsinnigen Thesen natürlich. Warum sollten diese Forschungsstationen denn sonst gebaut worden sein? Etwa zur Forschung? Was für ein verrückter Gedanke! »Metalle in der Luft schirmen uns von den Impulsen von Sonne, Universum und höheren Dimensionen ab, gleichzeitig reflektieren und verstärken sie so den Elektrosmog, den wir produzieren und die wenigen, riesigen Frequenzgeneratoren der HAARP-Kriegsmaschinen natürlich auch. Man kann diese künstlichen Frequenzen dann sehen, wenn die Wolken wellenförmig angeordnet sind, über den ganzen Horizont, mit mathematischer Exaktheit. Das ist Bewusstseinssteuerung, um die Leute friedlich zu halten, wenn die eigene Regierung wieder lügt und die Tore für sogenannte Flüchtlinge öffnet.« Wie man sieht, ist auch das in blaubraunen Kreisen beliebte Umvolkungsmärchen hier immer wieder sehr präsent. Mit Chemtrails und HAARP lassen sich aber auch prima Stimmungsschwankungen erklären: »Ich weiß nicht was heute los ist, aber für mich ist das heute so ein richtiger Scheißtag. Ich fühle Aggressionen, negative Stimmungen und könnte mich einfach nur verkriechen. In meinem Umfeld berichten viele meiner Mitmenschen genau dasselbe. Vor etwa 4 Wochen hatte ich das schon einmal. An diesem Tag waren bei uns Chemtrails und hinterher sehr ungewöhnliche Wolkenbildung zu beobachten. Ob das mit Mindcontrol und HAARP zu tun haben könnte?« Eindeutig. Was sollte es sonst sein?

Wussten Sie übrigens, dass der Unfall damals in Tschernobyl nichts mit einem Atomkraftwerk zu tun hatte? Laut einigen superschlauen Schwurbelforschern stand in Tschernobyl nämlich eine Art HAARP-Anlage der Russen, die vom amerikanischen Geheimdienst gesprengt wurde, um den Fortschritt der Technologie, die Gedankenkontrolle ermöglichen soll, zu sabotieren.

In Tschernobyl war man wohl diesbezüglich viel weiter, und die Amerikaner hatten deswegen große Angst, zu ferngesteuerten Zombies zu werden. Na klar. Tolle Gute-Nacht-Geschichte. Leider spiegelt sie genau die Ängste wider, die etliche Hohlköpfe regelmäßig ins Internet pfeffern: »Chemtrails sind fürs Auge unsichtbare und reaktionsfähige Nanoteilchen, welche sich in unserem Körper ablagern. Man soll damit den Menschen mittels 5G steuern und manipulieren können!« Spoiler-Alarm: Die Furcht vor 5G ist im Schwurbelmilieu der letzte Schrei, was wissenschaftsfeindliche Motzanfälle betrifft und wird uns noch an vielen weiteren Stellen begegnen.

Diese Verbindung mit 5G zeigt gut, wie vielfältig die Chemtrail-Verschwörung sein kann. Mit Chemtrails lässt sich fast alles kombinieren. So machen sie offensichtlich auch unfruchtbar, weil in den Industrienationen weniger Kinder geboren werden. Ganz großes Korrelationskino. Und natürlich lösen Chemtrails nahezu alle Krankheiten aus. Alzheimer, Krebs, Autismus, Grippe, Karies, Klumpfüße. Die Liste lässt sich beliebig fortsetzen. Es wird mehr oder weniger der Eindruck vermittelt, der Mensch sei ursprünglich als perfekt gesunder Organismus konzipiert worden und erst die fiesen Chemtrails würden ihn langsam zersetzen. Dabei konkurriert dieser Verschwörungswahn ein bisschen mit den Hirngespinsten der Impfgegner, die der Meinung sind, dass die meisten Krankheiten erst durch Impfungen verursacht werden. Glücklicherweise können Impfgegner und Chemtrailapostel trotzdem noch ein Liebespaar werden (oder mindestens eine lustige WG bilden), denn aufgrund ihrer Eigenschaft als Träger für allerlei Gifte, Würmer und Nanobots, stellen Chemtrails durchaus so etwas wie eine Zwangsimpfung dar. Wie praktisch: »Grundsätzlich sind Impfstoffe, biotechnologische Lebensmittel und Geoengineering/Chemtrails miteinander verbunden, da es sich um Trägersysteme handelt, in denen diese Miniaturtechnologie aus Nanochips und Smart Dust in unseren

Körper eingebaut werden soll. Einige Chemtrails enthalten intelligente Staubpartikel, die den Körper leicht infiltrieren, mit anderen Körperzellen kommunizieren, ein eigenes Netzwerk aufbauen und ferngesteuert werden können.«

Unterm Strich läuft der ganze Spuk aber im Grunde darauf hinaus, dass man die Menschen auf die eine oder andere Weise absichtlich krank macht, um sie in die Abhängigkeit der »Pharma-Mafia« zu treiben. Diese würde wiederum mit ihren Arzneimitteln lediglich dafür Sorge tragen, dass der Mensch niemals wieder richtig gesund werde. Schließlich wäre die moderne Medizin bloß auf Lügen und Täuschungen aufgebaut. Ein paranoides Weltbild mit weitreichenden Folgen, denn es bildet eine direkte Brücke in die Märchenwelt der esoterischen Wunderlampenverkäufer, Pseudowissenschaften und sonstigen sogenannten alternativen Heilmethoden, die so weit am gesunden Menschenverstand vorbeisegeln, dass sie jedem prähistorischen Medizinmann die Tränen in die Augen treiben würden.

»Sie wollen, dass wir von der geistigen Welt getrennt bleiben, deswegen sprühen Sie ihre Gifte und verstopfen die Zirbeldrüse. Das sind allerdings ihre letzten miserablen Versuche, sie haben schon verloren und sie wissen es. Unsere hohen Schwingungen können sie nicht mehr verdrängen!«

Die Angst vor Chemtrails sowie der Wunsch beziehungsweise das Bedürfnis, sich davor zu schützen, haben inzwischen eine ganze Industrie hervorgebracht. Es werden permanent neue Produkte zusammengeklöppelt, mit fantasievollen Namen und Eigenschaften versehen und dann zu ebenso fantastischen Preisen auf den Esoterikmarkt geworfen. Denn wo sonst konnte sich der Glaube an absurden, wissenschaftsfeindlichen Spinnereien besser etablieren als in einer Szene, die sich hauptsächlich durch völligen Realitätsverlust und gelebten Aberglauben definiert?

Wagen wir einen Blick: »5G, WLAN, Elektrosmog aber auch Chemtrails und negative Gedanken bestehen aus negativen Frequenzen. Ist unser eigenes Schutzfeld zu schwach, um uns vor diesen Frequenzen zu bewahren, sollten wir es mit einem starken Orgonfeld wieder aufladen. Der Orgon-Reaktor Premium baut ein starkes Lebensenergiefeld auf und lädt unser natürliches Schutzfeld wieder auf. Wenn wir uns in seinem Kraftfeld aufhalten, harmonisiert er auch die negativen Frequenzen und unsere Informationsebene wird nicht belastet.« Zunächst einmal: Orgon beziehungsweise Orgon-Energie ist ein rein esoterischer Begriff und beschreibt eine Art »kosmische Energie«, die (positiven) Einfluss auf das Leben haben soll. Dementsprechend wird diese magische Energie kräftig vermarktet. Orgon-Produkte aller Art boomen und werden im großen kommerziellen Umfang vertrieben. Der Begriff »Orgon« ist übrigens wissenschaftlich nicht anerkannt und wird ausschließlich unter Esoterik- und Verschwörungsanhängern benutzt. Die beschriebene Energie hat sich schlicht und ergreifend als unmessbar erwiesen und existiert daher nur in den Köpfen verwirrter Realitätsverweigerer. Langer Rede kurzer Sinn: Orgon und alles, was dazugehört, ist lediglich eine weitere pseudowissenschaftliche Methode, um mit leichtgläubigen Menschen Kasse zu machen. Wie auch im Fall des Orgon-Reaktors, bestehend aus einem Metallrohr mit Sockel, um den kreisförmig mehrere abgelutschte Eisstiele aus Holz gezwirbelt wurden sowie einer kleinen »Orgonit-Pyramide« auf der Spitze. Orgonit-Pyramiden, -Würfel, -Kugeln, -Dildos und andere Gebilde sind dabei nichts anderes als Objekte aus Kunstharz, in denen irgendwelche Edelsteine und Metallreste eingegossen werden. Das Zusammenspiel aller Elemente soll ein »hoch schwingendes Energiefeld« erzeugen. Zwischen 500 und 1500 Euro kostet so etwas und spricht nicht nur Privatpersonen, sondern auch Heilpraktiker:innen an. Im Shop eines Orgon-Gedöns-Anbieters heißt es keck: »Wir sind nun seit über 5 Jahren mit dem Orgonreaktor weltweit im spirituellen Bereich tätig. In dieser Zeit haben wir sehr vielen Menschen helfen können.

Dazu arbeiten wir eng mit Heilpraktikern, Therapeuten, Energieheilern & Alternativmedizinern zusammen. Der Orgonreaktor ist viel mehr als nur verifiziert.« Natürlich ist er das. Er ist schließlich als Schwurbelwerkzeug im esoterischen Mainstream angekommen. Denn die angeblich positiven Effekte gegen Chemtrails sind bei diesen Produkten tatsächlich sogar fast zur Nebensache verkommen. Im Vordergrund stehen längst die Eigenschaften, mit denen man auch Esoteriker:innen jenseits von gruseligen Verschwörungsflunkereien anspricht. So wird beispielsweise gerne damit geworben, dass man einen intensiveren Bewusstseinszustand beim Meditieren erfährt, wenn man sich dabei in einem starken Orgonkraftfeld befindet. Das ist eine typische Vorgehensweise. Esoterisch interessierte Menschen werden mit ansprechenden Phrasen geködert, man gibt vor, sie bei ihrer »spirituellen Reise« zu unterstützen und öffnet ihnen dabei ganz beiläufig die Augen für allerlei Verschwörungswahnsinn. So kann ein Besuch beim Heilpraktiker oder die Beschäftigung mit esoterischen Meditationstechniken manchmal nur ein paar Schritte davon entfernt sein, sich plötzlich eine umfangreiche Aluhut-Sammlung zulegen zu wollen. Oder zu müssen. Wegen der Gedankenkontrolle.

So ein »Reaktor« ist übrigens nur einer von vielerlei verschiedenen Apparaten auf dem Anti-Chemtrail-Markt. Der Fantasie der Schwurbelbastler sind keine Grenzen gesetzt, wenn es darum geht, irgendwelche Gerätschaften anzupreisen, die vor Chemtrails schützen oder diese sogar auflösen können. Unter Begriffen wie Orgon-Akkumulator, Akasha-Säule, Chembuster, Naturharmoniestation, Elementewirbel oder Sphärenanlage lassen sich unzählige Schrottkreationen finden, die zwar künstlerisch durchaus etwas hermachen, aber abgesehen davon nur ein Loch in den Geldbeutel leichtgläubiger Menschen sprengen können. Dafür geizen die Anbieter nicht mit Superlativen und versprechen nicht nur erfolgreiche Chemtrailbekämpfung, sondern geben beispielsweise im Falle einer sogenannten Sphärenanlage für knapp 4400 Euro auch folgende Wirkungen an: »Chemtrails werden aufgelöst. HAARP kann uns nicht mehr negativ beeinflussen oder manipulieren. Luft, Boden, Wasser und organische Materie werden harmonisiert. Die Frequenz wird natürlicher, annähernd so wie sie in den 60er Jahren war. Dadurch können sich auch beim Menschen alte Blockaden auflösen. Es kommt zu einer Heilung von Luft, Boden, Wasser und allen Lebewesen. Das Pflanzenwachstum wird gefördert. Die Menschen werden wacher, bewusster und mutiger. Chakren werden aktiviert und harmonisiert.« Hosianna! Wer möchte da bitte nicht so ein Teil, das unter anderem aus einer Edelstahlschale, einer Kupferspirale und ein paar mannshohen verzinkten Rohren besteht, im Garten platzieren? Wer solche Gerätschaften benutzt – denn ja, diese polierten Müllhaufen werden tatsächlich gekauft, aber oft genug auch billig nachgebaut – neigt unter Umständen dazu, einen gewissen Verfolgungswahn zu entwickeln. Nicht selten lesen sich (stolz bebilderte) Erfahrungsberichte, wie folgt: »Wir haben mehrere Orgonite und einen Chembuster auf dem Balkon. Und ich hätte es selbst nicht geglaubt, aber sie sind sehr wirksam! Es gibt Tage, da haben wir blauen Himmel über uns, während der Rest in graue Deckwolken gehüllt bleibt. Seitdem wird hier aber verstärkt geflogen. Letzte Woche kreiste hier ein schwarzer Hubschrauber und ich fühlte, wie sie mich scannten, und eines nachts wachte ich vom Geräusch von Drohnen auf. Ich weiß nicht, was sie vorhaben, aber wir lassen uns nicht einschüchtern.«

Halt. Bevor Sie jetzt gleich stundenlang Produktbewertungen im Internet lesen: Es gibt noch mehr. Wer als skrupelloser Schwurbelfutzi zu doof oder zu faul ist, um aus Alteisen, Harz und glänzendem Schutt magischen Wunderplunder zusammenzuschweißen, nimmt einfach irgendwelche Dinge aus dem Baumarkt, dichtet ihnen eine »glaubwürdige« Eigenschaft an, umschreibt das Ganze mit wohlklingender Esoteriksprache und verkauft sie zu stolzem Preis weiter. Frei nach dem Motto »Jeden Tag steht ein Dummer auf« bietet ein solcher Shop beispielsweise eine handgroße Glaskugel namens »Gartensegen« an, die mit folgenden Produktinformationen aufwartet: »Innere Ruhe, ein angenehmes Energiefeld und Harmonie zählen zu den positiven Eigenschaften des Gartensegens, aber das ist nicht alles. Er entstört auch geopathische Störfelder und die Auswirkungen von Chemtrails. Naturwesen, Pflanzen und Tiere lieben die Kugel und ihr Energiefeld sehr. Ein vermehrtes Auftreten von Vögeln und Schmetterlingen wurde von vielen Kunden beobachtet.« Wie niedlich. Mit den Tieren haben die mich fast drangekriegt. Aber 200 Euro würde ich dennoch nicht dafür ausgeben. Es ist schließlich nur eine Glaskugel. Eine kleine, stinknormale Glaskugel. Sonst nichts. Mit den erwähnten »geopathischen Störfeldern« bewegen wir uns übrigens erneut durch tiefe, esoterische Sumpflandschaften: Es handelt sich hierbei um eine Pseudowissenschaft namens Geomantie, die sich unter anderem mit dem negativen Einfluss von sogenannten Erdstrahlen und Wasseradern auf die Gesundheit des Menschen beschäftigt. Die Art und Weise besagter Störfelder wird klassischerweise mit einer Rute oder einem Pendel bestimmt – eine Methode, die auch als Radiästhesie bekannt ist. Was genau dabei passiert, weiß niemand, weil nämlich kein wissenschaftliches Erklärungsmodell existiert. Und ja, selbstverständlich gibt es auch gegen solche Störfelder allerlei teuren Nippes, mit dem man sich schützen kann.

Als äußerst selbstlos hat sich in der Chemtrailbekämpfung eine Heilpraktikerin erwiesen, die auf der Internetseite ihrer Naturheilpraxis ein Schutzsymbol gegen Chemtrails zur Verfügung stellt. Kostenlos. Das »kosmische Symbol Anandara« bietet Schutz vor dem tödlichen Aluminium-Barium-Gemisch, kann Chemtrails aber auch direkt auflösen. Die Reichweite beträgt übrigens genau 5400 Meter. Das Symbol, das aussieht, als hätte ein fünfjähriges Kind einen runden Streuselkuchen gezeichnet, hat ihr übrigens Erzengel Michael höchstselbst offenbart, und das Ding besitzt die Macht, sämtliche Gifte in der Atmosphäre aufzulösen. Es sei daher von großer Wichtigkeit, dass dieses Schutzsymbol vervielfältig und verteilt wird: »Es kann überall hinterlassen werden. In Wäldern, Flüssen, auf Wiesen, in Autos, Wohnungen, Supermärkten, Schulen. Es kann auch in den Müll gegeben werden, in Wertstoffsäcken, in die gelbe oder in die grüne Tonne. So kommt es auf die Mülldeponie und reinigt durch seine energetische Kraft das gesamte Gelände.« Wenn man das Symbol irgendwo abgelegt hat, manifestiert sich die Energie übrigens sofort und wirkt selbst dann noch, wenn das Papier, auf dem es gemalt wurde, verwittert. Beeindruckend. Albus Dumbledore wäre stolz.

Ein weiteres Feld der Esoterik, das sich an die Chemtrailflausen schmiegt, ist das sogenannte Agnihotra. Agnihotra ist ursprünglich eine vedische Feuerzeremonie, die in einigen Schriften des Hinduismus beschrieben wird. Dabei werden getrockneter Kuhdung, Butterschmalz und Reis verbrannt. Die Zeremonie ist ein spiritueller Vorgang, bei der bestimmte Mantren rezitiert werden und soll ein Ritual der Reinigung und inneren Harmonie darstellen. So weit, so fad. Skurril wird es erst, wenn man sich tiefer in den esoterischen Kaninchenbau wagt und feststellt, dass dieses »Ritual der Reinigung« von nicht wenigen Menschen durchaus sehr wörtlich genommen wird. Angeblich können die »Energien« des Feuers in einem großen Radius nicht nur desinfizierend wirken, sondern sogar radioaktive Gase neutralisieren und Chemtrails auflösen. Weiterhin heißt es, dass Agnihotra gewisse chemische Reaktionen im unmittelbaren Umfeld auslöse, die in der Lage seien, Atome neu zu strukturieren. Selbst die Asche hätte eine heilende Wirkung, bei offenen Wunden beispielsweise. Und in Flüsse geworfen, würde die Asche bei der Regeneration des Wassers helfen – was auch immer das im Detail bedeuten soll. Insofern stellt sich mal wieder heraus, dass vermeintlich harmlose, spirituelle Methoden im esoterischen Umfeld zu waschechten Hirngespinsten gedeihen können. So stellt Esoterik oft lediglich die Eintrittskarte für den großen, einladenden Hardcore-Schwurbel-Park bereit. Denn von spirituellen Zeremonien zu »heilenden« Pendeln, Engelkarten und pseudomedizinischen, gefährlichen Fantasietherapien ist es leider oft nur ein kurzer Umweg.

Nicht vergessen sollte man in diesem esoterischen Hokuspokus das große Feld der Nahrungsergänzungsmittel beziehungsweise den seltsamen Entgiftungsfetisch, der damit einhergeht. Detox hier, Detox da: Schlucken Sie diese Kapseln, trinken Sie diese Plörre und spülen Sie dadurch alle Gifte aus Ihnen heraus. Achtung, kleiner Geheimtipp: Ihr Körper entgiftet sich auch ohne gepresste Algen und schleimige Säfte. Er braucht dafür lediglich eine einigermaßen funktionierende Leber und mindestens eine Niere. Aber okay, gönnen Sie sich zu Ihrer fettigen Bratwurst ruhig ein paar teure Pillen, wenn Sie sich dadurch besser fühlen. Ich verurteile niemanden dafür. Das kommt erst, wenn jemand zu spät oder gar nicht merkt, dass er oder sie sich auf dem Rücken dieser Detox-Industrie ins esoterische Verschwörungsmilieu hineinmanövriert hat. Denn spätestens, wenn ein »Entgiftungssmoothie« auf einmal auch die »Schwermetalle, die über Chemtrails in unsere Körper gelangten«, ausspülen kann, dann sollte einem klar sein, dass man irgendwo falsch abgebogen ist. Selbst ernannte Ernährungsberater:innen, aber auch Heilpraktiker:innen und diverse pseudomedizinische Freigeister mit spirituellem Anstrich, schmücken sich dabei gerne mit den Namen bekannter Gurus wie Rüdiger Dahlke oder Anthony William, die mit ihren Glückskeksweisheiten Millionen Bücher verkaufen. Rüdiger Dahlke selbst vertreibt natürlich nicht direkt Rezepte gegen Chemtrails, macht aber auch keinen Hehl daraus, dass er diese Verschwörung für real hält. Bei Facebook schreibt er: »Lange wurden Chemtrails von offiziellen Stellen totgeschwiegen, abgestritten und den Verschwörungstheorien zugerechnet. Jetzt weisen bereits Schweizer Schülerinnen Barium und Aluminium im Regen nach (wie kürzlich gepostet). Es ist einfach unfasslich, wie wir inzwischen hinters Licht geführt werden und ganz nebenbei mit gesundheitsschädlichen Partikeln besprüht werden. Was nur bringt Politiker, Piloten, Journalisten, Konzern-Manager dazu, sich für so etwas herzugeben? Haben sie gehofft, das mitversprühte Barium habe uns schon so apathisch gemacht, dass wir gar nicht mehr reagieren können?« Dabei verweist er – zum Zwecke der Information – auf eine durch und durch schwurbelige Internetseite, die nicht nur wie das Einmaleins der Chemtrailspinnereien wirkt, sondern auch auf die irrsinnigen, antisemitisch angehauchten Verschwörungsfantasien von David Icke verweist. Im Grunde fehlt auf dieser Seite nur noch die Anleitung zum Aluhutfalten.

Bei Anthony William ist es ähnlich. Der auch als »Medical Medium« bekannte Bestsellerautor hebt wie Dahlke die Bedeutung der Ernährung für körperliche Gesundheit hervor und garniert das Ganze mit spirituellen, pseudomedizinischen Ansätzen. Das kommt gut an, entpuppt sich bei näherer Betrachtung allerdings als Fassade, hinter der sich eine wirre, mit Verschwörungsfantasien aufgeladene Weltanschauung verbirgt. In seinem Podcast erklärt William: »Chemtrails sind der Grund dafür, dass unsere Himmel nicht mehr blau sind. Die Chemikalien, die in der Luft bleiben, verändern die Farbe des Himmels hin zu einem blassblauen Ton. Nur die ältere Generation weiß noch, wie ein tiefblauer Himmel aussieht. Chemtrails haben grundsätzlich einen Einfluss auf unser Wetter. Sie verursachen Dürren, Regen und Stürme an Orten, wo keine Dürre, Regen und Stürme sein sollten. Das Wettergeschehen wird durch die in den Chemikalien befindlichen Metalle beeinflusst, da diese auf die elektrische Aktivität des Himmels eine Auswirkung haben. Noch schlimmer – unsere Polkappen schmelzen aufgrund der Chemtrails. Auch das Ansteigen des Meeresspiegels ist auf Chemtrails zurückzuführen.« Und wenn der Hund Flöhe hat, dann kommt das auch von den Chemtrails. Oder wie Anthony William sagt: »Chemtrails sind Teil des spirituellen Krieges, der um uns herum und über uns stattfindet. Das Ganze besteht aus so vielen Puzzleteilen, was uns zeigt, dass es ein Gut gegen Böse wirklich gibt. Das Böse sucht nach Wegen, die Menschen zu kontrollieren, sie dann unter Kontrolle zu behalten und sie krankzumachen. Sie haben den Durst, sie wenn möglich für immer krank zu halten. Sie wollen, dass die Menschen auf Dinge setzen, die sie nicht wirklich benötigen. Die Dunkelheit will nie, dass unsere Augen offen sind und sehen, was am Himmel und über den Bäumen passiert. Lieber haben sie uns unwissend und auf den Knien. Sie halten uns beschäftigt und lenken uns ab. Sie wollen, dass wir uns in unseren Köpfen verlieren, während all das Böse um uns herum weiter ignoriert wird.« Na, kommt Ihnen dieses Gerede über das Böse, über Dunkelheit und Kontrolle irgendwie vertraut vor? Keine weiteren Fragen, Euer Ehren!

Seien Sie bitte skeptisch, wenn Ihnen jemand mit Ernährungstipps von Anthony William um die Ecke kommt. Nicht, dass diese per se schlecht wären. Wahrscheinlich sind sie sogar sehr hilfreich. Aber genau das ist die Gefahr dabei: Durch die Auseinandersetzung mit diesen vermeintlich gesunden Themen, droht man in eine Welt aus destruktiven Verschwörungsspinnereien hineingezogen zu werden. Klar, wer sich seinen gesunden Menschenverstand noch nicht durch den übermäßigen Konsum esoterischer Fantasien weglobotomiert hat, wird aus den reinen Ernährungstipps von Dahlke, William und Co. vielleicht viel Gutes für die Gesundheit mitnehmen und den beiläufigen Aluhut-Irrsinn komplett ignorieren können. Alle anderen werden jedoch entweder in ihrem Verschwörungswahn bestätigt, oder sie beginnen erst damit, sich näher mit den Autoren und ihren Botschaften zu beschäftigen. Dann klicken sie einmal zu viel auf einen falschen Link im Internet und erkennen plötzlich, dass sie von Echsenmenschen regiert werden, die sie mit Impfungen ermorden wollen. Ein gutes Beispiel hierfür ist ein besonderer Tipp, der in den sozialen Netzwerken kursiert, wie man die Schwermetalle aus dem Körper herausbekommt, die wir über Chemtrails aufgenommen haben: Der »Heavy Metal Detox Smoothie« nach Anthony William. Einfach ein paar Becher davon in die Futterluke kippen, und die bösen Gifte haben keine Chance mehr – falls es nicht bereits zu spät ist, natürlich. Gibt man diesen Begriff bei Google ein, findet man nicht nur Rezepte und Shops, die die Zutaten, wie Gerstensaft und Heidelbeerpulver, zu Wucherpreisen anbieten, sondern man landet mit viel Pech auch auf Seiten von schwurbeligen Ernährungsberater:innen. Vordergründig sprechen auch diese zunächst alle einen supergesunden Lifestyle an, schreiben von einem neuen Körpergefühl, von Vitalität, Erfolg und der Aktivierung von Selbstheilungskräften. Das übliche Blabla eben. Und während viele die schwurbeligen Elemente in Williams Geisteshaltung einfach verschweigen, stößt man bei einigen jedoch nach längerer Lektüre, ganz unscheinbar dazwischengeschoben, auf Einträge wie: »Heutzutage kommen wir leider wirklich überall mit Schwermetallen in Kontakt. Durch Chemtrails, Impfungen, Batterien, Autoabgase, Medikamente. Ob du dir dessen bewusst bist oder nicht, du hast Schwermetalle und sehr wahrscheinlich auch altes, von deinen Vorfahren weitervererbtes Quecksilber in deinem Körper. Die einen von uns haben mehr davon, die anderen weniger, aber jeder einzelne ist betroffen. Deshalb ist es essentiell zu wissen, wie wir diese Schwermetalle ausleiten und aus unserem wundervollen Körper rausbekommen.« Ein Glück wird die Lösung direkt mitgeliefert: Kaufen Sie bei mir diese superteuren Smoothie-Zutaten und buchen gleichzeitig ein telefonisches Beratungsgespräch für 100 Euro die Stunde! Nein, danke!

Überhaupt sollten Sie aufhorchen, sobald man Ihnen etwas zur »Ausleitung« empfiehlt. Ein Begriff, der in der Schwurbelwelt geschwungen wird wie ein Zepter und überall dort zum Einsatz kommt, wo man dem Körper angeblich mit irgendwelchen Hilfsmitteln gezielt Giftstoffe entziehen kann. Eine »Ausleitung« kann man sich im Grunde wie die Behandlung mit einem magischen Staubsauger vorstellen, der einem irgendwelche Geisterschlacken aus dem Speck nuckelt. Das läuft meistens über kiloweise Nahrungsergänzungsmittel (sehr häufig liest man von Zeolith, Bentonit, Chlorella, Spirulina und kolloidales Silizium), wird aber auch mithilfe esoterischer Zaubertricks wie Handauflegen betrieben oder durch den Konsum von gesundheitsschädigenden Stoffen wie Borax oder Terpentin erreicht. Letzteres wird an späterer Stelle im Buch noch mal ziemlich eklig aufgearbeitet, also bleiben Sie dran.

Kleines Zwischenfazit: Das Internet macht es einem immer leichter, eine Transformation zum wissenschaftsleugnenden Schwurbelfetischisten zu durchzulaufen. Also nein, den Effekt, den medienpräsente Aluhut-Gurus auf die Gesellschaft haben, sollte man nicht unterschätzen. Falls wieder einmal die Frage auftaucht, wie es sein kann, dass immer mehr Menschen der Wissenschaft misstrauen und beispielsweise während einer Pandemie eine Impfung verweigern, dann liegt eine der vielen Antworten sichtbar in der Esoterikabteilung Ihrer örtlichen Buchhandlung.

Ein scheinbar sehr effektives Mittel gegen die Auswirkungen von Chemtrails ist übrigens Rauchen. Also der Konsum von Zigaretten. Der Grund: Der Teer setzt sich wie eine schützende Membran auf die Lunge und filtert die eingeatmeten Chemtrail-Gifte, die man mit der Zeit einfach abhustet. Und: »Rauchen tötet die Morgellons ab, die mit Chemtrails ausgebracht werden. Die Anti-Raucher-Kampagne begann fast zeitgleich mit den massiven Veränderungen am Himmel.« Damit ist auch klar, dass die »Diskriminierung« der Raucher lediglich darauf abzielt, Menschen von einem gesunden Lebensstil abzuhalten. Nach der Logik müsste also auch das Lecken an Steckdosen gegen irgendwas helfen. Man müsste nur darauf hinweisen, dass es längst wissenschaftlich erwiesen sei, aber die beteiligten Wissenschaftler zum Schweigen gebracht und sogar teilweise ermordet wurden. Das ist bei dieser Zigarettenverschwörung zumindest eine beliebte Argumentation: »Es ist wissenschaftlich bestätigt, dass Rauchen uns vor Umweltgiften schützt, gerade vor den Chemikalien, die uns mit den täglichen Chemtrails geschickt werden. Aber nein, es muss wieder Angst vor dem Rauchen verbreitet werden, damit wir mehr von ihrem Gift aufnehmen. Helmut Schmidt wusste übrigens auch die Wahrheit, aber das liest du nicht der Presse!« Und irgendwie scheinen Zigaretten auch vor Gedankenkontrolle zu schützen: »Lasst es euch mal von einem Arzt erklären, aber von einem vernünftigen: Eine Zigarette hat psychologische Vorteile, Raucher schalten nämlich ab, sind entspannter, wenn auch nur kurz, und das bedeutet, sie sind nicht so leicht zu steuern und bewahren ihren freien Willen.« Immerhin: Eine fantasievollere Ausrede, um nicht mit dem Rauchen aufzuhören, habe ich nie zuvor gelesen.

Man muss aber gar nicht viel Geld für Kupferrohre, Smoothies und Zigaretten ausgeben. Denn glücklicherweise kann man sich auch mit einem Stoff vor Chemtrails schützen, der wahrscheinlich in jedem Haushalt vorhanden ist: Essig. »Jeder kann Essigessenz herausstellen! Im Umkreis von 10 Kilometern haben Chemtrails so keine Chance. Essigsäure reagiert mit den Aluminiummetallen und diese fallen dann ziemlich schnell vom Himmel.« Genauer gesagt heißt das: Die Dämpfe von erhitztem Essig würden die Chemtrails und die daraus hervorgegangenen künstlichen Wolken auflösen. Kein Witz. Oder, möglicherweise ein bisschen schon. Es kursiert nämlich das Gerücht, dass Essig als Mittel der Wahl ursprünglich nur als Scherz in Umlauf gebracht wurde. Tatsache ist leider, dass die Annahme, Essigdampf würde gegen Chemtrails helfen, sich längst in der Szene durchgesetzt hat. Bekannte Verschwörungsdemagogen sowie auch vereinzelte Anbieter von Orgon-Ramsch informieren regelmäßig darüber und rufen in ihren Video-Vorlesungen an der YouTube-Universität immer wieder dazu auf, mit »diesen einfachen Mitteln, die jedem zur Verfügung stehen«, einen Beitrag zur Chemtrailbekämpfung zu leisten. Beweisvideos, die das Wundermittel Essig bei der Wirkung zeigen, gibt es natürlich ebenfalls. Die sehen dann so aus, dass jemand einen trüben Himmel filmt, während eine sich vor Aufregung überschlagende Stimme etwas über totale Vernichtung erzählt, um schließlich den holprigen Übergang zur Rettung zu präsentieren: Essig. Schnitt. Man sieht den gleichen Himmelsausschnitt, ein paar Stunden später, diesmal strahlend blau, mit ein paar warmen Sonnenstrahlen und vielleicht noch zwitschernden Vögelchen. Die Kamera schwenkt zur Seite und zeigt einen mit Essig gefüllten Topf, der auf einer alten Kochplatte auf dem Balkon vor sich hin dampft. Die bekannte Stimme erzählt nun voller Begeisterung, wie die Essigdämpfe erfolgreich verhindert haben, dass die Chemtrails den Himmel verdunkeln. Ein weiterer Sieg für die Kräfte des Lichts. Bravo. Wie das alles genau funktionieren soll, kann übrigens niemand plausibel erklären. Aber mal ehrlich, das kann auch niemand ernsthaft erwarten. Es ist eben so, weil es so ist. Punkt.

Und dennoch gibt es immer wieder auch Spezialisten, die noch mehr wissen als alle anderen: »Heute war der blaue Himmel mal wieder überfüllt mit unsichtbaren Chemtrails. Unsichtbare Chemtrails sind die neue Waffe der Satanisten und man sieht sie nur, wenn man ein erweitertes Bewusstsein hat.« Okay, es reicht. Wo ist mein Rum-Smoothie?

Ich wünschte,
der Wind würde mich tragen,
wie tausend kleine Morgellons,
in einen großen Schlafschafmagen,
neben Schwermetallbonbons.
Und wär' ich wie der Wind so leicht,
so bliese ich mich auf zum Schatten,
um alle Chemtrails zu begatten.
Vielleicht.

5G oder: Die Angst vor Fortschritt

Die Angst vor Fortschritt ist so alt wie die Menschheit selbst. Alles, was plötzlich neu war und das gesellschaftliche Leben revolutionieren sollte, wurde mit Skepsis aufgenommen. Die Eisenbahn, beispielsweise: Manche Menschen dachten, ihre Organe würden bei der unnatürlichen Geschwindigkeit während der Zugfahrt zusammengequetscht werden. Denn gerade wenn etwas Neues ins Leben trat, dessen Funktionsweise man selbst nicht verstand, wurde es gerne verteufelt und zur Gefahr erklärt. Man denke da an die ersten elektrischen Leitungen. Während der eine Teil der Bevölkerung jubelte, weil gefährliche Gasbeleuchtung endlich der Vergangenheit angehören würde, malte sich der andere Teil gruselige Schreckensszenarien aus und ließ keine Gelegenheit verstreichen, um vor der Apokalypse zu warnen. Elektrizität, der unsichtbare Arm des Teufels, der einem im Schlaf die Füße kitzelt. Oder die Seele raubt. Je nachdem. Wahrscheinlich stieß sogar der Erfinder des Rades damals in der Steinzeit auf Widerstand: Pfui, dieses elende runde Ding rollt am Ende über meine Hütte und macht aus mir Mammutpastete! Weg damit.

Diese Furcht vor Veränderungen und Entdeckungen gibt es bis heute. Manchmal zu Recht. »Neu« bedeutet schließlich nicht immer »besser«. Ein eventueller Fehlschlag heißt aber wiederum auch nicht, dass etwas Neues schlecht sein muss. In vielen Fällen führen Fehlschläge zu echtem Fortschritt. Und wo wären wir heute, wenn die Menschheit nicht immerzu den Drang hätte, Neues zu erfinden? Rhetorische Frage. Ich möchte nur auf eines hinaus: Es gibt im Zuge fortschrittlicher Entwicklung eine Grenze, die gesunde Skepsis oder pessimistische Unkenrufe von paranoiden Verschwörungslügen trennt. Diese Grenze wollen wir nun überschreiten. Bereit?

Konkret schauen wir uns das Geschwurbel an, das aktuell rund um den neuen Mobilfunkstandard 5G auflodert und reihenweise Aluhüte zum Schmelzen bringt. Ironischerweise im Internet, auf einer App, die Daten über LTE austauscht, das damals vor seiner Einführung ebenso verwünscht wurde. Genau wie jedes Mobilfunknetz davor.

Die Verschwörungskasper in der damaligen noch recht frischen Online-Welt waren allerdings nicht so hyperaktiv wie heute, sodass uns Aluhut-Geschnatter über UMTS, beispielsweise, nicht besonders geläufig ist. Zu der Zeit, als das Internet gefühlt nur aus geklauter Musik und ICQ-Chats bestand, hatten Verschwörungstheoretiker noch den Anstand, handschriftlich seitenlange Manifeste zu verfassen und sich mit einem Schild, auf dem irgendeine zusammenhanglose Suppe gekritzelt wurde, einsam an die Straßenecke zu stellen. Heute gibt's diese Schilder leider immer noch. Haufenweise. Denn das Internet macht's jedem möglich, sich mit Gleichgesinnten auszutauschen und Versammlungen zu organisieren. Versammlungen, die man als vernünftiger Mensch, dem die Schulbildung noch nicht vollständig aus den Ohren getropft ist, oft nur schwer Demonstrationen nennen kann. Denn immer, wenn Verschwörungsanhänger zusammenkommen, scheint es, als würde uns das Universum auslachen, weil wir als Menschheit offensichtlich komplett versagt haben. Das denke ich zumindest jedes Mal, wenn ich in den sozialen Medien eine Gruppe betrete, die mal wieder unbewusst »Deutschland sucht den Superdeppen« spielt.

5G also. Die nächste Stufe auf dem Weg zur Vernichtung der Menschheit. Als ob es keine einfacheren Methoden gäbe, uns wegzupusten. Aber die böse Elite hat scheinbar eine Vorliebe fürs Subtile. Also werden wir mit 5G langsam verstrahlt, krank gemacht oder unauffällig gegrillt: »5G ist eine Kriegswaffe und der schlimmste Krankheitsverursacher! Die 5G-Antennen müssen wir verbieten und die bestehenden abreißen oder sprengen! Auch Chemtrails müssen weltweit verboten werden!« Zunächst einmal: nein. Weiterhin zeigt die radikale Äußerung, dass diese Leute kein Problem mit Sachbeschädigung haben. Denn leider wurden solche gewalttätigen Fantasien schon viel zu oft in die Tat umgesetzt. Meldungen über zerstörte und in Brand gesetzte Funktürme sind zwar nicht alltäglich, kommen aber immer wieder vor. Was soll das? Woher kommt diese Wut? Dazu muss man wissen: Mobilfunkstrahlung ist elektromagnetische Strahlung. Und es gilt als unbestritten, dass elektrische und magnetische Felder Auswirkungen auf den menschlichen Körper haben. Das heißt aber noch nicht, dass sie deshalb schädlich sein müssen. Das Bundesamt für Strahlenschutz sieht etwa keinen Zusammenhang zwischen Handystrahlung und der Häufigkeit von Krebserkrankungen. Das Problem, das viele bei 5G sehen, ist die höhere Frequenz des Funknetzes. Denn: Je höher die Frequenz, desto geringer die Reichweite, was natürlich bedeutet, dass für das 5G-Netz viel mehr Sendemasten benötigt werden, um ein Gebiet abzudecken. Die falsche Schlussfolgerung: Mehr Sendemasten heißt mehr Strahlung, und mehr Strahlung heißt mehr Weltuntergang.

Besonders in esoterischen Diskussionsgruppen ist 5G immer wieder großes Aufregerthema. Schließlich ist fortschrittliche Technik der eingeschworene Feind aller spirituellen Räucherkegelschamanen. Somit ist es auch kein Wunder, dass alle hier gesammelten Ansichten aus dem Spektrum der Esoterik stammen. Aus Gruppen und Foren, die auf den ersten Blick nur banale Klischees rund um astrologische Mätzchen und pseudoreligiöse Affirmationen bedienen, aber im Kern bei jeder Gelegenheit die wissenschaftsfeindliche Keule schwingen und ihre Mitglieder immer tiefer in einen Strudel aus lebensfremden Weltanschauungen, Lügen, Angst und Paranoia hineinziehen. In solch einem Umfeld zählen keine Fakten, sondern nur das persönliche »Wissen«. Und so wuchert die 5G-Verschwörung besonders gut in diesen Kreisen, wo die berüchtigte, lang geplante Bevölkerungsreduktion überhaupt nicht mehr hinterfragt wird – egal ob dunkle außerirdische Kräfte, Chemtrails, Impfungen oder eben 5G dafür sorgen. Diese esoterischen Schwurbelhypothesen schaukeln quasi alle auf einem ranzigen Spielplatz im Hinterhof einer verfallenen Heilanstalt um die Wette. Tragisch, wenn die Schaukeln zudem viel zu nah an der Wand stehen.

Also bitte bloß nicht mit irgendwelchen Studien anfangen, die sich sachlich mit den Auswirkungen von Mobilfunkstrahlung auseinandersetzen. Ich kann auch kaum glauben, dass ich es gewagt habe, das Bundesamt für Strahlenschutz zu erwähnen. Gehören solche Behörden doch eindeutig zum zionistischen Reptiloiden-Netzwerk, das uns alle töten möchte ... »5G heißt alle paar Meter eine Antenne und du mittendrin. Wir alle sollen in einer gigantischen Mikrowelle gegart werden! 5G = Slow Death!« Oder noch pathetischer: »Dem Volk erzählt man, 5G steht für 5. Generation. Das G steht aber auch für Genozid, denn genau das und nichts anderes ist 5G.« Moment, das G könnte auch für Gemüse stehen. Ist das alles etwa eine Verschwörung der Vegetarier? Unsinn. Das G steht in Wahrheit für Gates. Bill Gates. Und nun passen Sie gut auf: Bill Gates, seine Ex-Frau und ihre drei Kinder ergeben zusammen fünf Gates, abgekürzt 5G. Viel deutlicher kann es wohl nicht mehr werden, dass Bill Gates zu denjenigen gehört, die an der Dezimierung der Menschheit beteiligt sind. Zwar glauben die meisten Bildungsversager, dass Bill Gates uns hauptsächlich mit Impfungen töten möchte (wie eine der Lieblingsspinnereien während der Corona-Pandemie beweist), aber ich finde meine 5G-Theorie eigentlich recht niedlich. Und sie ist im Grunde nicht viel absurder als die restlichen Massenvernichtungsfantasien der Aluhüte.

Sie glauben, ich übertreibe? »Dank 5G verbrennt Kinderhaut

viel schneller!« Ähm, schneller als was? Gibt es Vergleichsstudien? Und wieso nur Kinderhaut? Dann lieber Strahlung für alle: »Achtung! Die 5G-Mikrowelle tötet langsam und sicher, ohne Fingerabdrücke zu hinterlassen! Lautloser Mord ohne Spuren, ohne Zeugen!« Nun ja, nicht ganz. Facebook-Zeugen gibt es ja offensichtlich genug. Und die Spuren sind ebenfalls sichtbar: Fotos von Strahlungsopfern aus Tschernobyl oder Hiroshima. Tatsächlich werden solche Fotos, die die grausigen Folgen atomarer Strahlung dokumentieren, manchmal als Beweis für das tödliche 5G herangezogen. Es gibt nämlich auch eine nicht geringe Anzahl Aluhüte, die der Meinung sind, so etwas wie Radioaktivität gäbe es gar nicht. Sie erinnern sich an die Theorie, nach der Tschernobyl in Wahrheit eine HAARP-Anlage war? So gibt es auch die Theorie, dass in Tschernobyl an 5G geforscht wurde. Und so existieren natürlich auch keine Atombomben. In Wahrheit wurden die Angriffe auf Hiroshima und Nagasaki mit Strahlenwaffen durchgeführt. Die Bomben waren nur Tarnung. Genau wie die ganzen Atomkraftwerke selbstverständlich auch nur eine Tarnung für geheime, außerirdische Forschungsprojekte sind.

Äußerst beliebt sind in der »Beweisführung« auch immer wieder jene tragischen Vorfälle, wenn Vogelschwärme tot vom Himmel fallen. Dann ist die Sachlage sofort klar – die Vögel sind an einem Funkturm vorbeigeflogen und haben einen Herzinfarkt bekommen. Und wehe, irgendjemand kommt mit einer anderen Erklärung um die Ecke, dann gilt man direkt als Regierungsagent:in mit der Mission, die Wahrheit zu unterdrücken. Zugegeben, es ist nicht hundertprozentig klar, warum manchmal ganze Vogelschwärme sterben, doch es gibt zumindest einige plausible Theorien: So könnten die Vögel in einen Sturm geraten oder sogar vor Erschöpfung verstorben sein, weil sie aufgrund unvorhersehbarer Ereignisse, wie einem Waldbrand, die Route ändern mussten. Fun Fact: Die meisten Waldbrände sind in der knittrigen Welt der Aluhüte selbstverständlich von der bösen Elite absichtlich entfacht worden. Mit Strahlenwaffen. Aus dem All. Oder aus der Hohlerde. Und warum? »Überall reduzieren die gerade die Wälder auch wegen 5G, das ja in jeden Winkel der Erde strahlen soll, da stören hohe Bäume, ist aber bestimmt nicht der einzige Grund. Bäume sind selber ne Art Sende-Anlage oder Verstärker für bestimmte Frequenzen und stören bestimmt auch andere Frequenzbereiche. Vielleicht nicht erwünscht in der Neuen Weltordnung.« Genau, die NWO hasst Bäume. Echsenmenschen lieben es bekanntlich, auf warmen Steinen herumzuliegen, da stören Bäume nur.

Die Angst vor 5G definiert sich aber nicht nur dadurch, dass die Strahlung uns grillen, garen oder gezielt unsere Augäpfel kochen kann – 5G kann auch unsere DNA beeinflussen und verändern. »In Verbindung mit den Smart Teilchen, die über Chemtrails gestreut werden, wird 5G uns zu Cyborgs machen.« Anscheinend sind Cyborgs und andere Maschinenmenschen in der Esoterikszene nicht besonders hoch angesehen, denn sie symbolisieren den gefürchteten Transhumanismus, also das Ziel, die biologischen Möglichkeiten des Menschen durch den Einsatz technologischer Verfahren zu erweitern. Diese spannende philosophische Denkrichtung ist für die meisten spirituellen Menschen offenbar eine Horrorvorstellung, die sich immer wieder in Schwurbelanfällen entlädt: »Die sagen, 5G ist, um schneller Videos zu laden, aber wer braucht das schon. Nein, die brauchen 5G, um das menschliche Bewusstsein in Maschinen zu übertragen, was sonst hat solche großen Datenmengen, dass 5G so wichtig wäre! Die wollen nur die Menschheit abschaffen und dann wie Computer kontrollieren. Maschinensklaven für die Elite!« Juhu! Skynet aus »Terminator« gefällt das. »Technik zerstört vorsätzlich die Gesundheit, Kreativität, Freiheit und das Bewusstsein. Sie zersetzt eure Meinung, euren Willen, den Körper, den Geist und die Seele. Handynetze benutzen Mikrowellen-Strahlung und dieselbe Frequenz von Gehirn und Blutzellen. Zufall??? Und das neue 5G-Netz benutzt Frequenzen, die unsere Seele beeinflusst. Wacht bitte auf.« Nein. Da schlafe ich liebend gerne weiter. Diesen Mikrowellen-Vergleich bringen die Dummlinge übrigens am allerliebsten an: »Warum akzeptieren die Menschen 5G? Die würden doch auch nicht den Kopf in eine Mikrowelle stecken und sie voll aufdrehen! Aber akzeptierten, in einer 5G-Mikrowelle zu leben!!!« Klingt doch alles ziemlich super. Wenn die Welt bald eine Mikrowelle ist, kann ich die kalte Lasagne einfach kurz aus dem Fenster halten, um sie zu erwärmen. »5G ist nun gestartet und bereitet den Weg für das Internet der Dinge vor. Die Verbindung aller elektronischen Geräte auf der Welt zu einem wirklich grauenhaften virtuellen Höllencomputer. Unsere neue Existenz, eine virtuelle Hölle. Wir werden alle nicht mehr die gleichen sein wie vorher. Das IoT (Internet of Things) beginnt. Massen-Modifikationen am Erbgut und Bewusstseins- und Bewegungskontrolle öffnen die Türen für die NWO und schließen die Tür zu deinem Rest-Selbstbild, womit du dich identifizierst.« Klingt ein bisschen wie das Lebenssimulationsspiel »Die Sims« – in der Aluhut-Edition. Oder, wie jemand an anderer Stelle schrieb: »Deine Seele wird in einem Computergefängnis eingesperrt sein, wenn du dich nicht sofort dem Göttlichen zuwendest.« Einspruch. Beten hat auch bei »Die Sims« noch nie geholfen. Glauben Sie mir.

Warum wissen aber nur so wenige über diese Gefahren Bescheid? Nun, ich würde ja sagen, weil diese Leute einen Aluhut tragen und somit vor den Mindcontrol-Strahlen geschützt sind, aber dieser Witz führt sich im Grunde selbst ad absurdum, denn die Antwort lautet tatsächlich, weil sie sich vor den Mindcontrol-Strahlen schützen und im Gegensatz zu den gehirngewaschenen Schlafschafen die Wahrheit hinter der großen Täuschung erkannt haben. Erreicht haben sie dies einerseits durch allerlei esoterische Kunststücke wie »die Schwingung erhöhen« und »in

Vertrauen und Liebe bleiben« – andererseits durch die Unterstützung pseudowissenschaftlicher Nepper, die es mit viel Fantasie schaffen, die Angst der Schwurbelnasen in ein lohnendes Geschäftsmodell zu verwandeln. Was schließlich bei Chemtrails funktioniert, klappt auch mit 5G wunderbar. Doch während die meisten Anti-Chemtrail-Geräte inzwischen längst eine eingebaute 5G-Abwehr besitzen, sehnt sich der paranoide Schwurbelklops von heute nach mehr. 5G ist schließlich überall um uns herum, also ist die Nachfrage nach einem permanenten Schutz für unterwegs dementsprechend groß. Sehr groß.

Mein ganz persönlicher, kostenloser Tipp wäre ja, einfach in die Eifel zu ziehen. Dort ist man vor 5G auf jeden Fall sicher. Ach was, vor jeder Art von Strahlung. Im größten Funkloch Deutschlands (ist das eine geschützte Bezeichnung?) sollten die Space-Laser der Satanisten keine Chance haben. Wäre aber wahrscheinlich zu einfach.

Auf dem esoterischen Schwindel-Markt haben sich diesbezüglich bereits diverse Aufkleber etabliert. Diese Sticker gibt es inzwischen in unzähligen Variationen und versprechen alle dasselbe: Schutz vor Strahlung, insbesondere vor 5G. Und wenn ich Sticker schreibe, dann meine ich wortwörtlich kleine, selbstklebende Bildchen. Diese werden am Handy, Tablet oder WLAN-Router befestigt und sollen daraufhin die schädliche Strahlung umleiten oder neutralisieren. Und wie? Mit Zauberei, natürlich. Gut, die Hersteller selbst werben zwar mit »revolutionärer Technik«, meinen aber im Grunde das Gleiche. Nahezu jeder Anbieter dieser 5G-Sticker schmückt sich mit einer superneuen, supermodernen, selbst entwickelten – also frei ausgedachten – Technologie, die aber leider von der bösen Schulwissenschaft nicht anerkannt wird. Die »weltlichen« Wissenschaftler stehen schließlich alle unter der Fuchtel der Pharma-Diktatur, die jede Technologie, die den Menschen wirklich helfen würde, zurückhält oder sogar verbietet. Sie erinnern sich an die Schwurbelapparate rund um Nikola Teslas Visionen? Gleiches Prinzip. Die selbstlosen Aluhut-Erfinder riskieren jedoch Kopf und Kragen, um die fantastischen Technologien für alle Menschen zugänglich zu machen. Die Ehrenschwurbler bilden dabei anscheinend die letzte Bastion gegen die endgültige Vernichtung der Menschheit. Also kaufen Sie diesen magischen Plastik-Aufkleber für schlappe 50 Euro, damit 5G Ihren Zipfel nicht schmelzen lässt oder was weiß ich.

Man muss hinzufügend erwähnen: Solche Produkte gibt es nicht erst seit 5G, sondern sie wurden bereits mit dem Siegeszug der Mobiltelefonie und des Internets im Umlauf gebracht, als schon sehr früh die Angst vor Elektrosmog kursierte. Oder denken Sie bloß an Astro TV. Aus dieser Angst hat sich mit der Zeit der gewinnträchtige Geschäftszweig entwickelt, der heute dank 5G einen kräftigen Aufschwung bekommt. Tatsächlich konnte bislang nicht nachgewiesen werden, dass elektromagnetische Strahlung in irgendeiner Art und Weise die Ursache für Beschwerden ist, die manche sogenannte elektrosensible Menschen im Zusammenhang mit Mobilfunkstrahlung angeben. Vielmehr spielt sich das Ganze auf psychologischer Ebene ab, da allein der Glaube an schädliche Strahlen, gepaart mit Sorgen, Ängsten und einer gewissen Erwartungshaltung, Kopfschmerzen oder Müdigkeit auslösen kann.

Bevor es hier allerdings zu medizinisch wird, möchte ich mit einem Beispiel aufzeigen, wie unwissenschaftlich das Wundergerümpel ist, das angeblich vor Strahlung schützen soll. Es geht diesmal nicht um einen Aufkleber, sondern um einen Golfball (so sieht das Ding zumindest aus), der sich »für individuelle Harmonisierung an die feinstofflichen Energien des Besitzers anpasst«. Oder, um ins Detail zu gehen: »Jedes unserer Produkte ist ein passiver Generator, der ein statisches Informationsfeld erzeugt. Ein künstlich geschaffenes Informationsfeldprogramm wurde mit einer speziellen Technologie in die Struktur eines passenden Materials eingebettet. Im Ergebnis wird ein breitbandiges statisches Informationsfeld generiert. Der Autogenerator wird durch die äußere Strahlungsquelle angeregt und kann deshalb unbegrenzte Zeit ohne eine äußere Energiequelle arbeiten. Das Informationsfeldprogramm verfolgt permanent die Existenz und Struktur negativer Informationsfelder. Beim Auftreten negativer Informationsfelder wird der Autogenerator aktiviert und generiert ein zu dem negativen Informationsfeld inverses Informationsfeld, wodurch die negative Wirkung aufgehoben wird. In Abwesenheit negativer Informationsfelder arbeitet der Autogenerator im Stand-by-Modus.« Was? Ich meine: Was zum Geier? Was Sie da gerade gelesen haben, ist das typische Geschwafel, wenn esoterische Möchtegern-Ingenieur:innen komplizierte Begriffe aneinanderreihen, um ihre Produkte besonders wichtig und wissenschaftlich klingen zu lassen. Klingt spaßig. Ob ich das wohl auch könnte? Mal sehen:

Kaufen Sie jetzt das Pro Energy Polyrex-Bio, um dauerhaft vor 5G, Chemtrails und Morgellons geschützt zu sein. Die Technologie, die auf Grundlage biomechanischer Aura-Stimulation basiert, treibt im Inneren des Polyrex-Bio einen neuartigen Hochfrequenztransformator an, der als Impedanzverstärker des morphogenetischen Feldes fungiert. Das Produkt bündelt und überträgt die feinstofflichen Schwingungen, die im radiobiologischen Wirkungsspektrum der Aura liegen, direkt auf das Nervensystem und energetisiert die gefährdeten Biokanäle. Dadurch wird die Ionenmembranschicht freigelegt und somit das Gewebe von schädlichen Einflüssen gereinigt. Kund:innen, die dieses Produkt kauften, kauften auch den VTS-Neutralisierer. Mit diesem Gerät sind Sie sicher vor Gedankenkontrolle. Mittels orgonitbasierter Impulskatalysatoren wird das thermodynamische Gleichgewicht der manipulierenden Funkwellen gestört. Dadurch wird die Adressierung an die Innenohrnervenzellen über hochschwingende Millimeterwellenfrequenzen abgelenkt.

Gleichzeitig wird mittels Modulationen im Quantenfeld eine feinstoffliche Barriere erzeugt.

Was meinen Sie, was sollte ich für diese Produkte verlangen?

Das vorhin vorgestellte Wundergerät hat schon einen Preis: Für nur 190 Euro kann die Mistkugel Ihnen gehören. Zu teuer? Wie wäre es dann mit einer »Anti 5G Halskette«? Gibt es für 30 Tacken und bietet Geschwurbel auf höchstem Niveau: »Die Anti 5G Halskette besteht aus 27 natürlichen Mineralien. Diese sind mittels fortschrittlicher Nanotechnologie strukturell miteinander verbunden. Die Mineralien neutralisieren EMF sicher, indem sie schädliche Frequenzen absorbieren. Wir empfehlen, dass Sie Ihren Anhänger tagsüber tragen und ihn dann in der Natur aufladen. Der Ozean erzeugt frische negative Ionen, wenn jede Welle am Ufer abstürzt. Wenn Sie keinen Zugang zu Wasser haben, können Sie den Anhänger jede Woche 30–90 Minuten lang in der Sonne oder auf der Erde aufladen.« Noch nicht überzeugt? Vielleicht ist ja ein 5G-Abschirmkristall etwas für Sie. Also kein echter Kristall, sondern so ein Dekoglasklumpen. Nein? Allen anderen viel Spaß beim Shoppen!

Riesen oder: Riesige lockere Schrauben

Riesen, also Menschen oder menschenähnliche Wesen von riesenhaftem Wuchs, bevölkern die Mythen und Sagen auf der ganzen Welt. Auch in der Bibel – man denke an den prominenten Goliath – ist oft die Rede von riesigen Gestalten. Doch auch die sogenannten Nephilim, große Mischwesen, die aus der Verbindung von Engeln und Menschen hervorgegangen sind, haben einen biblischen Bezugspunkt. Und so, wie immer noch viele Menschen die Bibel wörtlich nehmen, glauben tatsächlich auch viele daran, dass die Welt einst von Riesen bevölkert war. Zum einen soll es im wahrsten Sinne des Wortes riesenhafte Menschen von mehreren Metern Größe gegeben haben, die von der normal großen Menschenbevölkerung verehrt, gefürchtet, aber auch als Arbeitssklaven eingesetzt wurden; und zum anderen wortwörtliche Giganten, die lange vor unserer Zeit über die Erde wandelten und deren tote Körper nach und nach Berge, Hügel und Höhlen formten. Als Beweise dienen dabei nicht nur Bibelzitate (beliebte Stellen sind in der Genesis und in apokryphen Texten wie dem »Gigantenbuch« zu finden), sondern auch immer wieder Gesteine und Felsen, in deren Konturen und Formen man mit ein bisschen Fantasie tatsächlich die Gestalt eines Lebewesens oder gewisse Körperteile hineininterpretieren kann, ähnlich wie in Wolkenformationen. Die Überreste von Riesen und Riesentieren liegen also quasi direkt vor der Haustür. Man muss nur ein bisschen die Augen zusammenkneifen. Antike Wandmalereien, in denen scheinbar riesenhafte Menschen neben »normal« großen Personen hervorstechen, werden ebenfalls oft als Beweise angeführt. Dass die Größe in solchen Darstellungen lediglich auf die Bedeutungsebene zurückzuführen ist (also die Tatsache, dass wichtige Personen größer abgebildet wurden als unwichtige), überfordert leider bereits jegliches Denkvermögen dieser Bizarro-Einsteins. Auch antike Bauwerke, die sich durch ihre imposante Größe auszeichnen, oder Hügelgräber und Megalithanlagen würden belegen, dass Riesen einst unter uns lebten. Pyramiden? Können nur Riesen gebaut haben. Tempel von Abu Simbel? Riesen-Tempel. Der Jupiter-Tempel in Baalbek? Natürlich ebenfalls ein Riesen-Tempel. Die Hagia Sophia? Ursprünglich ein Riesen-Haus. Felsenstadt Petra? Riesen! Stonehenge? RIESEN! In der heutigen Photoshop-Ära darf zudem jedes noch so offensichtlich gefälschte Bild als Beweis für die absurdesten Thesen herhalten. Thesen, wie beispielsweise die systematische Vertuschung: Angeblich schlummern in den Kellern der großen Museen dieser Welt etliche Beweise für die Existenz von Riesen. Die satanischen Regierungen würden allerdings alles unter Verschluss halten, weil sie angeblich befürchten, dass solch eine »Offenbarung« den Gottesglauben der Menschen neu entfachen könnte. Ein Zustand, der für satanische Herrscher scheinbar nicht erstrebenswert ist.

Glücklicherweise gibt es die mutigen »Erwachten« unter uns, die nach harter, minutenlanger YouTube-Recherche die Wahrheit erkannt haben und diese selbstlos in sozialen Netzwerken teilen.

Die Riesen-Spinnerei geht übrigens oft Hand in Hand mit dem Mythos der flachen Erde. Denn wie die Flacherdler glauben auch Anhänger der Riesen-Verschwörung daran, dass die übermittelte Menschheitsgeschichte eine Lüge ist. Das heißt, alles, was uns in der Schule beigebracht wurde, ist falsch. Eine Annahme, die so albern wie genial ist. Denn sie erweist sich als ideales Fundament für jedes noch so irre Verschwörungskonstrukt. Und wenn die »Lügenforscher« alle Funde von metergroßen Menschenknochen verschweigen, liegt es nahe, dass sie freilich auch die wahre Gestalt der Erde verschleiern. Überhaupt ist ja sowieso alles gelogen, was der verschwurbelten Weltanschauung widerspricht. Apropos Knochen: Dinosaurier! Viele Anhänger der Riesen-Einbildung prangern an, dass die riesigen Echsen uns seit Kindertagen um die Ohren gehauen werden, während man bei Riesen alles geheim halten würde. Wie unfair! Man könnte auch von einer Art Fossilienneid sprechen.

Abgesehen davon, kann mit dem Riesen-Wahn sogar die flache Erde begründet werden. Denn, aufgepasst: Riesige Menschen und Giganten mussten schließlich auch eine entsprechend große Flora und Fauna mit sich bringen. Die skurrilste Schlussfolgerung hierbei: Tafelberge, wie etwa der Devils Tower im US-Bundesstaat Wyoming, sind in Wahrheit versteinerte Baumstümpfe. Logisch. Vor Tausenden oder – je nachdem in welcher Facebook-Vorlesung man gelandet ist – Millionen von Jahren ragten nämlich kilometerhohe Bäume in die Höhe. Und wenn man nun diese »Tatsache« auf die »kindische Kugelerdetheorie der Freimaurer« überträgt, erkennt man sofort, dass die Erde sich unmöglich mit über 1600 km/h drehen kann – die hohen Bäume hätten in so einem unfassbaren Windzug doch umknicken müssen. Ha! Schachmatt. Warum gibt es aber heute nur noch Stümpfe? Was ist mit den riesigen Bäumen passiert? Hier kommt nun der gemeine Mensch ins Spiel. Nachdem man ihn nämlich aus dem Paradies vertrieben hatte, fing er an, alles abzuholzen. Nein, fragen Sie jetzt bitte nicht, wie das vonstattengehen konnte, bei einem Baum von titanischem Ausmaß. Die Antworten, nach denen die Menschen Unterstützung vom Teufel oder dämonischen Außerirdischen bekamen, würden Sie nur verstören. So dienten die gefällten Bäume damals wie heute natürlich der Ressourcengewinnung. Doch mit der Abholzung besiegelte der Mensch seinen Untergang ... Hier an dieser Stelle könnte nun vielleicht dramatische Musik erklingen, wenn man sich einreden würde, die aluminiumbeschichtete Story wäre eine schräge Metapher für die heutigen Entwaldungen. Nein. Spielen wir lieber die Benny-Hill-Titelmelodie. Denn in unserer Schwurbelgeschichte führte der Verlust der Riesenbäume logischerweise zu weniger Sauerstoff in der Atmosphäre. Und je weniger Sauerstoff der Mensch ausgesetzt war, desto mehr Schaden nahm sein Gehirn, was wiederum dazu führte, dass sich die Menschen nicht mehr an ihre kollektive Vergangenheit erinnern konnten, ergo auch nicht mehr an die Riesen und die Riesenbäume. Zack! Und *so* wird Geschwurbel einfach mit noch mehr Geschwurbel erklärt.

Zurück zu den »handfesten« Beweisen. Gerade die unzähligen Fotos von Gesteinsbrocken, die angeblich organischen Ursprungs sind, lassen die Fantasie der Internet-Wissenschaftler sprudeln. Da werden aufgebrochene Steine in Nahaufnahme präsentiert, deren innere Struktur »eindeutig« Haut, Fett, Fleisch, Organe, Venen und sogar versteinertes Blut aufweist. Einmal, bei der enthusiastischen Beschreibung eines nassen Opals, der mit einem frischen Stück Speck verglichen wurde, bekam ich fast Hunger ... Eher unappetitlich ist dagegen die häufig diskutierte Theorie, nach der Höhlensysteme eigentlich versteinerte Gedärme sind und wir Menschen lediglich Parasiten, die in den toten Innereien der Giganten überlebten und irgendwann nach draußen gelangten. Dafür spräche insbesondere die parasitäre Natur des Menschen, was zugegebenermaßen dann doch eine Art Metapher sein könnte. Allerdings gehört zu dieser Erklärung auch, dass Tiere, die sich gerne in Höhlen zurückziehen, dies nur deswegen tun, weil sie dort immer noch superseltene, superwichtige Supernährstoffe finden, die es in den Gigantendärmen gab. Dagegen klingt die Theorie, nach der die Menschen eigentlich selbst die Riesen waren und mit den Generationen einfach schrumpften, fast schon plausibel. Der Grund für das Schrumpfen sei der Umstand, dass die Feinstofflichkeit der Menschen mit der Zeit »verschlackte«. Besagte Feinstofflichkeit oder auch Lebenskraft, Psyche, Prana, je nachdem welche Geschichtsguerillas man zu Wort kommen lässt – hätte durch die Entfremdung von der Natur sowie die Hingabe zu weltlichen Gelüsten immer mehr Energie verloren ... Damit wäre dann doch noch ein passender Soundtrack gefunden: »Short People« von Randy Newman.

Der Mond oder: Wann schlüpft der Weltraumdinosaurier aus dem Ei?

Ah, der Mond. Schon immer übte er eine ganz besondere Faszination auf die Menschen aus. In so gut wie allen Kulturen war und ist er Gegenstand zahlreicher Mythen und Geschichten. Daran konnte selbst die Wissenschaft nichts ändern, denn auch wenn wir wissen, was der Mond ist, umgibt ihn bis heute eine gewisse Mystik. Doch um astrologischen Hafenkäse und andere esoterische Eskapaden soll es hier gar nicht unbedingt gehen. Die Mondkalenderbranche kann also aufatmen. Wer es geschafft hat, sein Geld mit Menschen zu verdienen, die sich jedes Jahr aufs Neue vorschreiben lassen, bei welcher Planetenkonstellation sie sich die Fußnägel schneiden oder in welchem Mondwinkel sie ihre Fliegenpilze anpflanzen sollen, hat sich ohne Frage einen Ehrenaluhut verdient. Mondkalender transportieren wie Horoskope einen kommerziellen, außer Kontrolle geratenen Aberglauben, dem es immer wieder gelingt, den gesunden Menschenverstand auszuhöhlen. Respekt. Da klatschen alle Schlangenölverkäufer anerkennenden Applaus.

Nur zur Klarstellung: Grundsätzlich ist es mir völlig egal, wenn jemand ausschließlich bei abnehmendem Stiermond Tomaten erntet, sich bei Vollmond Rosinen zwischen die Zehen stopft, um Fußpilzgeister zu vertreiben oder den Einfluss des Mondlichtes als Ausrede für die eigene Übellaunigkeit benutzt, anstatt sich einzugestehen, dass man vielleicht einfach eine unsympathische Kabelklemme ist. Auch finde ich es maximal belustigend, wenn Menschen skurrile Mondprodukte wie Mondwasser oder Mondbrot kaufen. Nicht witzig sind allerdings Entscheidungen, die Auswirkungen auf die Gesundheit haben können, weil sie weit über abergläubische Spielereien hinausgehen. Wenn Mondkalender beispielsweise empfehlen, medizinisch notwendige Behandlungen nur an bestimmten Tagen durchführen zu lassen oder Medikamente bei konkreten Mondphasen zu sich zu nehmen. Damit überschreiten Mondkalender die Grenze von ulkigem Aberglauben zur debilen Pseudowissenschaft. Eine Grenze, die in der Esoterikszene leider nur zu oft und zu gerne schamlos durchbrochen wird. Die Folgen: Skepsis gegenüber wissenschaftlichen Erkenntnissen und eine vermehrte Zuwendung zu pseudomedizinischen Hirngespinsten. In Werken über die Zauberkräfte des Mondes vermischen die Autorinnen und Autoren immer wieder naturheilkundliches Wissen mit esoterischen Vorstellungen über unsichtbare Energien und bedienen sich dabei – bewusst oder unbewusst – eines schwurbeligen Narrativs, das auch in Verschwörungskreisen Verwendung findet. Allein so ein Begriff wie »Entgiftung« kann besonders unter esoterischen Klabautern ohne große Umwege ins Wunderland der Aluhutpropheten führen, wo Chemtrails uns mit Schwermetallen quälen oder Fluorid in Zahnpasta plötzlich eine Massenvernichtungswaffe ist.

Auch überhebliche, abfällige Seitenhiebe auf die »Schulmedizin« sind in solchen Werken gang und gäbe, wo Ärzt:innen mitunter als gewissenlose Metzger porträtiert werden, um den Kontrast zur kuscheligen, sanften Heilkraft der Natur so elfenhaft wie möglich erscheinen zu lassen. Und damit werden viele Menschen in eine Falle gelockt, denn Mondkalender und Co. vermitteln wie die gesamte Esoterikbranche den Eindruck, dass alles, was alternativ zur konventionellen Medizin steht, förderlich für die Gesundheit ist. Das Problem: Die durchaus nützliche Naturheilkunde, die auf pflanzlichen Wirkstoffen basiert, wird mit esoterischen Vollrauschfantasien vermischt, wodurch die falsche Botschaft entsteht, beides wäre gleichermaßen wirksam.

Und wer irgendwann tatsächlich glaubt, dass die eigene Gesundheit von irgendwelchen Energien und magischen Schwingungen abhängt, konsultiert vielleicht erst die Mond-Experten von der YouTube-Universität, bevor er sich »in die Fänge der Pharma-Mafia« begibt – mit dem Ergebnis, dass echte Hilfe möglicherweise zu spät kommt. Sehr beliebt ist in den ganzen Mondkrakeleien der schwurbeltypische Vorwurf, die moderne Medizin hätte gar kein Interesse an unserer Gesundheit, sondern sei lediglich am Profit interessiert. Willkommen im Kapitalismus. Aber seit wann muss das eine das andere ausschließen? Die Modeindustrie möchte auch Profit machen, aber das heißt nicht, dass Kleidung etwas Schlechtes ist. Oder die Nahrungsmittelindustrie! Wussten Sie, dass Lebensmittel Geld kosten? Und als ich zuletzt nachgeschaut habe, waren selbst »alternativmedizinische« Spielsachen wie Zuckerkügelchen, Engelkarten und Pendel nicht kostenlos. Na, so was aber auch! Diese permanente, unterschwellige Hetze gegenüber Wissenschaft und medizinischen Produkten, die in esoterischen Kreisen herrscht, kann leichtgläubige Menschen in die Arme geifernder Scharlatane treiben und bringt sie im schlimmsten Fall dazu, wichtige Impfungen oder lebensnotwendige Therapien abzulehnen.

Zurück zum Mond und einer der prominentesten Verschwörungserzählungen in diesem Zusammenhang: der Mondlandungslüge. Diese möchte ich an dieser Stelle natürlich nicht unerwähnt lassen, doch allzu sehr ins Detail werde ich nicht gehen. Alle wissen schließlich, worum es sich dabei handelt, oder? Kurz zusammengefasst: Die Mondlandung hat es nie gegeben, sie wurde in einem Filmstudio gedreht, um der Welt etwas vorzugaukeln. Ende. Die Verschwörung ist längst ein alter (Alu-)Hut und wurde schon in zahlreichen Büchern und »Dokumentarfilmen« behandelt. Dabei wirkt der urige Mondlandungsfake im modernen Zeitalter der Facebook-Detektive und YouTube-Dozenten fast schon langweilig. Schließlich weiß doch jeder, dass noch nie ein Mensch einen Fuß auf den Mond gesetzt hat: »Viele gibt es aber nicht mehr, die diesen gequirlten Schwachsinn von der Mondlandung tatsächlich noch glauben. Nur mehr ein paar Deppen mit ganz besonderen Bedürfnissen.« Erstaunlicherweise können Aluhüte bei diesem Thema auch sentimental werden: »Eigentlich sehr traurig, wenn erwachsene Menschen an Mond- und Marslandungen glauben. Die sind so verloren, die tun mir nur leid. Welchen Sinn sollen solche Milliarden-Projekte haben, außer ein paar schöne Fotos zu schießen? Einfach lächerlich, doch für viele Menschen Realität. Lassen sich wohl gerne belügen. Es ist zum Verzweifeln.« Ja, dem letzten Satz schließe ich mich an. Jedoch aus anderen Gründen.

Die Verschwörungstheoretiker, die noch anhand von Originalfotos und Filmaufnahmen irgendwie versuchen, Beweise für eine gefälschte Mondlandung zu finden, sind im Vergleich zu den perforierten Aluhüten der Social-Media-Generation fast schon interessant. Denn irgendwie fragt man sich bei solchen Theorien doch gerne: Was wäre, wenn die Amerikaner tatsächlich nicht auf dem Mond gelandet sind und sie die Mission daher in einem Studio gedreht haben, um sich keine Blöße vor den Russen zu geben? Verschwörung hin oder her, aber diese Gedankengänge implizieren wenigstens, dass die NASA eine reale Organisation ist, die Weltraumforschung betreibt. Oder dass es den Weltraum überhaupt gibt. Und den Mond. All das wird heutzutage von nahezu jedem Aluhütchen infrage gestellt. Man muss im Grunde schon dankbar sein, wenn jemand »nur« die eigentliche Mondlandung für unecht hält. Skurril wird es lediglich, wenn Aliens und Mondnazis ins Spiel gebracht werden. So kursiert unter besonders erwachten YouTube-Wissenschaftlern die These, dass die Nationalsozialisten sich mit technischer Unterstützung ihrer Verbündeten aus der Hohlerde nach dem Krieg auf den Mond verzogen haben. Oder *in* den Mond. Je nachdem, in welche Verschwörungspfütze man getreten ist. Und wenn es keine Nazis sind, die auf dem Mond hausen, dann eben mysteriöse Aliens: »Die Amerikaner waren auf dem Mond. Das ist Fakt. Ihr müsst aber verstehen, dass die Astronauten ganz offen in den Funk sprachen, dass sie auf der anderen Seite des Mondes viele Raumschiffe gesichtet haben. Das durfte niemand erfahren. Deswegen haben sie zur Sicherheit alle Szenen in Hollywood nachgefilmt. Die Amerikaner waren also dort, es gibt ja zahlreiche Funksprüche und Fotos, die abgefangen wurden. Sie haben auf dem Mond einen Arschtritt bekommen, deswegen fliegen sie jetzt dort nicht mehr hin. Jeder Astronom könnte dir sagen, dass es Leben auf dem Mond gibt. Er darf es nur nicht.« Na, was für ein Glück, dass andere es dürfen. Tolle Sache, dass solche supergeheimen Informationen von jedem Grottenolm ins Internet gestellt werden können. So hätten angeblich sehr viele Whistleblower bereits über Raumstationen auf der Rückseite des Mondes berichtet und dafür mit dem Leben bezahlt. Deswegen wollte Donald Trump übrigens so schnell wie möglich die Bildung der »Space Force« vorantreiben. Es gibt nämlich schon längst Weltraumstreitkräfte, die im ständigen Austausch mit den Mondbewohnern stehen, und dies soll bald der Öffentlichkeit bekanntgegeben werden. Ausgerechnet Donald Trump, die orange Präsidentenattrappe, hätte also den ersten offiziellen Kontakt mit den Mond-Aliens angestoßen? Esoterik-Popstar Christina von Dreien wird diesbezüglich sehr deutlich: »Heute dient der Mond als Basis sowie als Treffpunkt für Regierungsvertreter vieler Staaten mit Außerirdischen. Etliche Staaten besetzen auf dem Mond genau abgegrenzt Zonen, die dem Austausch von Technologie dienen.« Kann mir bitte jemand einen Eimer reichen?

Fast philosophisch klingen dagegen folgende Gedankengänge: »Was ist wirklich damals auf dem Mond passiert und worüber müssen die Astronauten schweigen? Was ist der Mond? Wer oder was hat ihn erschaffen? Warum? Und warum haben wir plötzlich aufgehört, den Mond zu erforschen? Sind etwa noch immer Menschen auf dem Mond?«

Die wichtigste Frage in ganz Schwurbelhausen lautet in der Tat: Was ist der Mond? Wirklich ein Stück Käse? »Der Mond wurde vor 60 Tausend Jahren zur Erde gebracht. Er ist hohl und von mehreren Millionen Entitäten bewohnt. Auf der uns nicht sichtbaren Rückseite befinden sich viele Basen. Der Mond war vor sehr langer Zeit von sehr großen Wesen bewohnt, die über 10 Meter groß waren und uns überwachten. Der Mond ist aber auch jetzt noch eine Überwachungsstation der Erde. Manche sagen, dass die Erde ein Seelengefängnis ist und das ganze System bezüglich Tod und Wiedergeburt vom Mond aus überwacht wird. Aber das würde hier den Rahmen sprengen. In Fachkreisen wird behauptet, dass jeder Planet hohl ist und im Inneren auch bewohnt werden kann.« Okay, ich habe Fragen. Viele Fragen. Wobei, eigentlich habe ich nur die eine: Welche Episode von »Doctor Who« muss ich mir ansehen, um das Geschwurbel zu verstehen? Die beiden Behauptungen, der Mond sei hohl und/oder kein natürlicher Himmelskörper, gehören zu den beliebtesten Hirnknotenwehen unterm Aluhut. Überschneidungen mit anderen Verschwörungshymnen sind stets willkommen. Hohler Mond. Hohle Erde. Hohler Kopf. Streng genommen fällt es mir schwer, von irgendeiner spezifischen Mondverschwörung zu reden, allein schon aus dem wahnwitzigen Grund, weil so viele wirre Meinungen über den Mond kursieren. Oder über das, was man uns als Mond verkaufen möchte. Denn unterm Strich haben alle Theorien eins gemeinsam: Sie sind Teil der gleichen großen Täuschung, die sich durch sämtliche Verschwörungen durchzieht: Die Elite hält etwas vor uns geheim! Nehmen wir zum Beispiel die Gezeiten. Sie glauben, die Schwerkraft des Mondes hätte etwas mit Ebbe und Flut zu tun? Falsch! »Der Mond emittiert ein eigenes Licht. Die Temperatur im Mondlicht ist niedriger als die im Mondschatten, dadurch ziehen sich Dinge im Mondlicht zusammen. Deshalb eben auch die verschiedenen Bauernregeln zum Thema, wie Haare schneiden, aber keine Pflanzen ernten. Ich glaube deshalb, dass das Licht des Mondes dafür sorgt, dass sich das Land zusammenzieht, zurückzieht. Dadurch erscheint die Flut des Meeres als Flut. Dabei ist es eher Landebbe. Also das Wasser bleibt wie es ist, nur das Land zieht sich im Mondlicht zusammen.« Hier könnte man in schallendes Gelächter ausbrechen, wenn solche Theorien nicht ernsthaft diskutiert würden. Wobei »diskutiert« wahrscheinlich das falsche Wort dafür ist. Meistens führt ein derartiger Irrsinn lediglich zu einer Ansammlung von Daumen-Hoch-Emojis und Rückmeldungen wie: »Da ist was dran, ich arbeite auch mit einem Mondkalender und spüre jedes Mal die starken Energien.«

Doch das ist noch längst nicht alles: So haben gewiefte Suppenkasper im Brühwürfelrausch herausgefunden, dass der Mond manchmal verdächtig transparent ist. Mit anderen Worten: Es gibt gar keinen Mond! Denn: »Ist es auch wirklich der Schatten unserer Erde, der eine Mondfinsternis erzeugt? Wieso ist der blaue Himmel am Tag durch den Halbmond sichtbar? Ist es, weil er nur eine Projektion ist? Der Schatten sollte doch immer dunkel bleiben, egal ob am Tag oder in der Nacht.« Und wieso ist es nachts kälter als draußen? Oder warum geht man zu Fuß schneller als durch den Wald? Nach intensiverer Forschung erfährt man immerhin: »Die Leuchtkraft des Mondes ist sehr eingeschränkt, weil die Sonne zu stark leuchtet. Der Mond ist kein Reflektor der Sonne, sonst wäre er auch tagsüber ziemlich hell beleuchtet, schließlich steht er nicht weit von der Sonne weg. Er reflektiert gar nichts. Weil er nun mal keine Fläche bietet, auf der überhaupt etwas reflektieren kann. Man sieht deutlich, dass er transparent scheint, sogar durch den leuchtenden Teil des Mondes sieht man das Himmelsblau hinter ihm. Die nicht leuchtende Hälfte existiert nicht. Dort befindet sich keine Materie. Der Mond ist und bleibt ein Rätsel, aber wir wissen definitiv, dass er kein Gesteinsbrocken ist, der im Vakuum herumschwebt und von der Sonne angestrahlt wird.« Also mir ist es ein Rätsel, wie solche Menschen durch den Alltag kommen, aber ich weiß definitiv, dass sie sich nicht alleine die Schuhe zubinden können. Ist diese Bildungsmisere womöglich ein Komplott der Klettverschlussindustrie?

Währenddessen erklären die Genies von der Facebook-Fachhochschule weiterhin allen die Welt: »Es ist doch offensichtlich, dass der Mond künstlich ist. Der Mond ist künstlich auf diese Umlaufbahn gesetzt worden. Wir wissen nur nicht genau, von wem. Überlegt doch mal: Wie genau muss man das alles berechnen, damit der Mond, wenn er die Erde umkreist, immer mit der gleichen Seite zugewendet ist? Außerdem wird nicht über den Fakt gesprochen, dass die Entfernung zum Mond so perfekt ist, dass er bei einer Sonnenfinsternis ganz genau die Sonne verdeckt, sodass man eine dunkle Scheibe und außenrum die Sonnen-Korona sehen kann. Außerdem wird ein weiterer Fakt verheimlicht. Es gibt ja Krater auf dem Mond. Angeblich sind die Krater von den Meteoriten entstanden, wie die Astronomen sagen. Ihr habt ja den Mond schon sicherlich in einem Fernglas beobachtet. Der Mond ist mit den Kratern übersät. Die Astronomen sagen: ein Meteorit fällt auf den Mond und es entsteht dabei ein Krater. Gleichzeitig verschweigen die Astronomen, dass alle Krater die gleiche Tiefe haben, egal wie breit sie sind.« Ach du heiliger Hawking! Harald Lesch, bitte übernehmen Sie! Ich möchte hier nicht erklären, wie eine Sonnenfinsternis funktioniert oder warum die Mondkrater aus Schmelzkäse geformt sind. Oder ist mal wieder doch alles ganz anders? »Ist es möglich, dass die Nasa den Mond bombardiert hat, um eine Alien-Basis zu zerstören? Nach vielen großartigen Experten und Wissenschaftlern auf der ganzen Welt ist die Antwort ein großes JA.« Die angebliche Tatsache, dass die Mondkrater alle gleich tief seien, soll übrigens auch dafür sprechen, dass der Mond eine harte Metalloberfläche besitzt. Sonst wären die Krater schließlich viel tiefer. Um diese These zu unterstreichen, werden natürlich auch in diesem Fall imaginäre Wissenschaftler zitiert. Gehört immerhin zum guten Ton: »Der Mond ist ein künstliches Objekt. Zu diesem schockierenden Ergebnis kamen zwei Wissenschaftler der russischen Regierung nach ihrer Auswertung von Daten einer Mondmission. Demnach dürfte der Mond vor langer Zeit von intelligenten Wesen erschaffen worden sein.«

Okay, also der Mond ist nicht das, was man uns über ihn erzählt. Kurze Zusammenfassung: Er ist hohl und in seinem Inneren wohnen irgendwelche Wesen. Außerirdische. Geister. Jesus. Vielleicht auch Mondschlümpfe. Dann ist der Mond künstlich, gefertigt aus Metall oder einem anderen harten Material, das Meteoriteneinschlägen standhalten kann. Dieses künstliche Objekt, das wir Mond nennen, ist demzufolge eine Raumstation. Oder ein nicht mehr funktionstüchtiges Raumschiff. Oder das Ei eines Weltraumdinosauriers. Gleichzeitig ist der Mond aber auch gar nicht echt. Er ist bloß eine Projektion. Ein Hologramm, das uns einen nicht existierenden Weltraum vortäuschen soll. Denn die Erde ist flach, und andere Planeten und Sterne gibt es überhaupt nicht. Dennoch ist der Mond dann doch irgendwie da, wenn auch viel kleiner und nur einen Steinwurf von der Sonne entfernt. Und zu guter Letzt ist der Mond zwar echt, aber bevölkert mit Aliens und Nazis. Habe ich was vergessen? Den Mann im Mond vielleicht? Moment, wie war das noch mal mit den mystischen Mondenergien? Oje, dann also doch wieder Esoterik. Natürlich. Erinnern Sie sich an die galaktische Föderation? An die Verbindung der Hohlerde-Verschwörung mit esoterischen Weltbildern und die damit verbundenen Channelings mit Außerirdischen? Die gibt es selbstverständlich auch mit Mondinhalt: »Die folgende telepathische Durchsage wurde von einer Botschafterin der Innererde gesendet, die den positiven Naga angehört, den sogenannten Schlangenmenschen, welche sich als Hüter der Mutter Erde bezeichnen und ebenfalls zur galaktischen

Föderation des Lichts gehören: Ja, wir verbinden die lemurianischen Zeitlinien wieder, denn das war die Zeit, in der der Fall des göttlich Weiblichen stattfand und die Bewusstseinskontrollprogrammierung der dunklen Mutter von eurem Mond aus gesendet wurde. Diejenigen, die sich auf nicht-künstlichen Zeitlinien befinden, sind auf den alten lemurianischen Zeitlinien und ihre Informationen kehren zu ihnen zurück, ebenso wie die Fähigkeiten der Erdbewohner zu diesem Zeitpunkt. Eure DNA wurde auch verändert, um einen verfälschten (manipulierten) Zustand in euch zu erschaffen, und dieser wird nun (von euch & aus euch) herausgearbeitet, während es sich herauskristallisiert. Woran erkennt ihr den Unterschied, auf welcher Zeitlinie ihr euch gerade befindet? Wenn euer Herz offen ist und ihr fürsorglich seid, befindet ihr euch auf den lemurianischen Zeitlinien. Wenn euer Herz geschlossen ist und ihr ängstlich, verbittert und der Gedankenkontrolle unterworfen seid, befindet ihr euch auf den sich auflösenden Matrix-Zeitlinien. Es ist leicht zu erkennen. Ihr müsst nur eure Frequenz anhand eurer Stimmung einschätzen.«
Dunkle Mutter? Bewusstseinskontrolle? Lemurianische Zeitlinien? Veränderte DNA? Abgefahrenes Eso-Geschwurbel, das zwischen den Zeilen mal wieder die Botschaft vermittelt, die Welt wäre von einer »dunklen Macht« kontrolliert, und nur wer die Wahrheit erkennt, wird von den »guten Mächten« befreit werden. Der übliche Wahnsinn. Kann man belächeln, kann man aber auch mit Sorge betrachten, denn solch eine Realitätsflucht geht in den meisten Fällen weit über simple esoterisch-religiöse Weltbilder hinaus, wie wir hier schon einige Male erfahren durften. Aber was ist denn jetzt der Mond, verdammt noch mal? Auch dafür findet man in der Esoterikszene einige interessante Erklärungsversuche: »Der Mond ist reine Energie. Was wir als Oberfläche sehen ist nur eine Täuschung was uns das Gehirn so vorgaukelt, was er denkt was es ist, weil der Mensch gar nicht in der Lage ist diese reine Energie zu erkennen. Nur wer aufgestie-

gen ist, kann es sehen. Aber dann vielleicht auch nur einmal.« Kreativ. Ich gebe sieben von zehn Punkten. Eine andere Theorie gefällt mir jedoch besser, und zwar jene, die besagt, der Mond sei ein riesiger Kristall. Schließlich würden Kristalle und Edelsteine, die man dem Mondlicht aussetzt, wieder energetisch aufgeladen werden. Dies würde über einen energetischen Austausch passieren, was wiederum nur möglich sei, wenn der Mond selbst ein Kristall oder ein Edelstein ist. Bei einer solchen Diskussion fragte übrigens einmal jemand, ob es noch mehr Informationen diesbezüglich gibt, also wo man mehr darüber lesen könnte. Die Antwort: »Frag deine Engel.« Eine ganz andere Interpretation der magischen Mondenergien dürfte besonders für Frauen interessant sein: »Das vierte Chakra – Anahata-Chakra – befindet sich auf der Höhe des Herzens. Es ist das Mond-Chakra. Es ist ein weibliches Chakra. Die Milchdrüsen, welche sich auf der Höhe des Anahata-Chakra befinden, akkumulieren die lunare Energie. Deswegen ist es so, dass der Blick eines Mannes automatisch von den weiblichen Brüsten angezogen wird, wie von einem Magnet. Ein Mann mag die friedliche und besänftigende lunare Energie. Es ist die lunare Energie, welche die weiblichen Brüste so schön und so anziehend macht. Schöne Brüste zu haben bedeutet, dass diese Brüste mit der lunaren Energie gesättigt sind. Nicht umsonst sagt man im Volksmunde: Ihre Brüste strahlen wie zwei Vollmonde. Deswegen wird einer Frau geraten, welche schöne und füllige Brüste haben möchte, so eine Art weibliches Yoga zu praktizieren, wo die lunare Energie akkumuliert wird. Deine Brüste werden sich dann füllen. Dann brauchst du auch nicht mehr an Silikon-Brüste zu denken. Du wirst prachtvolle und geladene Brüste haben, wenn du genug von der lunaren Energie akkumuliert hast.« Super-Busen-Power! Hurra! Aber nicht falsch verstehen: Es kommt nicht auf die Größe an, denn: »Auch wenn die Brüste klein sind, können sie trotzdem viel von der lunaren Energie ausstrahlen. Von den Brüsten einer Frau geht eine bestimmte Kraft aus. Wenn sie einen Raum betritt, wo sich andere Menschen befinden, so kann sie allein mithilfe ihrer Brüste die Situation kontrollieren. Sie betritt den Raum, und von ihrem Oberkörper geht eine bestimmte Kraft aus. Eine andere Frau, die vielleicht die gleiche Brustgröße hat, wird weniger Einfluss auf die Situation haben, weil sie zwar die gleiche Größe hat, dafür aber sind ihre Brüste nicht so stark mit der lunaren Energie gesättigt.« Nein, das habe ich mir nicht ausgedacht. Dieser Humbug gewährt einen Einblick in die sogenannte Vedische Weltanschauung. Deren Anhänger berufen sich angeblich auf urtümliche russische Traditionen, die aus heutiger Sicht im besten Fall als konservativ und veraltet bezeichnet werden können. Im Kern propagieren sie jedoch eine wissenschaftsfeindliche Lebensweise, die auffällig frauenfeindlich und äußerst rechtsesoterisch daherkommt. Kein Wunder, denn die Lehren dieser Weltanschauung orientieren sich dabei an der völkisch-nationalistischen Öko-Sekte Anastasia, die vom deutschen Verfassungsschutz als rassistisch und antisemitisch eingestuft wird. Diese aus Russland stammende Bewegung zeichnet sich durch einen extrem schwurbeligen Mix aus naiv-romantischen Vorstellungen von Naturreligionen und geschichtsrevisionistischen Verschwörungsmythen aus. Anhänger der Anastasia-Bewegung in Deutschland sind oft auch Teil der Reichsbürgerszene, die die Existenz der Bundesrepublik Deutschland leugnet. Die weltfremden, frauenfeindlichen Fantasien der vedischen Esoterik-Dodos werden wir zu einem späteren Zeitpunkt noch ein bisschen besser kennenlernen.

Impfgegner, Teil 1 oder: Von Rattenfängern und anderen Schwindel-Schamanen

Sind Sie geimpft? Nicht gegen etwas Bestimmtes, sondern überhaupt gegen irgendeine Krankheit? Wahrscheinlich ja, immerhin hatten wir als Kinder kein Mitspracherecht. Interessanter ist jedoch die Frage: Glauben Sie, es war gut, dass Sie geimpft wurden? Nun, da Sie dieses Buch gerade lesen, lautet die Antwort bestimmt ja. Außer Sie sind ein neugieriges Aluhütchen, das gerne wissen möchte, was ich als seelenloser Scherge der Pharma-Mafia über Impfungen zu sagen habe. Nun, auch wenn ich kein Arzt bin, habe ich in der Schule etwas gelernt: Die Impfung ist eine, wenn nicht sogar die bahnbrechendste Errungenschaft der Medizin. Mit Schule meine ich übrigens eine weltliche, faktenorientierte Bildungseinrichtung und keine anthroposophische Manege, in der mumpitzgurgelnde Clowns mit Globuli jonglieren. Auch die in »alternativen« Kreisen so gern zitierte Schule des Lebens ist nicht gemeint. Die ist nämlich gar keine richtige Schule, sondern nur eine kindische Ausrede für erfundene Glaubenssätze, die als Gerüst für eine realitätsferne Wunschvorstellung dient, nachdem man fünfzehn Minuten bei YouTube »recherchiert« hat. Glaubt man also den meisten Freimaurer-Ärzten, Roboter-Lehrern und reptiloiden Wissenschaftlern, hatten Impfungen weltweit den größten Einfluss auf den Rückgang der Sterblichkeit und die Verbesserung der Lebensqualität. Infektionskrankheiten wie Pocken oder Diphtherie waren mitunter die häufigste Todesursache, bevor es Impfungen gab. Das Prinzip einer Impfung ist recht einfach und ich finde es fast beschämend, dass man es im 21. Jahrhundert überhaupt noch hervorheben muss: Mit einer Impfung können wir unser Immunsystem auf bestimmte Erreger vorbereiten, sodass Krankheiten im Idealfall gar nicht mehr ausbrechen oder die entsprechenden Erreger zumindest effektiver bekämpft werden. Auf diese Weise schützen wir nicht nur uns selbst vor Krankheiten, sondern auch Menschen, die aus bestimmten Gründen nicht geimpft werden können, weil beispielsweise ihr Immunsystem aufgrund eines Defektes oder anderer Beeinträchtigungen nicht richtig funktioniert. Je mehr Menschen geimpft sind, umso weniger können sich Infektionen verbreiten. Diesen Gemeinschaftsschutz für die Gesellschaft nennt man auch Herdenimmunität und sehr viele der empfohlenen Impfungen haben eine solche Solidaritätskomponente. Nehmen wir zum Beispiel Keuchhusten. Während Jugendliche und Erwachsene diese Erkrankung fast immer ohne Komplikationen überstehen, ist sie für Säuglinge, die erst nach ein paar Monaten vollständig geimpft werden können, äußerst gefährlich. Gut also, wenn Eltern, Geschwister, Freunde und andere Kontaktpersonen gegen Keuchhusten geimpft sind.

Aber wem erzähle ich das? Sie wissen doch Bescheid, oder? Glückwunsch für dieses bedeutsame Basiswissen. Nein, ganz im Ernst. Mit diesem Wissen tragen Sie mehr zum gesellschaftlichen Zusammenleben bei, als Sie vielleicht denken. Sie wissen, wie Impfungen funktionieren, warum sie wichtig sind und vor allem, dass sie schützen und Leben retten.

Wie um alles in der Welt kann es also so etwas wie Impfgegner überhaupt geben? Wie kann man gegen etwas sein, das die Medizin so dermaßen revolutioniert und damit unseren Lebensstandard unmittelbar positiv beeinflusst hat? Nun, vielleicht aus dem gleichen Grund, warum jemand denkt, es wäre eine gute Entscheidung, einen Nagel mit dem Kopf statt mit dem Hammer in die Wand zu schlagen. Denn ist der Hammer, bei genauerer Betrachtung, nicht doch nur ein weiteres Mittel der Werkzeugindustrie, um Menschen abhängig von Dingen zu machen, die sie ihres natürlichen Körperbewusstseins berauben sollen? Möglicherweise sind es irrationale Ängste, die auf negativen Erfahrungen, die man mit Impfungen hatte, beruhen. Das könnte für eine nachvollziehbare Erklärung herhalten, wenn die wahnwitzigen Anekdoten über Impfschäden, die regelmäßig in den sozialen Medien geteilt werden, tatsächlich wahr wären. Denn laut den Superexperten im Internet besteht ja die halbe Menschheit aus armen, gebeutelten Impfopfern. Fast jede Krankheit, körperliche Fehlfunktion oder Beeinträchtigung ist ein Impfschaden, behaupten die Aluhüte. Herzfehler? Impfschaden. Muskelschwund? Impfschaden. Kurzsichtigkeit? Impfschaden. Eingewachsener Zehennagel? Den Klassiker dürfen wir nicht vergessen: Autismus. Diese absurde Lüge eines »Wissenschaftlers« namens Andrew Wakefield, der Ende der 1990er-Jahre Studien fälschte, um den Mythos der Autismus verursachenden MMR-Impfung (Dreifach-Impfung gegen Mumps, Masern und Röteln) in die Welt zu setzen. Und warum? Wahrscheinlich wegen des Geldes. Ermittlungen ergaben, dass Wakefield während seiner Studien eine großzügige »Spende« erhalten hatte. Und zwar von einer Anwaltskanzlei, die im Auftrag der Eltern von mehreren in der Studie erwähnten autistischen Kindern handelte. Diese waren brennend daran interessiert, einen Zusammenhang zwischen der Impfung und Autismus zu finden, um den Impfstoff-Hersteller verklagen zu können. Vielleicht wollte Wakefield aber auch nur seine eigenen Hirngespinste irgendwie wissenschaftlich legitimieren. Wie dem auch sei, als der Betrug aufflog, erteilte die britische Ärztekammer dem Schwindelarzt ein Berufsverbot in Großbritannien. Wakefield, der für alle Schwurbler als Märtyrer gilt, ließ sich daraufhin in den USA nieder, wo er 2016 den Quatschfilm »Vaxxed« drehte. Eine überschwängliche, eklige Fake-News-Orgie mit dem Informationsgehalt einer Dixi-Toilette nach fünf Tagen auf einem Festivalgelände. Falsche Statistiken und jede Menge tragischer Schicksale, die als Beweise für haltlose, fehlerhafte Behauptungen vorgestellt werden, schüren 90 Minuten lang die Angst vor Impfungen. Das macht den Film – auf den einige Jahre später sogar ein zweiter Teil folgte, mit noch mehr verdrehten Tatsachen und hochemotionalen Einzelschicksalen – äußerst gefährlich, da er unverantwortlicherweise Menschen dazu bewegen kann, sich gegen eine lebensrettende Masernimpfung oder überhaupt gegen jegliche Impfung zu entscheiden. Dabei ist die Sache eindeutig: Ein Zusammenhang zwischen Autismus und der MMR-Impfung konnte in vielen Studien nicht gefunden werden. Kinderärzte weisen zudem darauf hin, dass Masern keine harmlose Kindererkrankung sei, wie Impfgegner selbstgefällig behaupten. Todesfälle sowie Behinderungen nach einer schwer verlaufenden Gehirnentzündung bei Masern kommen immer noch regelmäßig vor. Reden Sie doch mal mit Ihrem Hausarzt darüber. Sie werden möglicherweise schockiert sein.

Die Sache ist die: Wenn bei einem geimpften Kind zwei Wochen nach einer Impfung Autismus, Kurzsichtigkeit oder was auch immer diagnostiziert wird, dann steht für die Schwurbelmeister ganz einfach fest, dass die Impfung schuld gewesen sein muss. Wieso aber eigentlich die Impfung und nicht das Brot, das im gleichen Zeitraum gefuttert wurde? Warum heißt es nicht, dass Brot Autismus verursacht? Weil es das nun mal nicht tut. Korrelation ist nicht gleich Kausalität. Ein Satz, der in sich so logisch und wunderschön ist, in der »alternativmedizinischen« Schwurbelszene (wo Impfgegner sich besonders heimelig fühlen) aber immer wieder ignoriert und ad absurdum geführt wird. Kein Wunder, schließlich ist unterm Aluhut bekanntlich kein Platz für Logik. Abgesehen davon sehen die »persönlichen Erfahrungen« in der Regel eher so aus: Die Freundin der Tante des Bruders meiner Kusine hat vom Hund einer Nachbarin gehört, dass die Heilpraktikerin einer Bekannten jemanden kennt, dessen Tochter nach einer Impfung eine Hirnblutung bekam!!!!! Je mehr Ausrufezeichen, desto glaubwürdiger das Ganze übrigens. Bei all diesen Erfahrungsberichten wundert mich zudem, dass angebliche Impfschäden einen höheren Stellenwert haben als Komplikationen in Verbindung mit anderen Pharmaerzeugnissen. Ich meine, haben Sie schon mal die Packungsbeilage von Aspirin gelesen? Also speziell den Teil mit den Nebenwirkungen? Definitiv gruseliger als die Zutatenliste einer billigen Tütensuppe. Und wussten Sie, dass die von frei verkäuflichen Schmerzmitteln verursachten Blutungen wohl jedes Jahr mehrere Tausend Menschen das Leben kosten? Oder dass Ibuprofen anscheinend das Herzinfarkt-Risiko erhöht? Das ist wahrlich kein großes Geheimnis, sondern ein kalkuliertes und akzeptiertes Risiko, weil der Nutzen dieser Präparate überwiegt. Genau das Gleiche gilt auch bei Impfungen. Der große Unterschied ist allerdings, dass Medikamente wie Ibuprofen erst eingenommen werden, wenn sie ein bereits eingetretenes Leiden lindern sollen. Da nimmt man gewisse Risiken offensichtlich gerne in Kauf. Impfungen dagegen sind für gesunde Menschen vorgesehen, damit sie gesund bleiben. Ein Umstand, mit dem scheinbar viele Menschen ein Problem haben, denn hier setzt bei »Impfskeptikern« der entscheidende Denkfehler an: »Warum soll ich mich oder meine Kinder impfen lassen, wenn wir doch alle gesund sind?« Nun, wer so argumentiert, hat leider definitiv nichts verstanden.

Allerdings sind diese Menschen nicht gänzlich immun gegen gute Argumente. Mit Geduld und freundlicher Aufklärungsarbeit kann man ihnen unter Umständen durchaus die Notwendigkeit einer Impfung näherbringen. Komplett verloren sind in meinen Augen lediglich jene armseligen Gestalten, die sich in »impfkritischen« Communitys bei Facebook und Co. herumtreiben, dort bei jedem medizinischen Thema wie ein mit Kokain vollgestopfter Papagei die dümmsten Schwurbeleien nachplappern und bei ernsthaften gesundheitlichen Problemen lieber eine wildfremde Person im Internet statt eine Ärztin oder einen Apotheker um

Rat fragen. Daher möchte ich auf jeden Fall zwischen Impfskepsis, die mehr auf Unsicherheit, Angst oder Falschinformationen beruht, und Impfgegnerschaft unterscheiden. Letztere definiert sich meiner Erfahrung nach durch eine grundsätzliche, allgemeine ablehende Haltung, die auf den Glauben an absurde Verschwörungsfantasien, gepaart mit weltfremden, esoterischen Weltanschauungen, zurückzuführen ist. Solche Menschen sind für Fakten nicht mehr zugänglich, weil sie sich komplett in eine Parallelwelt zurückgezogen haben, in der nur noch die eigene, von der Realität abgekapselte Sichtweise Gültigkeit besitzt. Alles, was dieser Haltung widerspricht, ist in ihren Augen falsch und eine perfide Intrige beziehungsweise eine gezielte Irreführung im Namen des »medizinischen Mainstreams«. Leider ist es sehr, sehr einfach vom Impfskeptiker zum Impfgegner zu mutieren, denn wie alle Verschwörungskroketten tragen auch Impfgegner ihre Mythen mit einer unglaublichen Selbstverständlichkeit vor – als würden sie erzählen, in München würde man gerne Bier trinken und nicht, dass in Impfungen außerirdische Nanobots versteckt sind, die unsere Gedanken kontrollieren. Und bis zu solchen Wahnvorstellungen ist es ein kürzerer Weg als man annehmen möchte. Denn professionelle Impfgegner sind Meister der Manipulation, die es mit einfachen Mitteln schaffen, zweifelnden, unsicheren Menschen einen schwurbeligen Floh ins Ohr zu setzen. Dieser sagt ihnen nicht direkt, sie müssten Impfungen unverzüglich ablehnen, sondern animiert sie, sich »selbst zu informieren« und »kritisch mit der Thematik auseinanderzusetzen«. Und damit es nicht allzu schwierig wird, gibt es praktischerweise die ersten Hinweise und Informationsquellen einfach schon direkt obendrauf. Eine Buchempfehlung da, ein Klick auf jener Internetseite dort, und schon ist man als vermeintlich skeptischer Mensch unwissend in den Kaninchenbau gefallen und zieht sich bald mit dem verrückten Hutmacher ein paar Chemtrails durch die Nase.

Manipulative Impfskeptiker verpassen sich dabei gerne einen seriösen Anstrich, indem sie nicht einfach nur Impfungen als Gefahr bezeichnen, sondern pseudointellektuell über Pro und Contra sprechen oder schreiben und so einen wissenschaftlichen Eindruck erwecken. Dabei erwähnen sie einerseits medizinische Studien, andererseits wedeln sie mit schmalzigen, anekdotischen Berichten herum, die tragischer nicht sein könnten und natürlich in allen Argumentationsketten am schwersten wiegen. Das unterscheidet sie von den radikalen Impfgegnern, die hemmungslos und ohne Rücksicht auf Verluste die dümmsten Verschwörungsmythen verbreiten und ein Publikum bedienen, das seinen gesunden Menschenverstand bereits vor langer Zeit die Toilette heruntergespült hat. Mit der Impfskepsis fängt jedoch alles an. Und es braucht nur einen charismatischen Marktschreier, der genügend Aufmerksamkeit erregt, um gewisse Menschen auf eine falsche Fährte zu locken.

Nehmen wir zum Beispiel Pflanzenwissenschaftler Clemens Arvay. Arvay hat während der Corona-Pandemie, als die ersten Impfstoffe entwickelt wurden, ein impfkritisches Buch geschrieben und damit für große Verunsicherung gesorgt. Er selbst betont natürlich immer wieder, er sei weder Impfskeptiker noch Impfgegner, sondern würde lediglich kritische Fragen stellen. Doch seine Art und Weise, wie er sich über Impfungen äußert, lassen keine Zweifel offen. Keine Angst, das wird hier keine Buchrezension, die in eine Erörterung diverser Studien ausartet. Schließlich bin ich kein Virologe oder Epidemiologe. Genauso wenig wie Arvay übrigens. Darum nur so viel: Er hebt Nebenwirkungen und mögliche Risiken auf ein übertrieben hohes Podest und baut ein dramatisches Bild des Schreckens auf, das dem Sprichwort »den Teufel an die Wand malen« eine ganz neue Bedeutung verleiht. Arvay benutzt immer wieder Andeutungen, die zu vage sind, um ihn als Verschwörungstheoretiker zu brandmarken, aber doch konkret genug, um unsichere Menschen, die anfällig für Verschwörungsmythen sind, in eine entsprechende Richtung zu lenken. Des Weiteren ist Arvay selbstverständlich auch bei YouTube zu finden. Und dort wird er mitunter ein bisschen konkreter. Zumindest verwendet er in seinen Videos gewisse Narrative, die in Verschwörungskreisen zum Standard gehören: Er misstraut den Pandemiebekämpfungsmaßnahmen, spricht dabei abfällig über den Nutzen von Masken (»Masken- und Meinungsverordnung«) und beschreibt diese pathetisch als Zwang, anstatt einfach zu sagen, was sie sind: eine Pflicht für gewisse Bereiche des täglichen Lebens. Auch bezeichnet er die fundierten Aufklärungsvideos der beliebten Wissenschaftlerin Mai Thi Nguyen-Kim als Propaganda, druckst aber gleichzeitig herum, ihm ginge es dabei nur um einen wissenschaftlichen Diskurs. Toll. Mal nachgeschlagen, was Propaganda bedeutet, Clemens? Darüber hinaus wiederholt er in seinen Videos wie eine kaputte Schallplatte alle möglichen Risikoaspekte von Impfungen, schürt Zweifel bezüglich ihrer Wirksamkeit und stellt ganz nebenbei, im sympathischen Columbo-Stil, eine Verbindung zu Bill Gates her, dem als Förderer der Pharmaindustrie von nahezu allen Aluhüten unterstellt wird, etwas mit der Corona-Pandemie zu tun zu haben. Ein ganz entscheidender Punkt, denn Bill Gates ist während der Pandemie zur absoluten Hassfigur der später als »Querdenker« bekannt gewordenen Glibberköpfe auserkoren worden. Die stellen Gates bis heute in den Mittelpunkt der großen, dümmlichen Verschwörungsfabel rund um Corona, die hier später noch gründlicher durchleuchtet wird. Direkte Anschuldigungen vermeidet Arvay, was jedoch seine Popularität unter Impfgegnern und esoterischen Realitätsverweigerern nicht schmälert. Im Gegenteil. Denn er spielt mit Begriffen, die gerade seinen »erwachten« Zuschauer:innen vermitteln: »Ich darf das jetzt nicht so genau sagen, aber ihr wisst ja, was ich meine, Zwinker-Zwinker.« Und sobald man sich nach Stichworten erkundigt, die in Arvays Videos und den dazugehörigen Kommentaren vorkommen, landet man – welch Zufall – früher oder später bei Hardcore-Impfgegner-Milizen, die den Aluhut bereits gegen einen Aluhelm getauscht haben und einem erzählen, Impfungen wären Todesspritzen und mit grünem Tee könne man Krebs heilen.

In Impfgegner-Kreisen wird der professionelle Impfverunsicherer Arvay gefeiert und verehrt, als hätte er Spanien von den Mauren befreit. So war er mit seinem Impfstoffbuch auch mal auf dem Cover des esoterischen Käseblattes »Die Wurzel«, das sich selbst als »Vitalkost-Magazin« bezeichnet und vordergründig Themen wie Rohkost und einen gesunden Lebensstil behandelt. Hinter der Öko-Fassade offenbart sich die Schmonzette allerdings als Sprachrohr für übelste Impfmythen und allerlei esoterische Verschwörungsfantasien. Alle Superstars der Impfgegnerszene dürfen in dem Schmierblatt regelmäßig ihre Propaganda verbreiten: Virenleugner Stefan Lanka, der bestreitet, dass Infektionskrankheiten überhaupt existieren und Bücher schreibt und herausgibt wie »Impfen und Aids: Der neue Holocaust« oder »Impfen – Völkermord im Dritten Jahrtausend?«; Esoprinzessin und von Reptiloiden besessene Christina von Dreien, die jeden Verschwörungsunsinn mit spirituellem Zuckerguss überzieht; faktenfeindliche Lügenfetischisten wie Robert Kennedy Junior – internationaler Star der Anti-Impf-Bewegung und Schande der berühmten Kennedy-Familie; oder Hans Tolzin, der neben unwissenschaftlichem Geschwurbel auch gerne behauptet, Homosexualität sei eine heilbare Störung; und natürlich auch Chemtrailgenosse Rüdiger Dahlke. Der taucht scheinbar sowieso immer und überall auf, sobald jemand mit einem Stück Alufolie knistert. Erwähnenswert sind in der »Wurzel« auch die positiven Einstellungen gegenüber pseudowissenschaftlichen Behandlungsmethoden und dem Weltbild der rechtsesoterischen Anastasia-Bewegung. Sie erinnern sich? Das ist die Öko-Sekte, die hierzulande vom Verfassungsschutz als antisemitisch eingestuft wird. Nett. In so einem seriösen Magazin tritt man doch gerne auf, muss sich Arvay gedacht haben.

Wie gut vernetzt die Schwurbelminions untereinander sind, zeigt auch die gegenseitige Wertschätzung, die in diversen Publikationen hervorgehoben wird. So hatte neben dem unvermeidlichen Rüdiger Dahlke auch einmal ein gewisser Gerald Hüther die Ehre, ein Vorwort für Clemens Arvay zu verfassen. Gerald Hüther ist Neurobiologe und gilt als äußerst umstritten, da er beispielsweise behauptet, die Ursache von ADHS sei rein pädagogischer Natur und die Störung ließe sich allein durch erzieherische Maßnahmen lindern. Außerdem ist er esoterischen Praktiken wie Handauflegen nicht gänzlich abgeneigt, verpackt diese aber in pseudowissenschaftliches Geschenkpapier, um sie »gesellschaftstauglicher« zu machen. Kann man auf jeden Fall kritisch betrachten, doch das ist nicht unbedingt der Punkt. Der Punkt ist, dass Hüther, der selbst viele Bücher veröffentlicht hat, hier als Bindeglied zwischen Arvays Impfpessimismus und noch mehr Geschwurbel fungiert: Zusammen mit Jirina Prekop (1929–2020) verfasste Hüther ein Buch über Kindererziehung. Typischer Blabla-Einheitsbrei, dessen Inhalt weniger stört als die Autorin, mit der Hüther da kooperierte. Denn wer sich vom rührseligen Ratgeber einlullen lässt, kommt vielleicht auf die Idee, sich intensiver mit Jirina Prekop zu beschäftigen und findet daraufhin möglicherweise Gefallen an ihrer sogenannten Festhaltetherapie. Diese ist eine pädagogische Maßnahme, die unter dem Deckmantel von Nächstenliebe die Persönlichkeit des Kindes verletzt – wenn nicht missbraucht. Die Festhaltetherapie ist eine Art Psychotherapie, die wissenschaftlich weder anerkannt noch in irgendeiner Weise belegt ist. Sie soll vor allem bei Kindern mit Autismus, psychischen Störungen und geistiger Behinderung zum Aufbau einer Bindung zu ihren Bezugspersonen führen. Die Kinder werden dabei in einer Umarmung beziehungsweise einem Griff festgehalten oder mit einem Gürtel fixiert, während sie schreien, brüllen, weinen, zetern und sich wehren, bis ihr Wille – also im Grunde ihre Psyche – gebrochen wurde und sie keinen »Widerstand« mehr leisten. In meinen Augen absolut kranker Mist, den ich zutiefst verurteile und hier nur erwähne, um aufzuzeigen, wie leicht man von Arvay, über Hüther, zu Gestalten wie Prekop gelangen kann. Und wer bereit ist, sich auf solche »alternativen Methoden« einzulassen, ist meiner Meinung nach generell auch empfänglicher für weitere pseudomedizinische Therapien, die letztendlich alle nur auf unwissenschaftlichen Glaubensvorstellungen beruhen und eines gemeinsam haben: Impfen? Muss nicht sein! So weisen dann auch die nicht vorhandenen Berührungsängste solcher Möchtegern-Aufklärer wie Arvay mit der völlig von der Wissenschaft losgelösten »Wurzel« eine besondere Erkenntnis auf: Alles in dieser Impfgegner-Szene ist eine scheinheilige Melange aus giftiger Schwurbelgrütze und esoterischem Glitzerklebstoff, an dem leichtgläubige Menschen aus unerklärlichen Gründen so unfassbar gerne schnüffeln.

Bevor ich auf konkretes Impfgeschwurbel eingehe, das ich in sozialen Netzwerken kennenlernen durfte, kehren wir noch mal zu Detox-Dandy Dahlke zurück und schauen uns sein »impfkritisches« Umfeld etwas genauer an. Warum wieder Dahlke? Weil er als Bestsellerautor ein Multiplikator für wissenschaftsfeindliche Esoterik ist und wie kaum ein anderer dazu beigetragen hat, Geschwurbel salonfähig zu machen. Dahlke ist dafür bekannt geworden, dass er die valide Wissenschaft der Psychosomatik zu einem Witz degradiert hat, indem er die These vertritt, Krankheiten seien das Symptom eines kränklichen Geistes. Demnach lassen sich Krankheitsbilder als Botschaften unserer Seele deuten und entschlüsseln. Krebs beispielsweise wäre bloß ein Ausdruck unserer Zeit und unseres Weltbildes. Über Kinder weiß Dahlke natürlich auch Bescheid. Er sagt beispielsweise, dass Kinder gewisse Krankheiten als wichtigen Entwicklungsschritt durchmachen müssen. Gerade Masern wären für Kleinkinder ganz besonders wichtig. Zudem zeigten bestimmte Symptome einer Masernerkrankung, wie etwa eine Entzündung der Bindehaut, den Konflikt, der »um die neue Weltsicht entbrennt«. Überhaupt würde jede Entzündung rund um die Augen den »Wunsch verdeutlichen, die Augen zuzumachen und nichts mehr sehen zu müssen«. Den Ausschlag und die damit oft verbundene angeschwollene Haut bezeichnet Dahlke als »roten Mantel«, der die Energie verdeutlicht, die hinter dem Geschehen steckt. Darunter würde ein »neuer Mantel« wachsen, eine neue Haut. Und wenn der Ausschlag vergangen ist, dann spricht Dahlke von einer »Häutung im Sinne einer Mauserung«. Das Kind habe sozusagen das Kleid gewechselt und könne nun neu beginnen, quasi neugeboren in ein neues Leben starten. Wenn es die Masern ohne Komplikationen übersteht, natürlich.

Selbstverständlich ruft Dahlke nicht gezielt dazu auf, Impfungen zu verweigern und Babys mit Masern anzustecken, doch ich frage mich, wie manche Eltern immer noch – im angeblich aufgeklärten 21. Jahrhundert – auf die verrückte Idee kommen, eine sogenannte Masernparty für ihre Kinder zu veranstalten. So oder so: Mit diesen skurrilen Ansichten ist Dahlke Dauergast bei esoterischen YouTube-Portalen wie »Mystics TV« oder »Welt im Wandel TV«, die ihre Zuschauer regelmäßig mit den unwissenschaftlichsten Schwurbelfantasien füttern, die unter einem Aluhut nur sprießen können. Gönnen Sie sich mal ein paar Sitzungen. Aber bitte ein Beißholz bereithalten.

Auf seiner Facebook-Seite schreibt Dahlke: »Virus-Erkrankungen sind Entzündungen, also in den Körper gesunkene Konflikte. Und da wir so viele schwelende Konflikte haben auf allen Ebenen, die nicht bewusst gemacht werden, gibt es also einen idealen Nährboden für solche Erkrankungen. Konkret ist der beste Schutz ein starkes Immunsystem. Fasten und pflanzlich-vollwertige Kost senken etwa nachweislich den CRP-Wert und damit die Infektanfälligkeit – also gesunde Nahrung, Bewegung, frische Luft und vor allem seine ungelösten und die halb- bis unbewussten Konflikte anzuschauen, ist jedenfalls richtig.« Alles klar, Rüdiger. Dass vitaminreiche Ernährung und frische Luft zu einem stabilen Immunsystem beitragen, wusste schon meine Oma. Oder die angloamerikanische Sprichwortindustrie: »An apple a day keeps the doctor away.« Und auch, dass ein gesunder Geist einen gesunden Körper fördert, ist nicht zwangsläufig ein ausgelutschter Mondkalenderspruch. Doch wissen Sie, wem pflanzlich-vollwertige Kost und ein gepushtes Immunsystem am mikroskopisch kleinen Allerwertesten vorbeigehen? Viren. Oder wer kann bitte von sich behaupten, nach sieben Waldspaziergängen, vierzig Ingwershots und einem Eimer Sellerie-Bonbons so ein knallhartes Immunsystem zu haben, dass Genitalherpes kein Hindernis für ungeschützten Geschlechtsverkehr mehr wäre? Niemand? Genau. Den besten Schutz vor Viren bieten nämlich Impfungen. Traurig genug, dass es noch nicht gegen alle Viren eine Impfung gibt, doch wenn man die Chance hat, das Immunsystem mit einer Impfung zu stärken, dann sollte man diese Chance nutzen. Eine Impfung ist immer ein besseres Training fürs Immunsystem als die Krankheit selbst. Das behauptet zumindest die Mehrheit aller Ärzt:innen. Also jene, die Infektionskrankheiten und ungelöste Konflikte nicht zusammen in einem Satz verwenden. Womit ich direkt zum nächsten und eigentlichen Punkt komme, den ich in diesem Zusammenhang so richtig schäbig finde: Das ganze Gerede bezüglich unbewusster, schwelender Konflikte und die damit verbundene »Selbstheilung« – ein Begriff, der im »alternativheilkundlichen« Milieu unfassbar inflationär benutzt wird und nicht auf Dahlke beschränkt ist – erinnert wohl nicht ganz zufällig an die menschenverachtende, pseudomedizinische Abartigkeit, die als Germanische Heilkunde oder Neue Germanische Medizin tragische Berühmtheit erlangte und die auch heute noch zahlreiche Menschen in den Tod lockt. Dieser esoterische Humbug, der mit Medizin so viel zu tun hat wie ein Beutel Hasenköttel mit Nachtisch, treibt das wiedergekaute Geschwätz über Selbstheilungskräfte auf die Spitze. Einer sehr gefährlichen Spitze. Bleiben Sie dran. Es wird gleich hässlich.

Auch wenn Dahlke selbst sich nicht zu den Anhängern dieses weltfremden Unsinns zählt (so bestreitet er immerhin nicht, dass Menschen ein Immunsystem haben), lassen die Ansätze seiner »Heilungsphilosophie« zumindest eine gewisse Nähe und eine Verbindung erahnen. Diese Verbindung wird dadurch gestützt, dass Dahlke offensichtlich keine Probleme damit hat, sich mit bekennenden Anhängern der Germanischen Heilkunde wie Hans Tolzin oder Stefan Lanka eine Bühne zu teilen. Sei es nun über das Schwurbelmagazin »Die Wurzel« oder durch diverse sogenannte Online-Kongresse, wo verschiedene Vertreter der Esoterikszene per Video-Chat über ein bestimmtes Thema »referieren« und begeisterte Aluhutträger und solche, die es werden wollen, dafür viel Geld bezahlen, um sich am heimischen Computer das Gesülze anzusehen. Ein solcher »Kongress« wurde beispielsweise im Frühjahr 2020, zu Beginn der Corona-Pandemie, abgehalten und hieß passenderweise »Der Coronavirus-Onlinekongress«. Dort traten neben Dahlke und anderen, durchaus sehr bekannten Bestseller-Autoren wie Kurt Tepperwein und Clemens Kuby auch folgende skurrile Individuen auf: Bruno Würtenberger, radikaler Impfgegner, der unter anderem wie Stefan Lanka die Existenz von Viren leugnet und auf seinen Internetportalen regelmäßig für Anti-5G-Produkte und übertreuere Chemtrail-Abwehr-Schrott-Konstruktionen wirbt. Fake-News-Fabulist Jo Conrad, einer der führenden und aktivsten Verschwörungstheoretiker Deutschlands, mit über 66.000 Abonnenten bei YouTube und über 30.000 bei Telegram, wo er von der Mondlandungslüge, über antiwissenschaftliche Propaganda, bis hin zu Reichsbürgerfantasien jede Verschwörung breitschlägt, die ihm aus dem Aluhut kullert.

Dazu diverse astrologische Ackerphilosoph:innen und esoterische Edelschaumschläger:innen wie Christina von Dreien und Dagmar Neubronner, die ebenfalls gerne mal über Chemtrails, Morgellons und Reptiloide blubbert. Oliver Janich, der mit Gewaltfantasien gegenüber unliebsamen Politiker:innen zum Superstar der (rechten) Schwurbelszene aufstieg und während der Corona-Pandemie einer der entscheidenden Multiplikatoren für die irren Wahnvorstellungen des demokratiefeindlichen QAnon-Kultes war und ist (aktuell folgen ihm bei Telegram knapp 160.000 Menschen). Und eben Hans Tolzin, radikaler Impfgegner und obendrein eingefleischter Anhänger der Germanischen Heilkunde. Die perfekte Gesellschaft also, um mit gleichgesinnten Zuschauer:innen das Coronavirus zu verharmlosen. Oder, wie sich der Kongress lieber selbst umschrieb: »In diesem Online-Kongress lernst du von echten Experten, Medizinern, Heilpraktikern, Wissenschaftlern, Journalisten, Schamanen, Kräuterkundigen, Astrologen und vielen weiteren Experten aus unterschiedlichen Bereichen *die* Wege aus der Krise!« Würg! Zur Corona-Pandemie kommen wir allerdings noch früh genug, daher noch mal zurück zur Germanischen Heilkunde, die sich im besagten esoterischen Gefasel um ungelöste Konflikte widerspiegelt und gleichzeitig ein Weltbild vermittelt, das unter Impfgegner:innen erschreckend beliebt und verbreitet ist. Bereit? Ich auch nicht.

Die sogenannte Germanische Heilkunde oder Germanische Neue Medizin ist eine Erfindung von Ryke Geerd Hamer, einem ehemaligen, mittlerweile verstorbenen Arzt. Seine These: Es gibt keine Krankheitserreger. Wenn die »Schulmedizin« behauptet, eine Erkrankung gehe auf bestimmte Viren zurück, dann würde sie schlicht lügen, weil sie einfach den wahren Grund dafür nicht kennt. Deshalb hätte die Wissenschaft überhaupt das »Viren-Märchen« erfunden, um zu verschleiern, dass ihr die Ursachen der Krankheiten nicht bekannt ist. Bakterien dagegen existieren durchaus. Die sind aber gut für uns. Schlechte Bakterien gibt es nämlich nicht. Und: Bakterien könne man im Gegensatz zu Viren auch mit einem »normalen« Mikroskop sehen. Das bedeutet, alle jemals gemachten Bilder von Viren sind gefälscht. Erinnert Sie diese Einstellung an jemanden? Genau. Unterm Aluhut denken eben alle Spinner ähnlich. Viren können laut einigen Anhänger:innen aber dennoch Realität sein, allerdings in dem Sinne, dass sie künstliche Konstrukte seien, die von der bösen Elite auf die Welt losgelassen wurden, um die Menschheit zu dezimieren. Der Klassiker. Ach, und raten Sie doch mal, wer mit dieser Elite gemeint ist: »Dr. Hamer ging es immer darum, aufzudecken, was hinter der Big Pharma steckt! Zionisten wie Rockefeller & Co, deren Ziel es ist, Milliardenumsätze zu machen und gleichzeitig die Population der Weltbevölkerung zu reduzieren! Also bevor jemand Dr. Hamer als Nazi tituliert, sollte sich mal mit den wahren Nazis, den Zionisten, auseinandersetzen!« Eine typische Aussage für diese »alternative Weltvorstellung«, die wie ein stinkender, brauner Nebel über die gesamte Szene wabert. So überrascht es nicht, dass die Germanische Heilkunde in rechtsextremen, rechtsesoterischen Kreisen besonders beliebt ist – auch oder gerade weil sie mit verschwörungstheoretischen Anteilen regelrecht durchseucht ist. Hamer selbst beklagte sich zu Lebzeiten darüber, dass »wir Nichtjuden weiterhin gezwungen werden, die jüdische Schulmedizin zu praktizieren, mit Chemotherapie und Morphium«. Seiner Meinung nach möchten die Juden nicht, dass der Rest der Welt überlebt. Deshalb sind über zwei Milliarden Menschen mit Chemotherapie umgebracht worden. Und weil die meisten Onkologen angeblich Juden seien, würde bei einer Chemotherapie in Wahrheit überhaupt kein Versuch einer Heilung unternommen. Im Gegenteil. Darüber hinaus würde man Menschen mithilfe von Impfungen diverse Gift-Chips implantieren, die über Satelliten ferngesteuert werden können. Deswegen seien Impfungen nicht nur nicht hilfreich, sondern eigentlich ein krank machendes Instrument des Todes.

Auf der einen Seite also die teuflische, jüdische Pharmaindustrie, die uns töten will (sich aber gleichzeitig an uns bereichert?) und auf der anderen Seite die tapferen Schwurbel-Heiler, die uns Liebe, Frieden und Gesundheit bringen.

Und wie? Nun, laut Germanischer Heilkunde beruhen alle Krankheiten auf inneren Konflikten beziehungsweise einem seelischen Schockerlebnis, woraufhin der Körper mit einem sogenannten »sinnvollen biologischen Sonderprogramm« (SBS) reagiert. Findet und löst man den Konflikt, dann wird auch das SBS beendet, beziehungsweise es verschwindet das, was die »Schulmedizin« als Krankheit bezeichnet. Jede Krankheit, übrigens. Also inklusive Aids, Ebola, Diabetes oder Krebs. Die »Schulmedizin« schade einem Heilungsprozess dagegen nur. Genitalherpes ist dann natürlich nicht mehr der Rede wert. Herpes ist nämlich nichts weiter als ein Trennungskonflikt. Und nicht ansteckend. Denn Ansteckung ist nur ein Mythos. Auch Aids ist laut Hamer in Wahrheit eine Smegma-Allergie und damit »der größte Schwindel des Jahrhunderts«. Krebs sei ebenfalls nichts Gefährliches, denn es heile nach der Konfliktlösung von selbst. Oder wie es jemand in einem entsprechenden Forum beschreibt: »Es gibt keine Metastasen. Lungenkrebs entsteht häufig als Folge eines Todesangst-Konflikts aufgrund einer zuvor erhaltenen Krebsdiagnose. Nach der Lösung des Konflikts wird dann das überflüssige Gewebe durch eine Tuberkulose abgebaut (blutig ausgehustet). Im Grunde genommen sollte man sich also vor Augen führen, dass Krebs keine tödliche Krankheit, sondern ein sinnvolles biologisches Sonderprogramm ist und durch unbewusste psychische Konflikte entsteht.«

Überflüssig zu erwähnen, dass man Schwurbeldoktor Hamer nach seinen »Entdeckungen« die Approbation entzog. Das Verwaltungsgericht Koblenz entschied 1989 sogar, dass er wegen »einer Schwäche seiner geistigen Kräfte, Unzuverlässigkeit und einer psychopathologischen Persönlichkeitsstruktur« unfähig sei, den Beruf eines Arztes auszuüben. Gleichzeitig war Hamer mehrfach wegen Betruges und illegalen Praktizierens in Haft. Seinen Anhängern zufolge sei das alles aber selbstverständlich ein Komplott der »Pharma-Mafia«, die Hamer diskreditieren und mundtot machen wollte. Klar. Oder Hamers beknackte »Heilkunde« vermittelt einfach ein absurdes, lebensgefährliches Heilversprechen, das nachweislich schon zahlreiche Todesopfer gefordert hat.

Über Ebola schreiben die Germanischen Aluhüte übrigens: »Bei Ebola sind die Zellen stark durch Radioaktivität gestört, als Folge von Bestrahlungen durch genetische Impfungen. Diese Menschen verbluten innerlich und äußerlich. Ein Ebola-Virus hingegen ist immer noch nicht nachgewiesen worden.«

In esoterischen Kreisen bei Social Media, in denen Gesundheitsaspekte diskutiert werden, alternative Behandlungsmethoden eine Rolle spielen und pseudomedizinische Therapien zur Sprache kommen, taucht früher oder später die Germanische Heilkunde auf. Und auch wenn natürlich nicht alle Beteiligten überzeugte Anhänger:innen sind, so fallen die irren Schilderungen der Germanischen Neuen Medizin immer auf fruchtbaren Boden. Schilderungen wie diese: »Wann werden die Menschen verstanden haben, dass Krebs nicht böse ist und dass Menschen am wenigsten an Krebs sterben, sondern an falschen Behandlungen wie Chemotherapie und Bestrahlung. Krebs produziert der Körper, um zu überleben. Solange die Menschen an schulmedizinische Aussagen glauben, werden sie sterben. Gott sei Dank verstehen die Tiere nicht, was Ärzte sagen, deswegen stirbt in der Natur kein Tier an Krebs.« Falsch. Aber was weiß ich schon? Nun, ich weiß zum Beispiel, dass solche Aussagen aus dem Umfeld der Germanischen Heilkunde absolut widerwärtig sind und einen Schlag ins Gesicht für jede Person darstellen, die einen geliebten Menschen an Krebs verloren hat oder gerade dabei ist, gegen ihn zu kämpfen!

»Krebs ist keine Krankheit, sondern ein ungelöster seelischer Konflikt, den man leicht beheben kann. Aber es gibt noch eine Erkenntnis: Die meisten Erkrankungen kommen nach meiner Erfahrung vom Impfen. Wenn sich das alles aufdeckt, dann wird die Welt Kopf stehen. Als hellsichtiger Mensch in einem Heilberuf bleibt es mir nicht verborgen, zu sehen wie die Metalle in den Kinderköpfen herumschwimmen und das Stammhirn schädigen. Auch sehe ich sie in den Tumoren glitzern. Das ist sehr schwer zu ertragen!« Oh, das Einzige, das schwer zu ertragen ist, ist dieses lumpendumme Geschwätz. »Einfach nur die 5 biologischen Naturgesetze verstehen. Wir sind als selbstregulierende und selbstregenerierende Menschen kreiert worden. Krebs ist nix, wovor man Angst zu haben braucht, aber das Geschäft mit der Angst bringt Milliarden. Krebs ist ein mit Absicht im Körper integriertes Sonderprogramm, welches in alten Zeiten als Ungleichgewicht in der Seele verstanden wurde. Außerdem ist Krebs ein Tier und ein Sternzeichen. Also Natur. Nicht wie Chemo. Chemo macht sicher nicht gesund, denn nichts von außen kann gesund machen. Nur der Körper selbst von sich aus.«

Um nicht direkt aufzufallen, sprechen einige Anhänger gerne nur von »Neuer Medizin« oder von den »biologischen Naturgesetzen«. So geben sich die Schwurbelnasen gerne einen naturheilkundlichen Anstrich und verstecken ihre lebensgefährlichen »Heilungsmethoden« nicht selten hinter einem Heilpraktikerberuf. So wie der folgende nette Zeitgenosse: »Aus meiner Sicht als ganzheitlicher Arzt, der das Thema hat, Menschen mit Krebs zu helfen, ohne Medizin gesund zu werden, kann sagen: Bei Krebs handelt es sich um abgespaltene Seelenanteile. Das heißt, dass meist in frühester Kindheit aus Schutzgründen, weil es emotionale überfordernde Situationen gab, Gefühle abgelehnt und ins Unterbewusstsein verschoben werden. Bei Krebs handelt es sich sehr häufig um nicht ausgelebte Wut einem Elternteil gegenüber. Später kommt es im Erwachsenendasein zu Reinszenierungen und damit Auslöser einer Krebserkrankung, wenn der Organismus insgesamt überfordert ist.« Und ja, dieser Schwurbelmann ist tatsächlich Arzt. Er führt eine Praxis für Allgemein- und Sportmedizin, präsentiert sich aber vordergründig als Heilpraktiker und »Experte für Selbstheilungskräfte«. Viele andere Heilpraktiker:innen werben dagegen ganz offen mit der »Neuen Medizin« und zeigen stolz, dass sie die Lehren Hamers »studiert« haben.

Es ist leider trauriger Alltag: Anhänger:innen der Germanischen Heilkunde organisieren sich in sozialen Netzwerken, geben »Tipps« zur Konfliktlösung und verbreiten dabei eine Weltanschauung, die unterm Strich nur eine schlonzige Suppe aus Hoffnung und Schuld ist. Denn wer seine Konflikte nicht richtig angeht oder nicht bereit ist, genauer nach den Konflikten zu schauen, ist selbstverständlich selbst daran schuld, wenn die Krankheit – pardon: das Sonderprogramm – nicht »beendet« wird. Und natürlich finden auch immer wieder verzweifelte Menschen, die bei einer tödlich verlaufenden Krankheit nach jeder möglichen Hilfe Ausschau halten, den Weg in solche Gruppen. Lässt man sich dann von den wirren Thesen der Germanischen Heilkunde vereinnahmen, gleicht das fast schon einem Todesurteil. So werden immer wieder Fragen gestellt wie: »Hallo, meine Freundin hat Brustkrebs, dazu Metastasen in der Leber. Ich möchte ihr gerne helfen. Könnt ihr mir einen Therapeuten nennen, der mit Alternativen zur Chemo arbeitet?« Die Antwort: »Sogenannte Metastasen zeigen, dass ein Todeskonflikt vorliegt. Da gilt es zu beachten, dass dieser Konflikt zuerst gelöst werden muss, damit das biologische Sonderprogramm sich nicht aufhängt. Wenn das Sonderprogramm Krebs lange läuft, wird deine Freundin in der aktiven Phase schlechter Luft bekommen, da durch das Heilödem schwerer geatmet wird.« Dann werden für gewöhnlich Adressen und Telefonnummern diverser Heilpraktiker:innen genannt, die »offen für die GNM« sind. Versucht man übrigens als Außenstehender einzugreifen, wird man innerhalb dieser Communitys regelrecht zerfleischt. Die Germanische Neue Medizin weist in ihren Strukturen sehr sektenhafte Züge auf. Kritik wird nicht geduldet und auch sonst sind die Lehren Hamers unter keinen Umständen infrage zu stellen. Wer die Germanische Heilkunde nicht »vollständig aufnimmt«, gilt als Spalter oder eingeschleuster Pharmatroll. Kein Wunder also, dass die Sekteninformationsstellen der Länder ausdrücklich vor diesem pseudomedizinischen Wahnsinn warnen. So hält die Sekten-Info NRW auf ihrer Internetseite fest: »Die Germanische Neue Medizin vereint eine absurde, gefährliche Therapie-Methode, Verschwörungstheorien und Antisemitismus«. Außerdem: »Die GNM entbehrt jeglicher wissenschaftlicher Grundlage. Stattdessen schürt sie Angst vor den Möglichkeiten einer wissenschaftlich orientierten Medizin. Obwohl ihre zugrundeliegenden Theorien widerlegt sind, bleibt die Lehre einem verschwörungstheoretisch begründeten Weltbild verhaftet.«

Falls Sie sich inzwischen gefragt haben, ob dieser gefährliche Blödsinn verboten ist: Nein, ist er nicht. Menschen, die einen Heilberuf ausüben, dürfen die Germanische Heilkunde anwenden, riskieren aber, im Fall der Fälle wegen unterlassener Hilfeleistung und/oder Körperverletzung angezeigt zu werden. Scheint allerdings nicht abzuschrecken. Denn gerade viele Heilpraktiker:innen rühmen sich mit der GNM und führen sie ganz selbstverständlich in ihrem Portfolio auf, als wäre es nur eine weitere, gängige »alternative Heilkunde« unter vielen. Machen Sie mal den Selbstversuch, indem Sie bei Google nach Heilpraktiker:innen und Germanischer Heilkunde beziehungsweise GNM oder »biologische Naturgesetze« suchen. Sie werden vielleicht überrascht sein, wie viele es davon gibt. Auch in Ihrer Nähe.

Dieser Umstand offenbart ein großes Problem in unserer Gesellschaft, in der Heilpraktiker:innen – und generell esoterische

Quacksalber:innen – offenbar eine gefährliche Narrenfreiheit genießen. Und das muss sich dringend ändern. Ein kleingedruckter Hinweis, der besagt, dass die vorgestellten Therapien kein Ersatz für eine schulmedizinische Behandlung ist, reicht für gewöhnlich aus, um sich von Konsequenzen freizusprechen. Wer sich also für eine Fantasiebehandlung entscheidet, ist selbst schuld. Im Grunde ist ein solcher Hinweis aber nichts anderes als ein Freifahrtschein für einen kommerziellen Bildungsbankrott.

Bei meinen Internet-Abenteuern traf ich beispielsweise auf eine offenkundig erfolgreiche Heilpraktikerin, die zudem als Ausbilderin in diversen Heilpraktikerschulen tätig ist und bei Telegram einen Kanal mit fast 18.000 Abonnenten betreibt. Dort verbreitet sie regelmäßig antiwissenschaftliche Propaganda, absurde Verschwörungsmythen und Fakenews, also schlichtweg Lügen bezüglich Impfungen und deren Wirkungsweise. Anders gesagt: Sie ist eine radikale Impfgegnerin, die die Existenz von Viren leugnet, der Regierung eine »zionistische, satanische Agenda« unterstellt und die Wahnvorstellungen rund um eine geheime, reptiloide Weltelite breittritt. Ihre Beiträge werden vielfach in anderen sozialen Medien geteilt und erfahren sowohl in klassischen Impfgegner-Gruppen als auch in esoterischen Foren erschreckend viel Zuspruch. Dabei dreht sich alles immer um das gleiche Thema: Impfen ist Mord. Wie kann, nein, wie darf jemand einen angeblichen Heilberuf ausüben und dabei so einen unwissenschaftlichen Mist aus der Hose schütteln?

Ein anderer Heilpraktiker beziehungsweise Smarties-Clown, wie ich den Globuli-Guru lieber nenne, betreibt eine »aufklärende« Internetseite bezüglich Impfschäden, wo er die üblichen Märchen erzählt. Typische Impfschäden sind für ihn beispielsweise Mittelohrentzündungen, Diabetes, Schilddrüsenerkrankungen, Allergien, Asthma, Migräne, Multiple Sklerose, natürlich Autismus und, besonders skurril, »unklare Schmerzen«. Etwas, das wahrscheinlich jeder Mensch kennt. So wird einfach alles, womit der menschliche Körper unangenehm auffällt, als möglicher Impfschaden abgedeckt. Perfide wird es allerdings, wenn der Tic-Tac-Schamane seine »homöopathische Impfschadenbehandlung« vorstellt. Angeblich könne er mithilfe der Homöopathie sogar Autismus therapieren. Dazu arbeitet auch dieser Heilpraktiker noch nebenbei als Ausbilder und kann somit seine schwurbeligen Ansichten ungestört weitervererben.

Und nein, das sind keine Einzelfälle. Impfgeschwurbel oder, um es auf den Punkt zu bringen, die vollständige Ablehnung wissenschaftlicher Fakten, geht fast immer mit esoterischen Glaubensvorstellungen Hand in Hand. Und je radikaler die Impfablehnung, desto höher die Wahrscheinlichkeit, dass die Person an irgendwelchen antisemitischen Verschwörungskonstrukten hängt. Denn auch wenn die Butterbirnen der Germanischen Heilkunde vielleicht die auffälligsten Aluhüte tragen: Der Gedanke, Impfungen wären eine krankmachende, menschenvernichtende Erfindung der »jüdischen Pharmamafia«, ist der schleimige Kit, der alle Impfgegner-Verschwörungen zusammenhält.

Impfkritische Diskussionen bei Facebook und Co. finden nämlich nicht nur in explizit dafür vorgesehenen Gruppen mit Namen wie »Wir impfen nicht« oder »Impfen ist Mord« statt, sondern sehr häufig in esoterischen Communitys, wo es vermeintlich um »gelebte Spiritualität« und generell »alternative Heilmethoden« wie Homöopathie geht. Dort sind oft (kranke) Kinder der Anstoß für Schwurbelausbrüche wie dieser: »Kinder brauchen Liebe, Urvertrauen, Grenzen und Sicherheit. Was sie nicht brauchen: Impfungen, Antibiotika, Smartphones, TV, McDonalds, Fluorid. Was sie noch dringender brauchen: Vorbilder, Freundschaften, Wald, Wiese, gesunde Ernährung, Sport, Handwerk und HOMÖOPATHIE!« Hunderte Likes sowie ein Meer aus Klatsch- und Daumen-Hoch-Emojis sind Ihnen mit so einer Aussage in jedem Homöopathie-Forum gewiss. Ebenfalls ein typischer Kommentar: »Wir impfen nicht. Impfungen sind schlimmer als die Krankheit, gegen die man impft. Wenn man auf homöopathische Behandlungen setzt, ist alles gar nicht so wild, wie die Medien uns das erzählen wollen.« Sehr naiv schreiben auch welche: »Statt impfen oder zum Arzt rennen, einfach mal über den Tellerrand schauen und Dinge hinterfragen und nicht alles so hinnehmen, nur weil die Pharmaindustrie sagt, dass es gut ist.« Ach, und die Zuckerkügelchen sind etwa nicht Teil der Pharmaindustrie? Habe ich was verpasst? Werden Globuli und Co. neuerdings verschenkt? Unter Homöopathiefreunden gibt es aber auch »tiefgründigere« und offensichtlich von der GNM inspirierte Meinungen über Impfungen: »Kinderkrankheiten bekommen eigentlich nur Kinder. Dass in diesem Naturmechanismus ein sinnvolles menschliches Entwicklungsprogramm steckt, ist unserem modernen Medizindenken abhandengekommen. Nicht jedes Kind bekommt jede Kinderkrankheit. Auch das ist sinnvoll und ein biologisches Programm. Ein Kind wird nur die Kinderkrankheit bekommen, die seinen ererbten oder erworbenen Schwächen entspricht. Das Durchleben der Kinderkrankheit verschafft dem Kind die Möglichkeit, die krankhaften Anfälligkeiten abzubauen. Selbst wenn Impfungen wirklich schützen würden, wären sie für die gesunde, natürliche Entwicklung des Kindes schädlich (ganz abgesehen von den giftigen Zusatzstoffen), weil sie die von der Natur vorgesehene Selbststärkung des kindlichen Organismus verhindern. Einige Mediziner sprechen von den Kinderkrankheiten als den biologischen Sollbruchstellen.« Was? Nein. Kinderkrankheiten heißen so, weil sie so verdammt ansteckend sind, dass viele sich bereits im Kindesalter damit infizieren. Man kann ihnen also nicht lange aus dem Weg gehen. Und harmlos sind sie ebenfalls nicht. Niemand sollte eine Krankheit durchleben, wenn es sich vermeiden lässt. Das Gerede über »biologische Sollbruchstellen« klingt dabei wie »ist die Krankheit zu stark, bist du zu schwach«. Und so etwas wird in einem Homöopathie-Forum bejubelt? Oh ja. Und noch mehr: »Aus homöopathischer Sicht bedeuten Impfungen gegen Kinderkrankheiten (wenn sie so funktionieren würden wie die Impfbefürworter behaupten) eine Unterdrückung natürlicher Regulationsvorgänge, die zu gravierenden Krankheiten führen können. Kinderkrankheiten lassen sich nach dem homöopathischen Prinzip einfach und unterstützend begleiten. Sinnvoll ist nicht die Verhinderung der Kinderkrankheiten, sondern die Verhinderung der Komplikationen. Die Tatsache, dass es noch nie so viele chronisch kranke Kinder gab, ist die Folge einer naturwidrigen, unterdrückenden Behandlung mit Impfungen. Kritische Therapeuten behaupten, unsere Kinder wären durch die Impfungen auf eine chronische Krankheitsstufe gestellt worden, die keine Selbstheilungsprozesse durch Kinderkrankheiten mehr zulässt. Das akute Geschehen bei Kinderkrankheiten ist gegen ein chronisches Siechtum getauscht worden.« Ja, leckt mich doch am A…luhut.

Die Homöopathie, diese alberne »Luftgitarre der Medizin«, auf die wir später noch genauer eingehen werden, ist die perfekte Einstiegsdroge in die Welt wissenschaftsfeindlicher Esoterik. Und nein, natürlich ist nicht jeder Mensch, der sich Zuckerpillen hinter die Binde kippt, eine realitätsverweigernde Knallkartoffel, die Impfungen als Todesspritzen jüdischer Illuminaten ansieht. Die Sache ist eher umgekehrt zu betrachten: Fast alle Impfgegner, die ihre Ablehnung gegenüber medizinischen Fakten mit absurden Verschwörungsmärchen begründen, sind gleichzeitig auch begeisterte Anhänger der Homöopathie und Befürworter pseudomedizinischer Behandlungen. Ob sie über die Homöopathie auf Abwege gekommen sind, kann ich nicht sagen, aber ich halte es zumindest für möglich, denn die Homöopathie ist neben Bachblüten und Schüssler Salzen womöglich die esoterische Pseudomedizin Nummer eins. Mainstream-Geschwurbel. Und in dieser Szene gehört es zum guten Ton, immer wieder impffeindliche Gaga-Geschichten anklingen zu lassen. Ich habe in den sozialen Netzwerken kein einziges Homöopathie-Forum entdeckt, in dem das Thema Impfungen nicht, sagen wir mal vorsichtig, kontrovers diskutiert wurde. Glücklicherweise gibt es unter zaghafteren Homöopathiefreunden durchaus auch viele Impfbefürworter, wie ich ein wenig erleichtert feststellen durfte. Allerdings endet eine hitzige Pro- und Contra-Diskussion – wobei das Contra nahezu immer mit stockdämlichen Verschwörungsfantasien begründet wird – oft so, dass die Parteien sich darauf einigen, eine eigene Meinung vertreten zu dürfen, die man zu akzeptieren habe. Friede auf Erden und den Menschen ein Wohlgefallen. Ginge es bei solchen Diskussionen darum, ob rote oder grüne Gummibärchen besser schmecken, könnte ich mit so einer simplen Schlichtung leben. Nicht aber, wenn jemand behauptet, Impfungen würden Autismus, Krebs und Hämorrhoiden verursachen. Jeder Mensch kann, darf und soll eine eigene Meinung haben, aber bitte keine eigenen Fakten.

Bei vielen esoterischen Stammtischen im Internet kommt auch folgender Irrsinn immer mal wieder zur Sprache: »Krebs ist etwas ganz Leichtes, das man durch Impfungen bekommen kann. Man verliert zusätzlich bei jeder Impfung 2 % Intelligenzquotient-Punkte. 2 IQ-Punkte verliert man bei jeder Impfung, hauptsächlich aber bei der Grippeimpfung.« Diese schwachsinnige Aussage, die oft als Argument gegen Impfungen ins Spiel gebracht wird, stammt übrigens aus einem Buch, das bei einem kleinen Esoterik-Verlag erschien, dessen Schwerpunkt laut wohlwollender Selbstbeschreibung auf Homöopathie und Naturkost liegt. Es ist ein kleiner Verlag, der auf den ersten unscheinbaren Blick die üblichen homöopathischen Handbücher, esoterischen Gebrauchsanweisungen und naturheilkundlichen Ratgeber mit den obligatorischen, überteuerten Nahrungsergänzungsmitteln vertreibt, doch unterm Strich bloß ein Sprachrohr für antimedizinische Propaganda beziehungsweise unerträglichen Verschwörungsabfall ist. Und diese zwei Seiten der Schwurbelmedaille sind leider exemplarisch für die unterschwellig bis offen radikale Impfgegnerschaft innerhalb der Esoterik-Szene.

Es gibt da beispielsweise eine selbst ernannte Mondenergieheilerin, die auf ihrer Webseite von sich behauptet, sie möchte mit ihren Büchern zeigen, »wie Du Deinen Körper als Instrument Deiner Seele nutzen kannst, um ein bewusstes Leben aus dem LICHT, ein in und aus dem LICHT erfülltes LEBEN in strahlender Gesundheit, Schönheit und Glück zu schaffen!«. Klingt wie typisches Eso-Gekröse, doch dann weist die Mystikerin, wie sie sich an anderer Stelle auch noch bezeichnet, auf ihre recht große Facebook-Gruppe hin, die mittlerweile über 6000 Mitglieder umfasst. Dort unterhalten sich Fans und esoterisch interessierte Menschen über Mond-Magie und alles Mögliche, was die Esoterik so hergibt – gleichzeitig verbreitet die gute Frau selbst immer wieder gruselige Botschaften wie: »WAS ist der Unterschied zwischen Krankheit und Impfen? Die Frage wurde mir tatsächlich gestellt bzw. es wurde behauptet, wenn ich eh Gefahr laufe zu erkranken, kann ich mich ja auch impfen lassen. Nun, der Unterschied ist der: KRANKHEIT ist der Versuch der SEELE zu HEILEN. JEDE Krankheit ist in Wahrheit eine Heilung. Nur dass die Menschen es falsch auffassen und anstatt es zuzulassen bzw. loszulassen DAGEGEN bzw. gegen sich SELBST angehen. Ich selbst war in meinen 30er Jahren immer wieder sehr krank. Selbst – oder GERADE – vor meiner Nahtoderfahrung und Erleuchtung. Doch es war eine große HEILUNG und REINIGUNG der Zellen. Sie wurden gekocht (Fieber) und dem LICHT geöffnet und ich durfte als ich SELBST auferstehen. Und was macht die Impfung? Das Gegenteil! Sie VERKLEBT und ZERKLEISTERT die Zellen und verhindert den Licht-Kreislauf. Sie bringt die Botschaft der Krankheit in die Zelle und spaltet die SEELE vom Körper. DAS IST DER UNTERSCHIED!« Und alle jubeln und applaudieren. Genau wie bei folgender Aussage, nachdem jemand gefragt hatte, welche Mond-Energien bei Borreliose helfen: »Das Einzige, was gegen Borreliose hilft, ist unraffiniertes Meersalz mit Zitrone. Über den Tag verteilt mit viel Wasser trinken. Und viel Energieschloss 23 plus 5 strömen, immer wieder, plus Nierenstrom! (In meinem Buch genau beschrieben!) Damit kriegt man es in den Griff. Antibiotika helfen nicht.« So weit, so schlecht. Das lassen wir jetzt einfach mal sacken.

Dann gibt es da noch eine sogenannte spirituelle Lebensberaterin, die als Engel-Medium arbeitet. Sie wissen schon, das sind diese Leute, die Menschen mit lockerer Brieftasche und lockeren Schrauben irgendwelche pathetischen Engelsbotschaften übermitteln. Stichwort Channeling. Laut eigener Aussage hat sie bei YouTube über sieben Millionen Aufrufe und ist »eines der bekanntesten Engel-Medien Deutschlands, die schon Tausenden Menschen zu einem glücklichen und harmonischen Leben verholfen hat«. Und natürlich hat sie während eines ihrer berühmten Channelings auch das Thema Impfungen angesprochen. Die Botschaft kam allerdings nicht von einem Engel, sondern von Maria. Ja, genau, Maria, die Mutter Gottes höchstpersönlich: »Eure Maria spricht: Bitte lasst euch nicht impfen! Die Impfung ist von Satan persönlich erdacht und erschaffen worden, um euch zu foltern an Geist, Körper und Seele. Es helfen nur noch klare Worte, liebe Kinder. Ich weine viel, denn wenige durchschauen die Pläne Satans. Bitte betet viel. Kommt unter meinen schützenden Mantel.« Na toll, wir haben Maria zum Weinen gebracht. Was für ein schmieriger, erbärmlicher Manipulationsversuch.

Die vorhin erwähnten zwei Prozent tauchen ulkigerweise noch in einem anderen Zusammenhang wieder auf: »Jede Impfung nimmt ca. 2 % der Lebensdauer!« Okay. Oder wie es auch von vielen anthroposophischen Waldorf-Fetischisten gerne heißt: »Materialistische Mediziner wollen den Kindern mit Impfstoffen die Seele austreiben! Man impft nur gegen die Anlage zur Spiritualität.« Ganz ehrlich: Wann wird endlich eine

Impfung gegen Blödheit erfunden? Impfungen wirken. Oder kennen Sie noch jemanden mit Pocken oder Kinderlähmung? Nun, Impfgegner:innen haben darauf eine passende Antwort: »Die meisten Impfstoffe wurden eingeführt, als die Krankheiten schon von alleine überstanden wurden und langsam verschwunden sind. Der Erfolg wurde dann den Impfungen zugeschrieben!« Oder auch: »Damit ihr es wisst, Polio existiert nicht. Das ist eine erfundene Krankheit der Seuchenbehörde in den USA.« Und speziell im Bezug auf Masern: »Das Märchen vom fast ausgerotteten Masernvirus wird begründet mit einem in der Biologie unbekannten Herdenschutz. Der ist nur eine Ausrede, weil die Impfstoffe gegen Masern gefälscht sind und darum auch nicht wirken. Welch ein Zufall, dass für so ein Phantomvirus nur ein paar Billionen Forschungsgelder weltweit gesammelt wurden!« Da ist er wieder, der Vorwurf der Geldmacherei. Dazu die beliebte, astreine Virenleugnung, die ein sehr oft wiederholtes Element in dieser Szene darstellt: »Impftheorie wurde nie bestätigt, also ist der Schutz wohl nicht gegeben. Generell wurde die Virus-Theorie nie bewiesen. Aber es gibt Parasiten, die die DNA verändern können. Vermutlich sind alle Krankheiten, die man auf Viren schiebt, in echt von Parasiten ausgelöst.« Als könnte die »Pharmamafia« nur mit Viren Geld verdienen, mit Parasiten dagegen nicht? Eine weltweite Verschwörung traut man den Mächtigen zu, aber nicht, aus Parasiten Kapital zu schlagen?

Das Ganze ist so unlogisch wie unwitzig. Die Angst vor Impfungen hat sich im Internet regelrecht verselbstständigt. Mit esoterischer Rückendeckung hat sich dort eine gefährliche Parallelwelt entwickelt, in der Hetze gegen medizinische Errungenschaften zum guten Ton gehört: »Jede Impfung verursacht neurologische Schäden eines bestimmten Grades. Wenn Sie das Glück haben, ein Kind zu haben, das nach der Impfung weiter normal funktioniert – dann sind Sie wirklich gesegnet und Sie sollten Gott und die Engel dafür loben!« Doch am besten ist es natürlich, komplett auf Gott zu vertrauen: »Gott schickt uns mit einem perfekt funktionierenden Immunsystem auf die Welt. Warum sollten wir in die wundervolle Kreation unseres Schöpfers eingreifen? Impfen ist Gift.« Ja, genau, reißen wir doch direkt alle Krankenhäuser ab und bauen auf ihren Ruinen neue Kirchen auf. Wer braucht schon Medizin? Gott macht das schon ... Entschuldigung, aber wie hart muss jemand mit dem Kopf gegen die Toilettenschüssel geprallt sein, um so ein Geschwurbel nicht nur zu glauben, sondern auch noch so überzeugt davon zu sein, um es in die Öffentlichkeit hinauszutragen? Wie dem auch sei: »Spirituelle Quellen sagen, dass die jetzt einsetzende Bewusstseinsentwicklung der Menschheit unter anderem mit Impfungen von der Finanzelite verhindert werden soll. Schafe lassen sich besser manipulieren als Löwen!« Mäh! »Das erklärte Ziel der WHO ist die Weltbevölkerung nachhaltig zu reduzieren!« Ja, kennen wir schon. »Impfungen erfüllen ihren Zweck für die reptiloide Elite. Es ist sicher, dass man nach Impfungen gesundheitliche Beeinträchtigungen davonträgt.« Okay, ja, wir haben es verstanden: Impfungen sind Gift. Viren gibt es nicht. Die Elite will uns umbringen. Noch was? »Hast du dich mal gefragt, wieso deine Kindheitserinnerungen als Baby nicht mehr so da sind? Liegt das an den Impfungen? Werden unsere unschuldigen Kinderkörper, die noch nicht entwickelt sind, mit giftigen Stoffen vollgespritzt, um unsere Entwicklung zu stören? Du wirst ganz schnell begreifen, dass alles hier eine große Lüge ist. Informiere dich über Freimaurer, Jesuiten, Zionisten, Chemtrails, Haarp, Satanisten, Kinderrituale, Orgien.« Jawohl. Orgien. Und, Moment, Chemtrails? Natürlich. Alle Aluhüte naschen vom selben Verschwörungsteller, und es ist nur eine Frage der Zeit, bis man alle Kekse durchprobiert hat. So heißt es auch in Impfgegner-Kreisen mitunter ganz selbstverständlich: »Mit Chemtrails können die jede beliebige Krankheit streuen. Was die mit Impfungen nicht schaffen, machen sie über Chemtrails!« Denn: »Impfungen enthalten wie die Gase und Stoffe in Chemtrails zu 99 % reine Nervengifte.« Mit anderen Worten: »Leute, wir sprechen hier von einer absichtlichen Massenvergiftung! Alles hängt zusammen, Chemtrails, Haarp, Impfungen, 5G und die Gehirnwäsche in der Schule. Totale Kontrolle und eine gezielte Bevölkerungsreduzierung ist der Plan dieser Monster!« Und so ist es völlig normal, wenn man unter Impfgegner:innen liest: »Impfen ist das größte Verbrechen der Menschheit!« Oder auch: »Impfungen sind Teil eines stillen Holocausts! Eines ECHTEN Holocausts!« Holocaustverharmlosung – ein weiterer Argumentationsstrang, der sich in den fauligen Quarkbirnen manifestiert hat. Dieser widerliche, völlig lächerliche Vergleich, der die Opfer des Nationalsozialismus verhöhnt, ist leider ziemlich typisch, und im Rahmen der Impfkampagne während der Corona-Pandemie wurde er auf einen abscheulichen Höhepunkt getrieben.

Impfgegner:innen unterstellen medizinischen Angestellten auch gerne, diese würden ihre Kinder nicht impfen, weil sie genau wüssten, wie schädlich Impfungen wären: »Wie viele Ärzte sind hier? Wie viele von denen sind geimpft? Wie viele Kinder von denen sind geimpft? Ich kenne keinen einzigen. Warum impfen die nicht, wenn alles so sicher ist und gut ist?« Und natürlich impfen auch die verhassten Bösewichte nicht, ganz klar: »Es ist Fakt, dass Bill Gates, der Verfechter des Impfens schlechthin, seine Kinder nicht geimpft hat. Auch Rockefeller, Rothschild, Soros und die andere Mischpoke impfen nicht. Dadurch bleiben die nämlich zeugungsfähig und erhalten so die Elite. Deren Ziel ist es, den modernen Sklaven zu züchten und die Population zu kontrollieren.« Ah, das Märchen von der unfruchtbar machenden Impfung. Klar doch. Angeblich ist diese Impf-Verschwörung ein Teil des sogenannten Hooton-Plans, der unter Rechtsextremen immer wieder Erwähnung findet. Kurz zum Hintergrund: Earnest Hooton (1887–1954) war ein amerikanischer Hochschullehrer und ein Vertreter einer längst überholten Rassenlehre. 1943 verfasste er für die Zeitschrift PM Daily einen propagandistischen Aufsatz, in dem er für die Ansiedlung nicht deutscher Bevölkerung in Deutschland plädierte, um »den deutschen Nationalismus und die aggressive Ideologie zu zerstören«. Damit wollte er die seiner Ansicht nach angeborenen feindseligen Neigungen der Deutschen durch Kreuzung mit Vertretern anderer Völker wegzüchten. Außerhalb besagter Zeitschrift fand Hootons Aufsatz keine Beachtung. Es war eine alleinstehende Kriegsfantasie, eine wirre Einzelmeinung, die zu keinem Zeitpunkt irgendeinen Einfluss auf die Besatzungspläne nach dem Krieg hatte. Für braune Aluhüte ist Hootons Aufsatz jedoch eine historische Tatsache und ein bereits längst in die Tat umgesetzter Plan, wie man angeblich anhand der vielen Migrant:innen und Geflüchteten sehen könne. Und was mit der »Umvolkung« nicht schnell genug funktioniert, erledigen eben die giftigen Impfungen, mit denen man die Deutschen unfruchtbar macht, damit sie gänzlich aussterben. Kommt mal klar, ihr peinlichen Pullerprimeln! Niemand will eure Blutlinie wegimpfen. Niemand interessiert sich für euch Bremsstreifenpatrioten! Abgesehen davon: Machen also nur die Impfungen in Deutschland unfruchtbar? Was ist mit den Impfungen in anderen Ländern? Sind die einfach nur giftig? Wer entscheidet so etwas? Klingt nach viel Papierkram. Hoffentlich sind reptiloide Illuminatenbuchhalter gut bezahlt.

Tatsächlich hat die klischeehafte »informierte« Impfgegner-Mutti, die ihre Kinder vor dem »Giftcocktail« der »Pharma-Mafia« bewahren will, wohl ihren Ursprung in nationalsozialistischer Propaganda. Im Hetzblatt »Stürmer« wurde seinerzeit eine Karikatur veröffentlicht, die eine (deutsche) Mutter mit ihrem Baby zeigt, wie sie vor einem (nach antisemitischen Stereotypen gezeichneten) »naturfernen Mediziner« steht, der sich mit einer Spritze nähert. Die Mutter sagt: »So ist mir sonderbar zumut – Gift und Jud tut selten gut.«

Sehr »interessant« wird es, wenn Impfgegner:innen versuchen, versteckte Botschaften zu deuten. Das Dümmste, was ich diesbezüglich lesen durfte, war die Annahme, Spritzen seien ein sexuelles Symbol der Penetration, womit »satanische Mediziner« die Körper und die Seelen der Menschen »vergewaltigen« würden. Überhaupt verwenden überschwängliche Impfgegner:innen sehr gerne Vergewaltigungs- und Genozid-Vergleiche, wenn sie über die »Impf-Agenda« sprechen. Einer ganz großen Sache kamen die Aluhüte dann auf die Spur, als jemand den Äskulap-Stab »entdeckte« und festhielt: »Warum kleben die Ärzte, sonst immer um den Anschein von Wissenschaftlichkeit und Rationalität bemüht, an einem Symbol aus einer Götter-Sage? Warum üben sie ihren Beruf unter einem heidnischen und absolut unchristlichen Symbol aus? Immerhin ist die Schlange ein Raubtier, das seine Opfer entweder erwürgt oder vergiftet. Symbole haben die Kraft, das zu beeinflussen, wo das Symbol verwendet wird. Interessant dabei, dass die moderne Medizin dem Denken verfallen ist, eine Arznei müsse umso giftiger sein, je schwerer die Krankheit ist, die es zu heilen gilt. Ich muss da an das Bild des Kaninchens denken, das vor Angst zitternd, wie gelähmt vor der Schlange sitzt und die tödliche Injektion, Pardon, den tödlichen Biss erwartet. Der Gipfel der satanischen Schlangen-Medizin ist die Impferei, wo Viren aus Krebszellen gezüchtet und mit toxischen Substanzen vermengt werden!« Es gibt in der Wissenschaft übrigens die Hypothese, dass das Symbol in Wahrheit einen Wurm zeigen könnte. Angeblich wäre es die Darstellung einer teilweise noch heute gebräuchlichen Praxis, um einen Hautparasiten zu entfernen, indem man ihn auf ein Holzstäbchen wickelt. Ich erwähne das nur, weil es vor dem Hintergrund der Morgellon-Verschwörung eine recht amüsante Anekdote ist. Und es wundert mich, dass diese Verbindung sich unter den Aluhütchen noch nicht flächendeckend durchgesetzt hat: Die antiken Reptiloiden wollten mit Morgellons die Bevölkerung reduzieren!

Und da wir schon bei »satanischer Medizin« sind: Unter den

rissigen Knetkappen hält sich hartnäckig die Überzeugung, dass Impfungen aus abgetriebenen Föten bestünden. Das Ganze wäre ein »teuflisches Ritual«, bei dem Föten »zu Hackfleisch püriert« werden, um als Zutat für Impfungen zu dienen – neben den üblichen Giften, versteht sich. Impfungen wären demzufolge eine Art kannibalischer Akt. Spoiler: nein. Das ist natürlich Blödsinn, auch wenn die Geschichte einen wahren Kern hat. Es gibt nämlich eine Zelllinie aus den 1960er-Jahren, die von einem abgetriebenen Fötus stammt und für die Impfstoffherstellung einen gewaltigen Durchbruch darstellte, weil er als eine ideale Zuchtanlage für Viren verwendet werden konnte. Sehr vereinfacht dargestellt, aber ich bin kein Mediziner, sondern habe meine Nase nur in ein paar Geschichtsbücher gesteckt. Und ich kann immerhin Google so benutzen, um nicht auf Schwurbelseiten hereinzufallen. Das Paul-Ehrlich-Institut, das deutsche Bundesinstitut für Impfstoffe und biomedizinische Arzneimittel, sagt klipp und klar, dass es nicht so sei, dass immer wieder neue Föten benötigt werden, um Impfstoffe produzieren zu können. Und: »Es wurde niemals ein Fötus mit dem Ziel abgetrieben, als Ausgangsmaterial für die Impfstoffproduktion zu dienen.« Vielmehr werden seit den 1960er-Jahren die besagten Zelllinien immer wieder reproduziert und eingefroren. Selbstverständlich kommt dieser spannende Teil der Medizingeschichte zur Sprache, wenn wieder mal jemand keift, in Impfungen wären gehäckselte Babys drin. In den wenigsten Fällen findet die Geschichte allerdings Gehör. Denn, Sie können es sich wahrscheinlich schon denken: »Lügenmärchen! Propaganda von Pharmajournalisten! Was glaubt ihr, was die mit den abgetriebenen Babys sonst machen?« Ich weiß nicht, vielleicht den satanischen Vorgarten dekorieren?

Am schlimmsten an dieser gesamten Impfgegner-Grütze empfinde ich vielleicht gar nicht die Verschwörungsmythen als solche, sondern eher deren unglaubliche Reichweite. Bei Chemtrails, flacher Erde und Co. plappern die meisten Aluhüte oftmals nur immer wieder vorhandene Schwurbelfantasien nach, verändern sie hier und da ein wenig oder würzen sie mit weiteren absurden Theorien. Geht es allerdings um Impfungen beziehungsweise grundsätzlich um Gesundheitsfragen, dann wissen es immer alle besser. Zudem wird es in solchen Diskussionen oft sehr persönlich und emotional, was dem Geschwurbel zusätzliches Gewicht verleiht. Wenn beispielsweise eine verzweifelte Schwiegermutter schreibt: »Es gibt sie, diese Idioten, diese Mörder, die alles tun, was Ärzte empfehlen. Dazu zählt auch meine Schwiegertochter, die lässt die Mädchen gegen alles impfen, sie wacht nicht auf, sie ist zu faul, um sich zu informieren! Für mich sind solche Mütter kriminell. Mörderinnen!« Die eigentliche Verschwörungsfantasie gerät bei solchen heftigen Gefühlsausbrüchen dann meist schnell in den Hintergrund. Stattdessen dominieren in der sich entwickelnden Diskussion hauptsächlich Trost und Zustimmung, womit sich das Geschwurbel prima ins Hirn fressen kann, weil es aufgrund der emotionalen Verbindung geradezu widerstandslos aufgenommen wird. Und das ist ein großer Unterschied zu anderen Verschwörungsmythen. In Chemtrail-Foren werden hauptsächlich Fotos von Kondensstreifen veröffentlicht, woraufhin man mit erhobenem Zeigefinger die giftigen Stoffe darin aufzählt und bis zum Morgengrauen auf die böse Elite schimpft. Bei Impfungen setzen die Aluhüte dagegen sehr viel auf Empathie, indem sie gerade bei Eltern den Beschützerinstinkt triggern. »Ich werde meine Kinder nicht impfen lassen und wer versucht, meinen Kindern Gift zu spritzen, der muss mit Konsequenzen leben!« Glorreich auch der folgende »Tipp« in einem Elternforum: »Das Beste, was du machen kannst, ist auf alle zukünftigen Impfungen zu verzichten und jeden auslachen, der dir sagt, Impfungen seien gut und wichtig.« Woanders, auf die Frage, warum man sich dagegen entschieden habe, seine Kinder zu impfen, wurde geantwortet: »Bei mir war es Bauchgefühl. Als wir im Untersuchungsraum saßen, ich meine Tochter auf dem Schoß, fragte die Ärztin, ob wir impfen wollen. Plötzlich wurde mir leicht übel und ich hatte das Bedürfnis meine Tochter festzuhalten und zu beschützen. Ich sagte klar und deutlich Nein! Wusste aber noch nicht wirklich, warum. Meine Hebamme gab mir zusätzlich den Denkanstoß, indem sie sagte: Lass dein Kind bloß nicht impfen. Das ist Gift! Vielleicht hätte ich mich allein, als junge Mutter ohne Ahnung doch dazu drängen lassen. Aber ihre Worte haben sich in mein Gedächtnis gebrannt und ich bin ihr und meinem Bauchgefühl unendlich dankbar.« Applaus für diesen klassischen Fall einer Hebamme, die ihre Kompetenzen überschreitet. Klischee? Vielleicht. Das Klischee kommt allerdings nicht von ungefähr. Geschichten von jungen Müttern, die sich über die »Ratschläge« ihrer esoterisch-benebelten Hebamme austauschen, sind keine Seltenheit. Wobei ich den Hebammen-Beruf tatsächlich sehr schätze und für wichtig halte. Ich finde es nur sehr traurig, dass diese Tätigkeit scheinbar auffällig viele Esoteriklolas anlockt.

Sich als Eltern gegenseitig Angst zu machen, ist unter Impfgegener:innen ein intensiv betriebenes Hobby. Manchmal habe ich zudem das Gefühl, einige Schwurbelmuttis wollen mit ihren dahingerotzten Hirngespinsten über Impfungen gar nicht »aufklären« oder warnen, sondern lediglich andere davon überzeugen, ebenfalls auf Impfungen zu verzichten, damit sie selbst nicht alleine mit der Entscheidung dastehen. Und irgendwie scheint das zu klappen. So werden auf Dauer die bekloppesten Schwurbelfantasien legitimiert, auch wenn sie kaum jemand begründen kann. Es ist eben so. Oder es könnte so sein, also lieber nichts riskieren. Typischer Kommentar: »Impfung ist Gift für den Körper. Impfung macht dumm und erhöht die Chance, krank zu werden. Tausende Studien belegen das. Außerdem erhöht das Impfen die Säuglingssterblichkeit.« Oh, Impfungen machen also dumm? Das heißt, die Verfasserin dieses Kommentars ist, ähm, ein paarmal zu oft geimpft worden? Okay, schon gut. Tollkühn ist auch folgende Behauptung: »Nicht nur Autismus kommt vom Impfen, auch plötzlicher Kindstod. Wenn dein Kind leben soll, lass es nicht impfen! Alle Impfungen sind Lüge und wirken nicht so, wie uns erzählt wird.« An anderer Stelle erzählte eine Mutter, wie ihr Kind von einem Hund gebissen wurde und die Wunde nach einiger Zeit von alleine heilte – mit homöopathischer Unterstützung. Nachdem einige Diskussionsteilnehmer auf die Tollwutimpfung zu sprechen kamen, wiegelt sie beleidigt ab: »Tollwut ist genauso eine von den satanischen Drahtziehern erfundene Geschäftsidee wie Aids!« Nein. Aber weiterhin viel Glück beim Leben. Apropos Leben: »Meine Kinder sind auch nicht geimpft, denn eine Impfung gegen die Ereignisse des Lebens gibt es nicht. Die einzige Impfung, die Sinn macht, ist die Impfung mit dem Wissen, wie der Körper funktioniert, also die Impfung mit dem Wissen der biologischen Naturgesetze.« Germanische-Heilkunde-Alarm! Sehr subtil und gleichzeitig sehr direkt sind auch solche Aussagen: »Ich will euch zu nichts überreden, am besten informiert ihr euch selbst, zum Beispiel mit den Büchern von Hans Tolzin oder Claus Köhnlein, wo man hilfreiche Infos bekommt. Gut sind auch Seiten wie impfen-nein-danke!« Wow, was für tolle, unabhängige Quellen, um sich zu »informieren«. Hans Tolzin wurde weiter oben bereits erwähnt. Claus Köhnlein schlägt in eine ähnliche Kerbe. Er leugnet beispielsweise einen Zusammenhang zwischen dem Hi-Virus und Aids, unterstellt diversen anderen Krankheiten, eine Erfindung der Pharmaindustrie zu sein und hat auch sonst keine Berührungsängste mit irren Verschwörungsideologien und deren prominenten Vertretern. Die erwähnte Internetseite ist natürlich mitnichten eine geeignete Informationsstelle, sondern lediglich ein Eimer voller verdorbener Verschwörungsmythen und psychotischen Schlagzeilen wie »Jungfrauenopferung mit der HPV-Giftspritze«. Also ausschließlich für Menschen gedacht, die unter der Schädeldecke einen gebratenen Hamster beherbergen.

Eine der grässlichsten und in meinen Augen verachtenswertesten Erscheinungen unter Impfgegner:innen ist die Leugnung des sogenannten Schütteltraumas bei Babys und Kleinkindern. Als Schütteltrauma bezeichnet man eine Hirnverletzung, die durch heftiges, gewaltsames Schütteln verursacht wird, weil der Kopf des Kindes unkontrolliert hin und her schleudert. Wegen noch zu schwacher Nackenmuskulatur können Babys ihren Kopf nicht alleine halten und sind somit hilflos ausgeliefert. Durch das gewaltsame Schütteln stößt das Gehirn gegen die Schädeldecke und es können Blutgefäße und Nervenbahnen reißen. Die Folgen solcher Misshandlungen können zu geistigen und körperlichen Behinderungen führen. Im schlimmsten Fall sogar zum Tod. Täter:innen sind in der Regel überforderte Eltern, die mit den Schreianfällen ihrer Kinder nicht klarkommen und in einem Anfall aus Frustration und Wut diese schreckliche Tat begehen. Und hier betreten dann die Impfgegner:innen die Bühne. In ihren Augen gibt es so etwas wie ein Schütteltrauma gar nicht. Erstens, weil Eltern ihre Kinder von Natur aus lieben und ihnen niemals schaden würden – nicht einmal unbewusst. Ja, ich weiß, selten so einen unlustigen Witz gehört. Und zweitens, weil alle Folgen eines Schütteltraumas in Wahrheit offensichtliche Impfschäden seien, die von den Behörden mithilfe einer »erfundenen Diagnose« vertuscht würden. Die böse Pharmamafia würde also Eltern, deren Kinder angeblich einen »Impfschaden« haben, einfach unterstellen, sie hätten ihrem geliebten Nachwuchs Gewalt angetan. Pfui. Und natürlich stecken Gutachter:innen, Jugendämter und Gerichte alle unter einer Decke. Es gibt sogar einen Verein, der sich dem Ziel verpflichtet hat, Schütteltraumata als Impfschäden zu »entlarven«. Was stimmt nicht mit diesen Menschen? Zur Klarstellung: Ich beschuldige hier Impfgegner:innen nicht, gewalttätige Eltern zu sein, die Misshandlungen hinter einer schwurbeligen Ausrede verstecken. Das mag es natürlich durchaus geben, aber meiner Erfahrung nach ist es eher so, dass

Impfgegner:innen misshandelnde Eltern, die selbst noch nie einen Aluhut gefaltet haben, in Schutz nehmen und diesen einreden, sie hätten ihrem Kind gar nicht wehgetan. Solchen Eltern, die ihre Tat vielleicht durchaus bereuen, wird somit eingeredet, sie hätten nichts falsch gemacht. Und das ist absolut verwerflich, denn wenn jemand denkt, das bisschen Schütteln war gar nicht die Ursache für die bleibenden Schäden oder gar den Tod des Kindes – egal, was ein Gericht dazu sagt –, dann läuft so ein Mensch Gefahr, die Tat zu wiederholen.

Machen wir eine kleine Zeitreise ins Jahr 2020. März. Es ist der Monat, in dem das Coronavirus seinen Durchbruch in Europa feierte. Doch im März 2020 passierte noch etwas anderes. Die Impfpflicht gegen Masern trat in Kraft, was die Impfgegner:innen so richtig eskalieren ließ – und das gar nicht ausschließlich in ihren geschlossenen Schwurbelgruppen, sondern bemerkenswerterweise in Kommentaren bei öffentlichen Social-Media-Artikeln, wo sie ungeniert, ganz offen und für alle sichtbar ihre radikale Fratze präsentierten: »Willkommen in der NWO! Damit geht es los! Es folgen Ge- und Verbote, wie den Zwang sich einen RFID-CHIP implantieren zu lassen, Geburtenkontrollen, dem Vorschreiben der Meinung oder besser gesagt, das Ende der Meinungsfreiheit, totale Sklaverei und der Dumm-Deutsche klatscht noch Beifall!« Oder auch: »Ich lass mich nicht impfen, denn diese Impfungen sind nur für absoluten Gehorsam, Staatshörigkeit und Ohnmacht, aber niemals gegen Masern!« Das ging natürlich noch krasser: »Ab diesem Monat Vergewaltigung der Menschheit, das SATANISCHE SYSTEM in dem wir leben will uns vergiften! Wacht endlich auf! Über Nanotechnologie werden wir gechippt, total willenlos gemacht (zu willenlosen Robotersklaven), totale Beherrschung, auch die spontane Tötung ist so möglich! Wehrt euch!!« Kommt Ihnen das bekannt vor? Ein erster Vorgeschmack auf die aggressive Hysterie, die sich im Laufe der Corona-Pandemie zu einem rücksichtslosen Hassrausch aufblähen sollte. Für Außenstehende waren die jaulenden Kommentare damals im ersten Moment vielleicht ganz amüsant, führten sich die klumpigen Mehlmützen immerhin bloß selbst vor, indem sie das Klischee vom bekloppten Aluhut bestätigten – allerdings hätte jedem Menschen das Lachen im Halse stecken bleiben müssen, denn solche weltfremden Aussagen sind nun mal keine verwirrten Einzelmeinungen, sie repräsentieren das Weltbild einer abgehängten Parallelgesellschaft, die sich längst ihre eigenen Naturgesetze und Regeln zurechtgelegt hat und für die unser demokratisches Grundverständnis nur einen groben Rahmen für ihre paranoide Fantasiewelt, in der sie feststecken, darstellt. Wenn überhaupt so etwas wie ein demokratisches Grundverständnis noch existiert. Denn auch das Phänomen, das sich später während der Corona-Pandemie sehr prominent in Szene setzen durfte, nämlich das Gruppenkuscheln zwischen Impfgegner:innen, befremdlichen Esoteriker:innen, lumpigen Reichsbürger:innen und gefährlichen Rechtsextremen, zeichnete sich im Rahmen der Masern-Impfpflicht ab: »Das ist nur möglich weil die NS-Gesetze und der Faschismus des Dritten Reichs nie verschwunden sind. Die BRD ist kein legitimer Staat, er führt nur Hitlers Gesetze fort. Daher brauchen wir unseren Kaiser zurück, sonst werden wir niemals frei sein!« Möchtegern-Patrioten meldeten sich selbstverständlich auch zu Wort: »Ich werde nicht auf Menschen in einer sogenannten Regierung hören, die diese Verbrechen an dem deutschen Volk getätigt haben! DNA-Experimente, Genetik, unsere Abstammung vermischen, geistig den Verstand einschläfern, weil die Flüchtlingsarmeen mutwillig alle Krankheiten angeschleppt haben!« Ähnlich auch folgender geistige Durchfall: »Wenn die linksversiffte Merkelfotze nicht so viele Kranke ins Land holen würde, gäbe es die Gefahr vor Masern gar nicht. Jedes verdammte Tier aus dem Ausland braucht eine Gesundheitsuntersuchung und kommt in Quarantäne und die? Kommen einfach so rein und vergehen sich dann an unseren deutschen Frauen!« Puh, also ich weiß nicht, wie es Ihnen bei solchen Kommentaren geht, aber ich beruhige meinen Puls gerne mit einem Glas Rum. Und zeige die Schwurbelknilche an.

Zur Masern-Impfpflicht gab es natürlich auch unzählige Kommentare, die immer wieder die gleichen dümmlichen Impfmythen rund um Massenvergiftungen und nicht existente Viren auf allen Social-Media-Kanälen erbrachen: »Ihr habt euch anscheinend noch nicht richtig damit befasst, was in den Impfstoffen drin ist oder? Es gibt null Studien dafür, dass Impfungen wirken! Ihr vergiftet eure Kinder und es ist außerdem schwere Körperverletzung an euren Kindern, wenn ihr sie impfen lasst. Befasst euch mal intensiv damit und merkt euch eins, alles, was hier in diesem Land geschieht, ist von der Finanzelite lange durchgeplant.« Aber sicher doch. »Impfen ist Genmanipulation. Lasst die Kinder lieber im Dreck spielen oder beim Nachbarn auf dem Bauernhof. Das stärkt das Immunsystem und dadurch bleiben die Menschen gesünder. Aber lieber alles steril halten, gespritzt bis zum Anschlag und dann wundern, warum Kinder ADHS, Autismus und andere Krankheiten bekommen, die eine Masernimpfung nachweislich auslösen können. Informiert euch besser, anstatt nur das zu glauben, was pharmageile Ärzte euch erzählen!« Ärzte und Ärztinnen, bitte. »Impflicht ist Frechheit, erstmal sollte man sicherstellen, dass man kein Quecksilber, Aluminum, Formaldehyd, Fluor und alles andere an unnatürlichem Zeug mehr in Impfungen verwendet, bevor man es zur Pflicht macht, ansonsten ist es nur, um die Kinder langfristig zu schädigen.« Und was ist mit pürierten Babys? Dürfen die wenigstens noch drin bleiben? Ist ja gewissermaßen »natürlich« ... Für viele stand selbstverständlich auch fest, dass die Impfpflicht nur dafür gedacht war, um Masern überhaupt erst am Leben zu erhalten. Denn schließlich gibt es so was wie ein Masernvirus gar nicht, wie wir inzwischen gelernt haben. Masern entsteht erst durch die Masernimpfung. So unterstellte man der Regierung – damals wie heute – mit der Pharmaindustrie gemeinsame Sache zu machen. Die »herrschende Elite« will eben nicht, dass wir gesund bleiben. Menno! »Jetzt wird man sogar noch BESTRAFT, wenn man gesund leben will und sich der Pharma-Verbrecher nicht UNTERWIRFT. Das ist STAATLICHE VERGEWALTIGUNG. SCHLIMMER als jede DIKTATUR!« Bingo, würde ich sagen. An diesen Wahnvorstellungen, die sich rund um die Masernimpfpflicht überall im Internet entladen haben, erkennt man besonders gut, dass die realitätsgestörte Impfgegner-Szene auch vor Corona bereits längst ein Fall für die Anstalt war. Und: Im Zuge der Impfpflicht gegen Masern wurde in sozialen Netzwerken erstaunlich viel über gefälschte Impfausweise und illegale »Masernpartys« diskutiert. Ich stieß auf eine Gruppe bei Facebook, in der sich sogar alles nur um die Vernetzung und Organisation solcher Ansteckungstreffen drehte. Für Facebook selbst übrigens kein Problem. Und Hinweise an die Behörden blieben leider unbeantwortet. Besagte Gruppe, wo Menschen unverhohlen fragen, ob jemand weiß, »wo man seine Kinder natürlich mit Masern infizieren kann«, gibt es zum aktuellen Zeitpunkt, während dieses Buch entsteht, immer noch. Das ist zwar nicht mehr so en vogue, aber das liegt insbesondere daran, dass sich solche »speziellen« Anfragen, wie der Wunsch nach einer Ansteckung oder einem gefälschten Impfausweis, inzwischen beim Messangerdienst Telegram etabliert haben. Wie war das noch mal mit der Diktatur? Eine ziemlich miese Diktatur ist das, muss ich einfach mal festhalten, wenn Hans und Franz ungestört in einem öffentlichen Umfeld über die Misshandlung ihrer Kinder diskutieren können. Denn eine gezielt herbeigeführte Ansteckung mit Masern ist nun mal nichts anderes als Kindesmisshandlung. So einfach ist das. Welches Echsenmenschen-Overlord-Büro muss ich anschreiben, um eine Beschwerde einzureichen?

Zum Schluss noch die schrecklichste Angstvorstellung von allen: »Nicht nur der Impfstoff hinterlässt Schäden im Körper und

Hirn. Auch die Spritzen tun sehr weh und machen ein schlimmes Loch in die Haut. Kinder weinen fürchterlich bei jeder Spritze, dass es mir das Herz zerreißt, wenn ich nur daran denke.« Und mir zerreißt es gleich die Milz, wenn ich noch weiter auf diese Spülschwammphilosophen eingehe. Also biegen wir kurz ab und widmen uns einem erfreulicheren Thema. Also erfreulich für Impfgegner:innen. Mehr oder weniger.

Denn es gibt eine gute Nachricht: Impfungen können »ausgeleitet« werden. Yeah! Sie erinnern sich an das Kapitel über Chemtrails? Nun, was mit Chemtrail-Giften funktioniert, klappt selbstverständlich auch mit den Giften aus den bösen Todesspritzen. Detox, Baby! Es überrascht wohl niemanden, dass die Nahrungsergänzungsmittelbranche auch für widerwillig Geimpfte eine Lösung anbietet, indem sie ungenießbare Pillen, Kapseln, Öle und Tränke als ultimatives »Gegenmittel« verkauft. Selbst ernannte Ernährungsexpert:innen, ganzheitliche Pseudomediziner:innen und allerlei Heilpraktiker:innen empfehlen in dem Zusammenhang gerne auch unwissenschaftliche Behandlungsmethoden wie die Bioresonanztherapie oder die Elektroakkupunktur sowie sinnlose »Entgiftungskuren« für Darm und Leber. Dabei wird jedoch nur eine einzige Sache ausgeleitet: das Geld aus der Brieftasche der Patient:innen, die auf den Humbug hereingefallen sind. Bei der Vielfalt an diesbezüglichen Angeboten scheint die Impf-Ausleitung längst ein lukrativer Geschäftszweig geworden zu sein. Es gibt kaum ein pseudomedizinisches Feld, das nicht dabei helfen kann, Impfungen auszuleiten. Beispiele?

In einem Onlineshop für Bach-Blüten wird eine »Essenz« mit dem unmissverständlichen Namen »Impfausleitung« verkauft. Das 50-Milliliter-Sprühfläschchen kostet knapp 20 Euro und wartet mit einer wahnwitzigen Beschreibung auf: »Besonders bewährt hat sich die Mischung nach Impfungen, nach Narkose, in Umbruchsituationen. Anwendung: mehrere Sprühstöße rings um den gesamten Körper dreimal täglich, besonders intensiv um den Kopf herum. Tipp: Am besten schon einige Tage vor der Impfung mit der Anwendung beginnen.« Ich verstehe. Man soll sich das Zeug wahrscheinlich deswegen um den Kopf sprühen, um sich zuzudröhnen und nicht zu merken, wie albern der Quatsch ist. Ach, und die häufige Anwendung hat natürlich den netten Effekt, dass eine Flasche nicht reicht. Clever. Fun Fact am Rande: Inhaberin dieses besagten Bach-Blüten-Bazars ist eine »Fachärztin für Homöopathie« mit therapeutischer Ausbildung in (unter anderem) Blütenessenztherapie, energetischer Heilarbeit und Radiästhesie. Alles pseudowissenschaftlicher Mumpitz, den die gute Frau nicht bloß im Internet und in ihrer Heilpraxis verbreitet, sondern auch in Büchern, die bei großen namhaften Verlagen veröffentlicht wurden. Ein weiterer trauriger Beleg dafür, wie tief sich esoterische Fantasietherapien in die gesellschaftliche Mitte gebohrt haben. Während der Impfkampagne im Rahmen der Corona-Pandemie bekam die Bach-Blüten-Essenz zur Impfausleitung ein Update. Dort steht nun: »Besonders bewährt hat sich die Mischung nach Impfungen, speziell gegen Covid-19 und bei anhaltenden Symptomen nach einer Covid-19-Erkrankung.« Genial.

Zahlreiche Naturheilpraxen oder Naturheilzentren, die mit dieser Selbstbezeichnung typisch großspurig auf irgendeine »Natürlichkeit« hinweisen möchten, bieten sogar eine rein »energetische Impfausleitung« an. Auf ihren Internetseiten grinsen die Hippie-Heilpraktiker:innen um die Wette, preisen ihre Qualifikationen an – wobei sie mehrheitlich akzeptierte und bekannte Methoden wie traditionelle Chinesische Medizin oder Homöopathie in den Vordergrund stellen, um nicht gleich mit der Tür ins Irrenhaus zu fallen – und umschreiben dann ihre Dienstleistungen mit Worten wie: »Impfungen wirken körperlich, führen aber auch eine energetische Ladung mit sich. Mit der energetischen Impfausleitung werden die Informationen der Impfbestandteile gelöscht und energetisch ausgeleitet, damit sie sich im Körper nicht manifestieren.« Wie das genau funktionieren soll, wird in diesem Beispiel – und im Grunde auch sonst überall – nicht wirklich erklärt. Es werden lediglich pseudowissenschaftliche Begriffe wie Quantenfeldmedizin in den Raum geworfen und auf esoterische Szenegrößen wie Joe Dispenza hingewiesen, der »in seinen Büchern eindrücklich und in mehrfacher Ausführung von Heilungen berichtet, die sich mit quantenphysikalischen Prinzipien erklären lassen«. Aber sicher doch. Gut erklärt ist dafür die Behandlung als solche, also was die Heilpraktikerin konkret macht: »Ich trete gedanklich während mehreren Tagen täglich mit Ihnen in Kontakt und lösche und transformiere die negative Ladung, die Sie bewusst oder unbewusst mit der Impfung verbinden. Durch die Quantenfrequenz wird destruktives Potenzial der Impfung neutralisiert und ausgeleitet.« Mit anderen Worten: Man ist während einer solchen »Therapie« nicht einmal zwingend anwesend. Man muss nur daran glauben, dass der Heilpraktiker täglich seinen Superzauber durchführt. Was er bestimmt auch tut. Sicher. »Oh, es ist schon 10 Uhr. Jetzt aber schnell vom Klo runter, ich muss mich gleich gedanklich mit Frau Müller verbinden. Wo ist mein Crack?« Dieses esoterische Placebo kostet in diesem Fall übrigens schlappe 680 Euro.

Die schwammige und bis zur Unkenntlichkeit wiedergekaute Bezeichnung »energetisch« beschreibt also nichts anderes als eine esoterische, pseudowissenschaftliche »Behandlung« – manchmal mit Worten, manchmal mit diversen blinkenden Apparaten oder sogar nur mit den Händen. Letztere ist eine Spezialität von sogenannten Geistheiler:innen, also Menschen, die ihren Verstand ein bisschen zu lange in Einhornpipi mariniert haben, sodass es nicht einmal mehr für den Heilpraktikerberuf gereicht hat. Wobei Geistheiler:innen sich sowieso für die besseren Heiler:innen halten, weil sie nicht auf irgendwelche Hilfsmittel angewiesen sind, sondern die wie auch immer ausgeartete »Heilenergie«

durch sie hindurch wirkt. Immerhin stellen sie eine menschliche Verbindung zur »göttlichen Quelle« oder, je nach Geisteszustand, zur »Engel-Energie« oder zum LSD-Schrank dar. Manche nennen das Ganze auch nur »spirituelle Heilung«. Klingt vielleicht besser und unterstreicht noch mehr die Sanftheit dieser esoterischen Einschläferungsversuche. Das Ganze funktioniert übrigens auch komplett aus der Ferne, ohne Heilpraxis oder Gesundheitszentrum. Ja, richtig gelesen. Damit sparen manche Geistheiler:innen nicht nur Mietkosten ein, sie umgehen damit auch die Peinlichkeit, Lachkrämpfe unterdrücken zu müssen, wenn da wieder eine Moosmütze um eine Impfausleitung bittet. Das wäre zumindest meine persönliche Erklärung. Ich könnte bei so einer »Profession« jedenfalls nicht ernst bleiben. Daher bin ich wohl auch kein Scharlatan geworden. Schade eigentlich. Bei so einer »Fernbehandlung« müssen Menschen oftmals nur ein Foto von sich zusenden, dazu ein paar wichtige persönliche Informationen hinterlassen (besonders wichtig: die Bankverbindung) und – Abrakadabra, dreimal schwarzer Bärenhaufen – die bösen Impfgifte sind auf magische Weise neutralisiert worden. Ich muss wohl nicht erwähnen, dass auch diese Dienstleistung keineswegs kostenlos ist. So muss man für eine solche Fernbehandlung eines selbst ernannten Schamanen fast 700 Euro berappen. Oder wie er selbst sagt: »Impftransformation aus der Ferne«. Ist leider kein Witz. Bei ihm kann man sich übrigens auch *vor* einer Impfung energetisch vor ihr schützen. Dafür muss der gute Mann lediglich wissen, an welchem Tag die Impfung stattfinden wird. Dann baut er rechtzeitig ein »energetisches Transformationsfeld« auf, damit die Impfung nicht schadet. Eine klassische Impfausleitung kann man aber natürlich ebenfalls kaufen. Der Schamane kann alles: »Ob wir die Impf-Transformation nur vor oder nach der Impfung machen, das Prinzip ist das gleiche. Ich baue ein energetisches Heilfeld auf, in dem ich mithilfe meiner Geisthelfer den Impfstoff energetisch unschädlich mache.« Ein echter Profi.

In vielen vermeintlich »normalen« Eltern-Foren und -Gruppen wird währenddessen ganz selbstverständlich über Impfausleitungen gesprochen: »Ich habe eine auf Babys und Kinder spezialisierte Heilpraktikerin. Habe bei ihr die erste Sechsfach-Impfung ausleiten lassen, da mein Kind ganz hartnäckigen Schnupfen davon bekam. Das hat sich nach der Behandlung gebessert.« Ganz toll. Ohne die Behandlung bei der Heilpraktikerin wäre der Schnupfen wahrscheinlich niemals weggegangen. »Such dir eine Heilpraktikerin, die auch Kinder behandelt, und sprich mit ihr über die Ausleitung. Schaden kann es nicht.« Falsch. Es kann immerhin dem Bankkonto schaden. Und dem gesunden Menschenverstand, der auf diese Weise unnötig ausgehöhlt wird und dann im schlimmsten Fall Platz für noch mehr Hokuspokus macht. Sonst hat es natürlich keinerlei Wirkung. Und wo keine Wirkung ist, da kann auch kein Schaden entstehen. »Ich bin auch bei Facebook in einer Gruppe, wo schon viele Eltern die Impfungen ausleiten ließen, nachdem ihre Kinder darauf reagierten, und allen ging es danach besser.« Na dann.

Schön sind auch Fragen, die auf spezielle Methoden zielen: »Kann man eine Impfung auch mit Homöopathie ausleiten? Hat jemand Erfahrungen bei Kindern?« Oh, aber hallo! »Wir haben vor kurzem die MMR-Impfung durch eine Homöopathin entstören bzw. ausleiten lassen. Dabei hat mein Sohn den Impfstoff in Form von Globuli in 4 verschiedenen Potenzen erhalten. Dadurch sollen die Metalle, die in dem Impfstoff enthalten sind und den Körper belasten, ausgespült werden. Der Impfschutz bleibt aber vorhanden. Diese Entstörung hat bei uns fast 4 Monate gedauert. Aber es hat sich auf jeden Fall gelohnt!« Entschuldigung? Vier Monate? Na und ob sich das gelohnt hat – für die Homöopathin. Tütenclowns, die mit Homöopathie ihre Impfungen entstören, sind in entsprechenden Communitys tatsächlich überhaupt nichts Ungewöhnliches. Denn was mit Bach-Blüten geht, funktioniert natürlich auch mit kleinen Zucker-Kutteln. Oder

Schüssler-Salzen. Oder jeder anderen, beliebigen Fantasiegummibärchenmedizin.

Schon einmal von den Körbler-Zeichen gehört? Erich Körbler gilt als Erfinder der sogenannten Neuen Homöopathie. Das ist eine esoterische, kindische Geistheilmethode, bei der bestimmte Zeichen auf die Haut der erkrankten Person gemalt werden, um so eine Heilung auszulösen. Darauf aufbauend gibt es inzwischen etliche Varianten, beispielsweise wird die Krankheit oder das (psychische) Problem auf ein Blatt Papier geschrieben, das der »Patient« einige Minuten in der Hand halten muss, während er in der anderen Hand ein Glas Wasser hält. Anschließend wird das Wasser getrunken. Gleich »wirksam« ist es, wenn man das Glas eine Weile auf das bemalte Papier abstellt.

Auch gibt es die Variante, dass statt Zeichen diverse Zahlenreihen benutzt werden. Dazu würden sich besonders die Zahlencodes des russischen Geistheilers Grigori Grabovoi eignen. Dieser hat die fantasievolle Therapiemethode des »Heilens mit Zahlenreihen« erfunden. Diese esoterische Methode besagt, dass man beliebige Krankheiten lediglich durch Konzentration auf bestimmte Ziffernfolgen heilen könne. Der skurrile Gedanke dahinter: Mit diesen ganz besonderen Zahlenreihen sei eine »Steuerung der uns umgebenden Realität« möglich. Was für vernunftbegabte Menschen albern klingt, ist in der Esoterikszene leider eine plausible und äußerst verbreitete Weltanschauung, deren Anhänger sich im schlimmsten Fall in Lebensgefahr begeben, wenn sie diese Art der Geistheilung einer medizinischen Behandlung vorziehen. Im Jahr 2014 verbreitete Grabovoi sogar einen Behandlungsvorschlag gegen das Ebolavirus durch mehrere von ihm »ermittelte« Zahlen. Und nicht nur das: Grabovoi gab zahlenden Kunden gegenüber auch das Heilversprechen, ihre Organe wieder nachwachsen oder Tote auferstehen zu lassen. Wegen Betruges in zahlreichen Fällen saß Grabovoi eine mehrjährige Haftstrafe ab, was seine realitätsfernen Fans und

Anhänger allerdings nicht davon abbringen konnte, ihm weiterhin zu folgen. Im Gegenteil. Denn wer so heftig kritisiert und bestraft wird, muss schließlich die Wahrheit sagen. Denken wir nur an Schwurbeldoktor Hamer. Grabovois Diskreditierung wird in entsprechenden Kreisen somit ebenfalls nur als Versuch der »Pharma-Diktatur« angesehen, den »großen russischen Heiler« mundtot zu machen. Typisch. Die Ähnlichkeit mit Körblers »Medizin zum Aufmalen« ist übrigens nicht zufällig. Solche Gemeinsamkeiten weisen nämlich so gut wie alle pseudomedizinischen Methoden auf, die auf irgendwelchen nicht messbaren Energien, Resonanzen und Schwingungen beruhen.

Die Impfausleitung funktioniert mit diesem Unfug demzufolge recht simpel. Man malt auf die Einstichstelle am Oberarm ein entsprechendes Symbol oder schreibt ein paar bestimmte Zahlen auf, und schon haben die giftigen Nanobots in den Impfungen keine Chance mehr. Das kann man »professionell« beim Heilpraktiker machen lassen oder man probiert es einfach selbst. Schließlich gibt es genügend Diskussionsgruppen für solche »Therapien«. Mein Lieblingstipp: »Ich schreibe in Großbuchstaben auf einen neutralen weißen Zettel ›Impfrückstände und Ursachen‹ auf. Lege ihn mit der Schrift nach unten auf meinen Bauchnabel und mit der rechten Hand wird 20x gegen den Uhrzeigersinn die Information der Impfung mit kreisenden Bewegungen sozusagen rausgeholt. Zur Sicherheit den Zettel danach verbrennen.« Gleiches Spiel mit den Grabovoi-Zahlen. Die Zahl für die Harmonisierung der Impfnebenwirkungen lautet übrigens 2487498. Gern geschehen. Diese Zahl kann man sich nun nach der Impfung auf den Oberarm oder auf ein Blatt Papier schreiben und lässt ein Glas Wasser über Nacht darauf stehen, damit das Wasser die Information der Zahl aufnehmen kann. Funktioniert leider nicht mit Alkohol. Schade. Laut einigen Experten genügt es übrigens, die Zahl »bewusst gedanklich ins Wasser zu geben, dann ist die Information sofort im Wasser. Aber man muss hundertprozentig fokussiert sein auf die Zahl, sonst geht es nicht«. Klar. Wenn es schiefgeht, habe ich mich natürlich nicht ausreichend konzentriert. Und was ist eigentlich, wenn ich plötzlich an eine andere Zahl denke? Wachsen mir dann Kiemen? Telefoniere ich mit der Hohlerde? Fragen über Fragen.

Unterm Strich muss ich sagen: Hauptsache diese Leute lassen überhaupt ihre Kinder impfen. Das ist schon viel wert. Dass sie sich von irgendwelchen Schlangenölverkäufern dabei das Geld aus der Tasche ziehen lassen, nun ja ... Selbst schuld? Natürlich. Dennoch sollte man das Ganze nicht verharmlosen. Hat man nämlich einen Fuß in diese pseudowissenschaftliche Parallelwelt gesetzt, droht man gänzlich von ihr verschlungen zu werden. Es ist ein äußerst schmaler Grat zwischen »Es kann ja nicht schaden« und »Es ist bei einem Leiden meine erste Wahl«. Denn wer die Erfahrung gemacht hat, dass sich ein Kind nach einer »Impfausleitung« besser fühlt, spart sich die nächste Impfung womöglich ganz oder konsultiert im Krankheitsfall erneut die liebe Heilpraktikerin von neulich, obwohl das Kind unter besonders schlimmen Umständen in einem Krankenhaus besser aufgehoben wäre.

Was lernen wir daraus? Aluhut tut selten gut.

Esoterik oder: Wie weltfremd kann man eigentlich sein?

Die Antwort auf diese Frage lautet übrigens: ziemlich. Und daraus erschließt sich: Esoterische Glaubensvorstellungen sind eng mit Verschwörungsideologien verknüpft. Da muss man sich nichts vormachen. Ich behaupte sogar, Esoterik ist ein entscheidender Türöffner für alle möglichen Verschwörungsfantasien. Das liegt allein schon an der Definition von Esoterik. Nein, nicht die im populären Sprachgebrauch übliche, denn mit irgendeiner »Geheimlehre« hat Esoterik heutzutage nun wahrlich nichts mehr zu tun. Nicht mehr, seit es das Internet gibt. Denn auch wenn esoterische Aluhüte sich gerne mit »Wissen« profilieren, das angeblich irgendwelche albernen, weltumspannenden Geheimnisse offenbart, ist dieses »Wissen« scheinbar für jeden Halbdackelhonk frei zugänglich – und frei erstellbar. Und das ist im Grunde die eigentliche Definition moderner Esoterik: Esoterische Aussagen müssen nicht belegt oder begründet werden, sondern gehen immer auf unüberprüfbare Fantasien von Einzelpersonen zurück. Es gibt keine Instanz, die verbindliche Richtlinien festlegt. Sicher, es existieren durchaus Ideologien, die als Bezugspunkte und Inspirationsquellen für verschiedene Strömungen und Weltanschauungen dienen, doch es fehlt insgesamt ein einheitliches Glaubenssystem. Esoterik ist eine bunte Tüte voller überzuckerter Süßigkeiten, unter denen sich auch psychotrope Tabletten und halluzinogene Pillen gemischt haben. Ein Sammelbecken für bildungsabergläubische Menschen, für die das Zeitalter der Aufklärung nur ein Mythos ist.

Die Verbreitung von Verschwörungsansichten ist in dieser

Szene dann natürlich umso verlockender und leichter, weil jedes noch so dümmliche Geschwurbel auf offene Ohren trifft. Esoteriker:innen lieben einfache Erklärungen auf komplexe Fragen. Damit wird die ursprüngliche Definition von Esoterik ziemlich schamlos durch den Dreck gezogen, immerhin waren »esoterische Schriften« in der Antike Ausführungen und Theorien, die eine gewisse (philosophische) Vorbildung voraussetzten. Also im Grunde das komplette Gegenteil von heute, wo sich jeder Primat mit einem Internetzugang für den schlausten Menschen der Welt hält und er für jedes Thema und jedes Problem eine passende Erklärung aus dem Aluhut zaubert. Der antike Bezug schimmert zwar noch gelegentlich im Bereich der Astrologie durch, aber seien wir mal ehrlich: Der astrologische Mumpitz von heute hat nichts mehr mit den frühen, komplexen Welterklärungsmodellen von damals gemein.

Esoterische Weltanschauungen haben meiner Meinung nach längst die Funktion von billigen Ersatzreligionen angenommen. Nachvollziehbar, finde ich. Denn einerseits spricht selbstverständlich nichts dagegen, spirituell, gläubig oder wie auch immer »religiös« zu sein, weil man bestimmte Moralvorstellungen teilt oder sich dadurch besser in der Welt zurechtfindet. Andererseits ist immer dann eine Grenze überschritten, wenn gewisse Fakten nicht bloß ignoriert, sondern bewusst geleugnet und durch eigene ersetzt werden, um dadurch eine alternative Realität zu erschaffen, in der die Spielregeln und Gesetze, auf die man sich als Gesellschaft geeinigt hat, keine Rolle mehr spielen. Dann ist ein Glaube nämlich nicht mehr einfach nur ein Glaube, sondern als Mentalität getarnter Irrsinn. Das gilt für radikal gelebte Religionsvorstellungen, allerlei Sekten und zweifelsohne auch für die Esoterik, mit all ihren pseudowissenschaftlichen, lebensfremden und faktenresistenten Ansichten, die aufgrund ihres »weltoffenen« Prinzips des »Alles ist möglich« auch immer ein Hort für die absurdesten Verschwörungsfantasien war, ist und sein wird.

Und so birgt die Esoterik besonders für labile Persönlichkeiten ein gewisses Risiko, sich zu tief in ein alternatives Fantasiereich hineinmanövrieren zu lassen, wo »alternative Fakten« herrschen, die alle wissenschaftlichen Errungenschaften auf den Kopf stellen.

Menschen mit geringem Selbstwertgefühl fallen zudem besonders leicht auf dubiose Gurus und Scharlatane herein. Gewiefte Abzocker nutzen dabei die vielen spirituellen Strömungen, um ein Weltbild zu vermitteln, in welchem man sich sicher, geborgen und verstanden fühlt. Gegen Bezahlung, natürlich. Engelsbotschaften, astrologische Gesundheitsratschläge, Sprays und Öle gegen allerlei Beschwerden sind dabei oft nur der Einstieg in eine Welt, die die Grenzen zum totalen Realitätsverlust überschreitet: Reinkarnierte Atlantis-Bewohner, magische Kristallschädel, reptiloide Weltherrscher, flache Erde, hohle Erde, eine geheime Elite, die die Menschheit versklaven möchte, energetische Haus- und Körperreinigungen (und überhaupt alles, was mit Energetik zu tun hat), Astralreisen, Okkultismus, Kommunikation mit Aliens, Drachen und anderen Fabelwesen und und und. Nahezu alles, was die Fantasie hergibt, ist in Esoterik-Kreisen vertreten. Es gibt nichts, was es nicht gibt. So kann man sich leicht in einen Wahn hineinsteigern, der dazu führt, dass alles, was nicht ins esoterische Weltbild passt, als unwichtig, irrelevant, oder eben als schlecht, böse und gefährlich betrachtet wird. Im besten Fall liest man nur täglich Horoskope oder zahlt drei Euro pro Minute, um sich am Telefon die Karten legen zu lassen – im schlimmsten Fall ist man irgendwann der festen Überzeugung, dass »Repto-Juden« unsere Kinder essen und die Menschheit mit Impfungen vergiften wollen.

Wie der Abschnitt über die Impfgegner verdeutlicht hat, werden solche esoterischen Hirngespinste oft von Heilpraktiker:innen vertreten und verbreitet. Das ist kein Vorurteil, sondern trauriger Alltag. Und, ja, ich höre es bereits: »Aber es sind nicht alle so!« Oder: »Also mir wurde schon geholfen!« Mag sein. Doch weißt du was? Es ist mir egal. Denn: Das Berufsbild des Heilpraktikers ist – ganz objektiv betrachtet – ein absoluter Witz. Für Heilpraktiker:innen gilt laut Heilpraktikergesetz nämlich die sogenannte Therapiefreiheit: Sie können behandeln, was, wen und wie sie wollen. Verboten ist lediglich die Behandlung von Infektionskrankheiten.

Grundsätzlich gilt: Um als Heilpraktiker tätig zu sein, genügt es, einen Hauptschulabschluss zu haben, mindestens 25 Jahre alt zu sein und eine Prüfung beim örtlichen Gesundheitsamt zu bestehen. Eine medizinische Ausbildung – in welchem Sinne auch immer – spielt keine Rolle. Ebenso wenig ist vorgesehen, dass Heilpraktiker:innen Erfahrung in der Behandlung von Patienten sammeln müssen, bevor sie ihre Dienste anbieten. Was nach der bestandenen Prüfung passiert, interessiert niemanden mehr – egal welche esoterischen »Therapien« zum Einsatz kommen, ob man nur mit Zuckerkügelchen jongliert, unnütze »Wundermittel« verkauft, Engel-Essenzen gegen Chemtrails und gedankenkontrollierende 5G-Strahlen anbietet oder Impfstoffe »ausleitet«.

Hinzu kommt: Angebotene Heilpraktiker-Ausbildungen (die, um es noch mal zu betonen, keine Voraussetzung für die Ausübung des Berufes darstellen, aber selbstverständlich gerne zum Zwecke der Selbstdarstellung und Weiterbildung in Anspruch genommen werden) sind nicht einheitlich. Sie dauern bei einigen Schulen nur mehrere Monate, bei anderen mehrere Jahre. Nirgendwo ist festgelegt, welches Wissen angehende Heilpraktiker:innen lernen müssen. Auch staatlich geregelte Lehrpläne oder definierte Ausbildungsinhalte gibt es nicht.

Niemand bezweifelt übrigens, dass es unter Heilpraktiker:innen auch vernünftige Menschen gibt, die freiwillig viel gebüffelt haben und sich im Praxisalltag auch an medizinischem Fachwissen orientieren. Das ist allerdings nicht die Norm. Kann sie auch gar nicht sein, weil eine solche Norm eben nicht definiert ist. Das ist das entscheidende Problem. Otto-Normal-Patienten, die eine Heilpraxis aufsuchen möchten, können kaum beurteilen, wie seriös entsprechende Dienstleistungen sind. Sie verlassen sich darauf, dass eine Heilpraxis, die das Wort »Heilen« im Namen trägt, schon irgendwie ihre Berechtigung hat. Und bevor man nach einer Weile begreift, dass man viel Geld für Hokuspokus ausgegeben hat, ist womöglich wertvolle Zeit verloren gegangen, die in einer echten medizinischen Behandlung besser investiert gewesen wäre. Die einzige Norm, wenn man so will, besteht darin, dass Heilpraktiker:innen keine Mediziner:innen sind, aber dennoch »behandeln« können, wie und womit sie wollen. Ihre Sonderstellung im Heilwesen erzeugt dadurch einen gefährlichen False-Balance-Effekt, das heißt, es wird der Eindruck vermittelt, esoterische Heilmethoden wären den »schulmedizinischen« ebenbürtig – eben eine geeignete Alternative –, obwohl sie das einfach nicht sind. Also nicht, wenn man sich an naturwissenschaftlichen Fakten orientiert. Denn wissen Sie, wie man eine wie auch immer geartete alternative Medizin nennen würde, wenn sie eine wissenschaftlich nachweisbare Wirkung hätte? Medizin. Alle pseudomedizinischen Anwendungsgebiete – wie Neue Homöopathie, Radiästhesie, Radionik, Spagyrik – haben erst über Heilpraktiker:innen ihren Weg in die Mitte der Gesellschaft gefunden. All diese Methoden haben mit einer medizinischen Behandlung von gesundheitlichen Problemen rein gar nichts zu tun und sind eigentlich nur ein realitätsferner Aberglaube für Menschen, denen Beten scheinbar nicht mehr gut genug ist, oder zu altmodisch.

Insofern ist es nicht verwunderlich, dass dieses Berufsbild einen gewissen Ruf genießt. Gewissenhafte Heilpraktiker:innen sollten sich daher im eigenen Interesse für ein kontrolliertes, klar definiertes Berufsbild einsetzen, damit nicht jeder pendelschwingende Glaskugelsammler sich Heilpraktiker nennen darf.

Und bitte: Nicht nur für mich hat der Begriff »Schulmedizin« einen ranzigen Beigeschmack und stellt für viele Menschen ein Reizwort dar. An und für sich ist der Begriff zwar durchaus älter, in der Gesellschaft verankert wurde er allerdings erst im Nationalsozialismus und findet seitdem hauptsächlich unter Befürworter:innen pseudomedizinischer Methoden Verwendung – als abwertender Kampfbegriff.

Wie es dazu kam? Viele medizinische bahnbrechende Entdeckungen kollidierten zu Beginn des 20. Jahrhunderts mit dem propagierten Weltbild der Nationalsozialisten. Vor Viren und Bakterien waren alle Menschen gleich, sogar Blutspenden waren möglich, unabhängig von »Rasse« oder Herkunft, was mit dem Gedanken des »überlegenen, reinen Herrenmenschen« nicht ganz vereinbar war. Und so haben die Nazis die Errungenschaften der Medizin immer häufiger als »verjudete Schulmedizin« diffamiert. Gleichzeitig förderten sie eine »alternative Heilkunde«, die ausschließlich dem »deutschen Volkskörper« dienen sollte. 1933 verkündete Reichsärzteführer Gerhard Wagner im Deutschen Ärzteblatt wortwörtlich die »häufige Überlegenheit« alternativer Heilkunde gegenüber der »verjudeten Schulmedizin«. Wenige Jahre später wurde schließlich bei der sogenannten »Reichstagung der deutschen Volksheilverbände« die »Reichsarbeitsgemeinschaft für eine Neue Deutsche Heilkunde« vorgestellt. Dazu gehörten unter anderem der Deutsche Zentralverein homöopathischer Ärzte, der Kneipp-Ärztebund, der Reichsverband der Naturärzte und die Vereinigung Anthroposophischer Ärzte. Ziel dieser »Verschmelzung« war eine wörtlich zu nehmende »Neue Deutsche Heilkunde«, die im Sinne der völkisch-rassistischen Ideologie des Nationalsozialismus die »jüdisch-marxistisch« geprägte »Schulmedizin« verdrängen sollte. Nichtsdestotrotz konnte sich die »Schulmedizin« über die Jahre immer wieder durchsetzen – aus offensichtlichen Gründen: Medizin wirkt. Esoterischer Mumpitz nicht. Dieses Kapitel der Medizingeschichte hat dennoch einen immensen Einfluss darauf gehabt, wie pseudowissenschaftliche Praktiken im Gesundheitswesen wahrgenommen werden.

Die Nazis versuchten sogar eine »arische Physik« zu etablieren – als Gegenentwurf zur »Schulphysik« Einsteins und Borns mit ihren »verjudeten« Relativitäts- und Quantentheorien. Kein Wissenschaftler würde heutzutage aber noch von »Schulphysik« reden, ohne sich völlig lächerlich zu machen. Auch die »arische Mathematik« und die »deutsche Chemie« sind aus der Wissenschaft und dem Sprachgebrauch verschwunden. Allein die »Schulmedizin« hat als Begriff die Zeit überdauert – auch, aber insbesondere, weil Anhänger:innen esoterischer Pseudomedizin daran festhielten.

Im weiteren Verlauf dieses Kapitels werde ich einen kleinen Einblick in diese pseudowissenschaftliche Parallelwelt realitätsferner Heilpraktiker:innen, Geistheiler:innen und anderer esoterischer Pappnasen wagen. Die Betonung liegt dabei aber auf »klein«. Für eine ausführliche Übersicht aller spirituellen Wahnvorstellungen habe ich leider nicht genug Alkohol im Haus. Außerdem möchte ich lediglich anhand einiger Beispiele zeigen, wie weit sich Esoteriker:innen von einer faktenbasierten Denkweise entfernt haben, um stattdessen weltfremden, gefährlichen Fantasievorstellungen anzuhängen, die mit einem sogenannten »alternativen Glauben« längst nichts mehr zu tun haben.

Nehmen wir doch mal die Neue Homöopathie, diese »Medizin zum Aufmalen«, die wir schon kurz kennenlernen durften. Das magische Konzept dahinter lautet, dass bestimmte Symbole wie eine Art »feinstoffliche« Energie-Antennen wirken. Sie sind quasi Empfänger für irgendwelche kosmischen Frequenzen, nur dass man damit kein Alpha-Centauri-Radio hören kann. Auf die Haut gemalt, würden sie »gezielt die Schwingung des Organismus verändern« und dadurch einen Heilimpuls vergleichbar mit der Einnahme von homöopathischen Globuli in Gang setzen. Neben dem Aufmalen auf die Haut können die Zeichen auch zur

Informationsübertragung auf Wasser und zur Herstellung individueller Heilmittel verwendet werden. Des Weiteren könne man damit sehr gut Allergien und diverse Lebensmittelunverträglichkeiten behandeln, denn schließlich seien diese bloß ein Ausdruck »falscher Schwingungen«. Ach, bevor ich es vergesse: Mit der klassischen Homöopathie hat diese Zirkusvorstellung tatsächlich nichts gemeinsam – außer natürlich den Glauben an eine Heilmethode, die es wissenschaftlich betrachtet gar nicht gibt. Eine Heilpraxis, die mit dieser Methode arbeitet, beschreibt das so: »Mit geometrischen Zeichen lassen sich gezielt Prozesse im Körper beeinflussen, da dieser nicht nur aus Zellen und Molekülen besteht, sondern eben auch aus komplexen energetischen Feldern. Dabei werden Formen wie Kombinationen von Strichen und Sinuskurven oder ein Y auf körperlich relevante Zonen gezeichnet. Damit kann die Wirkung von pathologischen Ursachen gezielt behandelt werden. Auf den Körper aufgebrachte energetische Zeichen können wirken wie moderne elektronische Schaltelemente für die Energieströme im Körper, welche sich entlang vorgegebener Bahnen ausbreiten.« Alles klar? Und wer gerne mal Akupunktur ausprobieren möchte, aber Angst vor Nadeln hat, kann wunderbarerweise auf die Neue Homöopathie ausweichen. Denn auf Akupunkturpunkten aufgemalt, wirken die Zeichen und Symbole ähnlich wie das Setzen einer Akupunkturnadel. Ist das nicht toll?

Aber wo habe ich bloß diese Verbindung von Zeichen und unsichtbaren Energien schon mal gehört? Ach ja: »Strichcodes/Barcodes wirken wie feinstoffliche Antennen. Aus den Erfahrungen mit astralen und ätherischen Manipulationen durch (satanische) Wesenheiten und Konstrukte kann man schließen, dass es hier auf der Erde um eine Größenordnung globaler Manipulation geht, die nur wenigen langsam bewusst wird. Ein Barcode/Strichcode (EAN Code) ist auf sehr vielen Produkten und enthält neben den logistisch sinnvollen auch vor der finalen Aktivierung durch den Laser an der Kasse dem Leben abträgliche Informationen. Diese schwächen die Lebensmittel. Die schädliche Wirkung geht beim Verzehr auf Mensch und Tier über. Dies wurde in vielen Studien wiederholt getestet und nachvollzogen. Der Laser an der Kasse aktiviert den Barcode und verstärkt damit dessen Wirkung um ein Vielfaches.« Die gute alte Strichcode-Verschwörung, die von mehreren Unternehmen auch noch unterstützt wird, indem sie Produkte mit einem bereits »entstörten« Strichcode verkaufen – beispielsweise, indem ein Querbalken über den Code gedruckt wird. Tut keinem weh? Sollen sie ruhig machen? Nein. Mit einem solchen Entgegenkommen befürwortet man nämlich lediglich unwissenschaftlichen Blödsinn und legitimiert den riesigen esoterischen Rattenschwanz, den dieser nach sich zieht.

Selbstverständlich hat sich auch für dieses EAN-Problem ein Markt etabliert, der schnelle, unkomplizierte Lösungen bereithält. Weit verbreitet, günstig und »effektiv« ist ein sogenannter Entstör-Stift, den man für etwa zehn Euro in einschlägigen Esoterik-Shops kaufen kann. Besagter Stift besitzt die magische Fähigkeit, schwarze Farbe auf eine Fläche aufzutragen. Für die Ewigkeit. Also, quasi, permanent. Man könnte bei diesem phänomenalen Wunderutensil daher auch von einem Permanentstift sprechen. Wahnsinn, oder? Viel teurer sind dagegen Gerätschaften, die eine Entstörung oder Reinigung der Lebensmittel selbst versprechen. Da gibt es beispielsweise diverse Strahler, Behälter und Holzbretter, die als »Energie-Bretter« für mehrere Hundert Euro angeboten werden. Stellt man Lebensmittel darauf ab, werden diese »energetisch gereinigt«. Um die Wirkung zu erklären, greifen Händler auf allerlei erfundene, ausschließlich in der Esoterikszene existierende Kräfte zurück und fabulieren sich einen Mechanismus zusammen, dass man beim Lesen der Produktbeschreibungen meint, einen Fantasyroman aufgeschlagen zu haben. Ein Shop, der im Untertitel die anmaßende Bezeichnung »Umwelt-Technologien« trägt, beschreibt sein persönliches Energie-Brett folgendermaßen: »In der Außenwand sind sechs Mini-Orgonstrahler (gefüllt mit Quarzsand, Baumwolle und Bienenwachs) in einem nach oben zeigenden Winkel von 30° eingebaut. Die Aufteilung der Orgonstrahler rings um das Brett herum erzeugen zusammen auf dem Brett wahrscheinlich eine feinstofflich-energetische Pyramide mit einer hexagonalen Geometrie an ihrer Basis. In der Mitte bildet der zusätzliche Mini-Orgonstrahler wahrscheinlich eine senkrecht aufsteigende Energiesäule. Das Energiebrett wird nach der Endfertigung noch eine Woche lang mit einem großen Orgonstrahler mit hunderten, positiv schwingenden Informationen aufgeladen. Diese energetische Aufladung bleibt in der Regel wahrscheinlich unbegrenzt erhalten. Die kleinen eingebauten Mini-Orgonstrahler sorgen dann permanent für einen Nachschub an feinstofflicher Lebens-Energie.« Geschickte Formulierung, übrigens. Immer wieder wird das Wörtchen »wahrscheinlich« eingeschoben, um sich von einem möglichen Garantie-Versprechen zu distanzieren. Ändert nichts daran, dass das Ganze nur eine pseudowissenschaftliche Spinnerei umschreibt. Sie erinnern sich an das Kapitel über Chemtrails? Da war die Orgon-Energie auch wesentlicher Bestandteil der »reinigenden« Abwehr-Dingsda-Schrott-Kompositionen. Es ist eben alles ein einziger großer Sumpf, wo es mal mehr, mal weniger blubbert. Stinken tut es dagegen überall.

Doch zurück zur Neuen Homöopathie, die in Esoterik-Netzwerken bei Facebook und Co. natürlich auch ein regelmäßiges Thema darstellt. Heilpraktiker:innen, aber auch Laien, die in ihrer esoterischen Blase gefangen sind, tauschen gerne Tipps aus, beschreiben ihre Erfahrungen und erläutern, was man alles mit dieser einfachen Superbehandlung erreichen kann. »Hallo! Aus aktuellem Anlass, hat jemand ein Zeichen gegen Migräne? Lieben Dank!« Aber sicher doch: »Heilwasser herstellen! Man kann dafür mehrere Zettel vorbereiten. Migräne darauf schreiben und das Sinus-Zeichen darüber malen. Die Informationen dieser Zettel auf Wasser übertragen und trinken, wenn der Anfall kommt. Anfangs alle 30 bis 60 Minuten, bis sich die Beschwerden verbessern.« Wow, eine richtige Lebensretterin. Die Heilpraktikerin, die diesen unschlagbaren Tipp parat hatte, hat übrigens zusammen mit einer weiteren Schwurbelkollegin ein Buch namens »Homöopathische Symbolapotheke für Kinder« geschrieben. Dort kann jeder Wissenschaftsleugner unter anderem nachlesen, wie leicht es ist, die Kraft der magischen Symbole »direkt in den Körper fließen« zu lassen. Einfach die linke Hand, die als Energie aufnehmende Hand bezeichnet wird, auf das gewünschte Symbol legen oder mit dem Finger darauf zeigen und gleichzeitig mit der rechten Hand die Stelle am Körper berühren, die wehtut. Wenn das nicht geht, kann man übrigens auch nur daran denken, wie man die Stelle berührt. Klasse. Ebenfalls lernt man in diesem Buch, dass die »Schwingung der Symbole« auf alle möglichen Materialien übertragen werden kann. So wird der Tipp gegeben, beispielsweise einen Heilstein »aufzuladen« und diesen dem Kind mit in die Schule zu geben. Damit es von seinen Mitschülern verprügelt wird, oder wieso? Ach, zum Schutz vor »negativen Energien«. Natürlich.

Apropos Kinderbett: In einer anderen esoterischen Facebookgruppe fragte eine verzweifelte Mutter: »Meine Kleine schläft seit Wochen extrem schlecht. Direkt angrenzend an ihre Kinderzimmerwand haben wir neue Nachbarn bekommen, die Vorbesitzer hatten Satellitenschüssel, die haben jetzt auf Kabel mit Internet gewechselt. Der Anschluss ist direkt im angrenzenden Zimmer an das Kinderzimmer meiner Tochter. Wie würdet ihr das Elektrosmog-Zeichen im Kinderzimmer anbringen? Rosenquarz hat sie unter dem Bett bereits, sowie das Elektrosmog-Zeichen schon unter der Matratze. Kann ich es auch auf die Wand auftragen? Macht das Sinn? Ich hab die Körper-Malstifte hier, somit könnte ich das Zeichen unsichtbar überall und in jeder Größe auftragen.

Danke für eure Hilfe!« Natürlich gibt es auch ein Elektrosmog-Zeichen. In der Szene ist es übrigens auch als »Körbler-Autobahn« bekannt, weil es aussieht wie eine mit Linien skizzierte dicht befahrene Autobahn von oben. Oder wie ein Screenshot aus dem alten Videospiel »Frogger«. Wie auch immer. Die Antworten auf so eine Frage lassen in dieser hilfsbereiten Community nie lange auf sich warten, und in diesem Fall waren sie äußerst zahlreich und zudem beispielhaft für den vielfältigen esoterischen Irrsinn, dem die Mitglieder frönen. Zunächst musste ausgeschlossen werden, dass der erwähnte Rosenquarz etwas mit dem Problem zu tun hat: »Ist der Rosenquarz auch ordentlich gereinigt? Bei meiner Mutter war nämlich der Stein die Ursache für die Störung!« Doch offensichtlich sind hier Profis am Werk: »Ja, der Stein ist rein, ich wasche ihn einmal die Woche unter fließendem Wasser, lege ihn danach eine Stunde in die Morgensonne und dann 2 bis 3 Stunden zum Bergkristall.« Gut, das wäre also geklärt. Wie wäre es dann mit folgendem Tipp: »Eventuell könntest du das Elektrosmog-Zeichen auf die Wand malen? Ich habe es zu Hause über alle Steckdosen und Geräte geklebt.« Prima. Was noch? »Male das balkengleiche Kreuz unter das Bett. Dann mit dem Pendel testen, ob die Gefahr gebannt ist.« Wichtige Ergänzung von jemandem: »Falls das nicht reicht, zusätzlich das Jerusalem-Kreuz zeichnen.« Doch darüber scheint keine Einigkeit zu herrschen: »Also ich würde eher die Blume des Lebens nehmen. Meiner Erfahrung nach nehmen die Kreuze, wenn sie über längere Zeit liegen, ALLE Energien auf, also auch die guten. Und das will man ja auch nicht. Daher lieber mit der Blume des Lebens harmonisieren oder vielleicht von einem Heilpraktiker austesten lassen, was geeigneter ist.« Oder liegt es womöglich doch am Rosenquarz? Ist er vielleicht der falsche Stein? »Gegen Elektrosmog eignet sich der Baryt. 1 Kg Gestein in einer Schale aufgestellt reicht für ein Zimmer. Baryt sollte man auch einmal die Woche unter fließendem Wasser abspülen.« Eine richtige Expertin kam schließlich auch noch zu Wort: »Ich habe viel Erfahrung mit sowas, bin Geomantin und arbeite mit Störzonen und anderen Widrigkeiten. Bringe einen großen Spiegel mit der Spiegelseite Richtung Wand. Das sollte direkt helfen!« Eine andere Expertin merkt jedoch an: »Das funktioniert, aber bedenke, die Strahlung wird nicht aufgelöst, sondern reflektiert. Das bedeutet, im Nebenzimmer bekommen die Leute die doppelte Dosis ab!« Na und? Es sind doch nur die bösen Nachbarn, die mit ihrer Strahlung das Kind nicht schlafen lassen. Die können ruhig was abbekommen. Oder? Ich bin allerdings der festen Überzeugung, dass es ihnen ziemlich egal sein dürfte, wie die durchgeknallte Frau von Nebenan ihren Spiegel aufhängt. Der beste Tipp in dieser ganzen Diskussion lautete jedoch: »Aluminiumfolie mit der glänzenden Seite Richtung Wand. Also wenn das Bett an der Wand steht, die Folie am Kopfteil des Bettes anbringen. Das lenkt die Strahlen ab. Bitte mit einem Pendel testen, bevor man das so lässt.« Natürlich. Sehr wichtig. Nicht dass die Strahlen von der Alufolie am Bett gegen den Aluhut auf dem Kopf der Mutter abprallen und das Kind endgültig, ähm, verstrahlen. Zu guter Letzt empfiehlt noch jemand einen speziellen Netzstecker für die Steckdose. Dieser würde Strahlung und Elektrosmog in einem großzügigen Radius entfernen, je nachdem, wie viel man dafür ausgeben möchte. Tadaaa! Da sind sie wieder, die pseudowissenschaftlichen Schrott-Wichtel-Brummer, die wir weiter vorne schon als Anti-5G-Apparate kennenlernen durften. Gemeint sind hier in diesem Fall künstlerisch geformte und bunt angemalte Netzstecker, die Elektrosmog absorbieren sollen. Sie tragen fantasievolle Namen wie Harmoni Harmonisierer, Harmonei (ein Stecker, der rundlich geformt ist wie ein Ei), Vivobase oder Chi-Netzstecker, rühmen sich mit der Expertise erfahrener Heilpraktiker:innen und Geomant:innen und glänzen mit den wunderlichsten Versprechen: »Schützt den Körper vor Elektrosmog durch die Aktivierung eines natürlichen Schutzschildes, ohne dass auf die Vorzüge der modernen Technik verzichtet werden muss. Zudem wird der Körper vor Strahlung geschützt, die außerhalb des eigenen Zuhauses generiert wird, wie beispielsweise der elektromagnetischen Strahlung von Mobilfunkmasten oder dem WLAN des Nachbarn.« »Hochwirksamer Schutz vor Elektrosmog und Erdstrahlung durch elektronische und festkörperphysikalische Komponenten, nach der Theorie des Elektromagnetismus erklärbar.« Spoiler: Da wird rein gar nichts erklärt. Genauso wenig hier: »Es sorgt für eine spürbare Wohlfühlatmosphäre, gereinigte Energie und fördert somit die Gesundheit.« Super. Die Dinger kosten auch nur mehrere Hundert Euro. Und so ist es wenig verwunderlich, dass auch viele Hersteller und Vertreiber solcher Produkte gerne in esoterischen Diskussionsgruppen herumlungern. Nicht selten sind sie sogar die Administratoren.

Zurück zur Neuen Homöopathie. Woanders fragt jemand: »Gibt es Symbole gegen Tinnitus und Bluthochdruck?« Antwort: »In der praxisorientierten Neuen Homöopathie können auf der Stirn Striche gemalt werden. Jedoch niemals im Haarwuchsbereich!« Klar, sonst färbt sich die Haut blau und die Augäpfel platzen. Also Vorsicht, bitte. Und: »Bei Blutdruck-Problemen hat sich der Kreispunkt in der Mitte der Armbeuge auf beiden Armen bewährt. Es ist ein selbstregulierendes Zeichen und kann nicht überdosiert werden. Es ist sowohl bei Bluthochdruck als auch bei niedrigem Blutdruck einsetzbar.« Ärzte hassen diesen Trick.

Doch auch für ganz banale Dinge hat die Neue Homöopathie eine Lösung. »Gibt es eigentlich ein Körbler-Zeichen, das das Abnehmen unterstützt?« Was für eine Frage! »Versuche es mal damit: Schreib Gewichtsregulierung auf einen Zettel und male ein Y darüber. Damit kannst du dann dein Wasser informieren. Am besten ein Glas mit Wasser für ein paar Minuten darauf abstellen und trinken. Das machst du dann täglich.« Schon wieder nur Wasser. Ruft mich an, wenn der Zauber auch mit Gin klappt.

Der Glaube an eine wie auch immer definierte Kraft oder Wirkung von magischen Symbolen beschränkt sich nicht nur auf die sogenannte Neue Homöopathie. Prinzipiell ist natürlich alles der gleiche Quark, aber einige Protagonisten in dieser esoterischen Horrorkomödie möchten gerne mit etwas mehr Individualität glänzen. So gibt es etliche Heilpraktiker:innen und Geistheiler:innen, die ihren Superzeichen ausgefallene Namen geben wie Seelencodes, atlantische Zeichen, Meisterzeichen, Weltformeln, programmierte Energiesymbole, Körpersymbole oder lemurische Heilzeichen. Letztere werden von einer »geistigen Heilerin« und Reiki-Lehrerin angeboten. Auf ihrer Internetseite, wo sie unter anderem pflanzliche Seelenverbindungen anbietet – eine Methode, die es ermöglichen soll, mit der Seele einer Pflanze in Kontakt zu treten, um so beispielsweise zu lernen, wie man »die lichte, feinstoffliche Heilenergie der Hortensie wohltuend« einsetzen kann –, werden auch besagte lemurische Heilzeichen vertrieben, die als »Lichtwerkzeuge der Neuen Zeit« angepriesen werden. Das Beste daran: »Als hochfrequente Signaturen wirken sie wie Lichtlaser in deinem Energiefeld. Sie tragen ihre hohe Schwingung dauerhaft und lassen in der Wirkung nicht nach.« Jackpot. Etwa 80 Zeichen für alle Lebenslagen kann man dort einzeln erwerben. Kostenpunkt: 35 Euro pro Zeichen.

Die Fantasie, die hinter dieser Dienstleistung steckt, muss ich jetzt endlich auch mal loben. Angehende Fantasyautor:innen finden hier eine schier unerschöpfliche Inspirationsquelle. Das Symbol namens »Heilung Avalon« hat beispielsweise folgende Eigenschaft: »Mit diesem Lemurischen Heilbild erwirbst du ein nachhaltiges, hochschwingendes Werkzeug zur energetischen Heilarbeit bezüglich deiner spirituellen Wurzeln auf Avalon, dem heiligen Hort der Frauen, Heilerinnen und Priesterinnen! Du kannst damit hinderliche Altlasten lösen und dich mit altem

Wissen rückverbinden.« Wow. Sicher, dass 35 Euro für so ein spektakuläres Artefakt nicht zu wenig sind?

Bewegt man sich eine Weile durch diese psychedelische Scheinwelt, meint man irgendwann, eine Zeitreise ins Mittelalter gemacht zu haben, wo wissenschaftliche Fakten, physikalische Gesetze und medizinische Errungenschaften nicht nur verpönt, sondern regelrecht verteufelt werden. Zum Glück gibt es in dieser bizarren Harry-Potter-Version der Realität keine Hexenverbrennungen.

Ein weiteres faszinierendes Feld innerhalb der esoterischen Heilerszene ist die sogenannte Radiästhesie, die oft mit der Geomantie Hand in Hand geht. Radiästhesie bezeichnet das Konzept einer gewissen »Fühligkeit« für natürliche »Störzonen« wie Wasseradern oder allerlei kosmische (und komische) Strahlen, die einen Einfluss auf das Wohlbefinden haben sollen. Zum Nachweis werden bei dieser pseudowissenschaftlichen Methode hauptsächlich das Pendel und die sogenannte Wünschelrute eingesetzt. Diese dienen im Falle einer »Behandlung« auch als Diagnoseinstrumente: Allergien, körperliche Beschwerden, unerklärliche Schmerzen und überhaupt Krankheiten jeder Art lassen sich angeblich mit ihrer Hilfe zuverlässig erkennen, deuten und therapieren – oft unter Hinzunahme anderer esoterischer Pseudowissenschaften (zum Beispiel die bereits beschriebene Neue Homöopathie).

In diesem Zusammenhang fielen mir bei meinen Streifzügen durch glitzerndes Esoterikgelände besonders die Pendel-Kasper auf. Es gibt so viele verschiedene magische Pendel da draußen, dass es einem schwindelig wird – vor lauter Fassungslosigkeit, angesichts dieser weit verbreiteten Flunkermedizin. Denn natürlich sind Pendel nicht nur was für spirituelle Hobby-Esoteriker:innen, sondern stellen insbesondere für viele Heilpraktiker:innen ein bewährtes Arbeitsgerät dar.

Da hätten wir zum Beispiel eine Praxis, die in ihrem Shop ein

»Pendel der Erzengel« für 230 Euro anbietet, womit man den »persönlichen Engelsführer« anrufen kann, damit dieser hilft, die »Lebens- oder Gesundheitsdilemmata« zu lösen. Was auch immer das im Detail bedeuten mag. Oder das etwas günstigere »Atlantis-Schutz-Amulett«, mit dessen Hilfe man einen mentalen Befehl erteilen kann, um eine Schutzzone gegen unvorhergesehene Ereignisse aufzubauen. Toll. Noch allgemeiner konnte man das nicht ausführen? Es geht aber natürlich auch konkreter. Ein Heilpendel, das mit Globuli gefüllt ist, die mit den Schwingungen diverser Kräuter informiert sind, dient der Behandlung von »Viren, Pilzen und Parasiten, Herpes und Gürtelrose«. Als todschick erweist sich auch das »Allergie-Pendel«. Dieses »wirkt unterstützend und blutreinigend bei Lebensmittel- und Kontakt-Allergien sowie verschiedenen Hautkrankheiten«. Funktioniert ganz einfach: »Bringen Sie das Pendel in Bewegung und stellen Sie die Frage, ob die Person die vom Pendel ausgehende Energie benötigt. Wenn die Antwort JA ist, geben Sie dem Pendel die mentale Anweisung: ›Sende so viel Energie der Mittel, wie für eine Heilung erforderlich ist‹ – verbunden mit der Konvention, dass das Pendel solange kreisen wird, bis der Körper ausreichend mit den Schwingungen versorgt ist. Das Pendel kann je nach Bedarf auch mehrmals am Tag angewandt werden. Nach jeder Behandlung ist das Pendel durch leichtes Klopfen zu entladen.« Diesen Schmu kann übrigens jeder lernen. Wenn man nach der Heilpraktikerin geht, die diese Pendel vertreibt, lautet das Grundprinzip eines jeden Pendels wie folgt: »Setze dich bequem hin und schlage nicht die Beine übereinander. Um Dich selbst mit dem Pendel zu behandeln, nimm das Pendel in die rechte Hand und halte es vor Deinen Solarplexus. Halte die linke Hand darunter, so als wolltest Du die Energie der Pendelspitze in die linke Hand fließen lassen. Danach gibst Du dem Pendel den Auftrag, den Du erreichen möchtest, z. B. heile die Ursache meiner Kopfschmerzen, oder heile die Beziehung zwischen mir und xy, oder heile die Ursache der Krankheit xy. Danach gibst Du Deinem Pendel einen Impuls nach vorne und beobachtest, wohin es drehen möchte. Dreht es links herum, nimmt es eine krankhafte Energie, oder Schmerzen aus dem Energiefeld. Dreht es rechts, gibt es heilende Energie ins Energiefeld. Macht es eine ausgeglichene Bewegung (rechts/links, oben/unten, diagonal) dann ist es mit dem Auftrag fertig.« Es wird allerdings empfohlen, ein Pendelseminar zu buchen, damit man die Feinheiten dieser bahnbrechenden Technik besser versteht. Teilnahmegebühr: Wieder einmal ein paar Hundert Euro, je nach Kursinhalt.

Viel interessanter als die Angebote dieser Heilpraxis sind jedoch die Diskussionen in den dazugehörigen Social-Media-Kanälen, die die Heilpraktikerin selbst verwaltet und moderiert. Dort werden Tipps und Tricks für die Arbeit mit den verschiedenen Pendeln ausgetauscht, aber auch fragwürdige Gesundheitsratschläge gegeben und skurrile Erfahrungsberichte ausgebreitet. Typische Frage: »Hallo, hat hier jemand Erfahrung mit der Behandlung von Borreliose? Welche Pendel, welche Aufträge oder Behandlung aus der Ferne. Wäre ganz toll, von euch zu hören. Habe jemanden, dem es nicht so gut geht damit.« Tolle Frage, Susi, und natürlich am richtigen Ort gestellt. »Hallo, ich habe Borreliose bei meiner Freundin behandelt. Habe das mit dem Hathor-Pendel gemacht und folgenden Auftrag gegeben: Eliminiere und entferne die Borrelien aus allen Regel- und Funktionskreisen, auf grobstofflicher und feinstofflicher Ebene durch alle Inkarnationen und Dimensionen sowie alle Informationen, die dadurch im Zellgedächtnis abgespeichert sind. Liebe Grüße!« Ist natürlich nicht die einzige Möglichkeit, Borreliose zu verschleppen. Das geht auch mit anderen Pendeln: »Ich entgifte und leite alle krankmachenden Gifte, Bakterien, Viren mit der Energiespirale aus. Dieses Pendel ist bei mir jeden Tag in Gebrauch, auch zum Ausleiten von Parasiten und Würmern.« Okay. Das war dann doch etwas zu viel Information. Glücklicherweise meldete sich auch noch eine richtige Expertin zu Wort: »Also im Seminar lernt man das so: Im Zuge eines Gesamtbefehls für das Auge-Des-Ra-Pendels gibt man den Auftrag: ›Entferne bitte sämtliche Viren, Pilze, Parasiten, schädliche Bakterien, Chlamydien, Borrelien, HI-Viren und Krebszellen!‹ Danach im Solarplexus verankern. Das Auge-Des Ra hat eine starke Grün-Minus-Strahlung, darf daher nur maximal 20 Minuten am Stück verwendet werden!« Sonst lässt es Ihre Nieren explodieren! Oder so was in der Art.

Die erwähnte Energiespirale hat sich im Nachhinein übrigens als besonders interessant herausgestellt. Wenn man sich auf der Internetseite dieser erlesenen Heilpraxis durch ein paar Links und PDF-Dokumente klickt, findet man heraus, dass besagtes Pendel in Zusammenarbeit mit einer Geistheilerin entstanden ist. Diese Geistheilerin wiederum zeichnet sich, ganz typisch für solche esoterischen Beutelschneider, durch allerlei erfundene, pseudomedizinische Angebote aus: Miracle-Frequency (astrale Ausrichtung-Selbstermächtigung), Divine Love God Code (Liebeslicht des Ur-Codes deines göttlichen Selbst), Grace Integrity (Empfange dein kosmisches Erbrecht! Befreie und empfange deine Wahrheit!), Harvest Moon (Verjüngungszeremonie) und viele weitere Bauernfängereien, wie etwa energetische Hausharmonisierung oder die Befreiung von Geistern und anderen übernatürlichen Wesen, für Hunderte bis Tausende von Euros. Dem Pendel, das nun Energiespirale genannt wird, weil es tatsächlich aussieht wie eine spitze Kupferspirale, wurden demzufolge ähnlich fantasievolle Attribute angedichtet. Diesbezüglich scheinen Geistheiler:innen den Heilpraktiker:innen irgendwie überlegen zu sein: »Diese goldene Energiespirale oder auch der Göttinnenvortex ist die ultimative Technologie der Lichtkräfte. Sie ist eine Regenbogen-Spirale von Energien, die außer den Regenbogenfarben jegliches Licht umfasst. Ihr Grundstrahl ist Gold. Ein engelhaftes Wesen, das alle Finsternis in reines Licht verwand, durch ein Acht-dimensionales Sternentor. Das Pendel wird in der Aura und im Körper negative Spiralen finden. Diese dreht/radiert es dann aus.« Wir lernen daraufhin, dass besagte negative Spiralen überall um uns herum schwirren und sich bei Gelegenheit »wie Bohrer in die Aura eindrehen und auch wieder ausdrehen. Je nach Stärke hat man dann entsprechende Schmerzen und/oder auch psychische Disharmonien. Achtung: In diesen Spiralen sind sehr negative Informationen! Diese können schwarzmagischer Natur, Fluch oder Bann sein und durch Gelübde, Blut oder sonst wie gebunden sein. Sie können Außerirdischen Ursprungs sein und auch von der Person selbst genährt werden (z. B. durch negativen Lebenswandel und Ausdrucksweise).« Na, glücklicherweise haben wir jetzt dieses Wunderpendel. Die Menschheit ist gerettet. »Das Pendel ist eines der Geschenke, das der Kosmos nun bereithält, damit neue Lichter entstehen! Die Wiederherstellung könnte sogar bedeuten, dass Organe nachwachsen!« Kein Scherz. Das steht da wirklich so. Genau wie diese erfreuliche Anmerkung: »Durch Verbindung mit der Schwingung des Pendels, bekam ich den Hinweis, dass es auch zum Eliminieren von außerirdischen Parasiten, wie zum Beispiel Morgellons, eingesetzt werden kann!« Danke. Endlich ist die Brücke zum Verschwörungsmilieu gebaut.

Schauen wir uns zum Schluss noch ein paar Erfahrungen aus dem Alltag pendelschwingender Aluhütchen an: »Frage: Mein Sohn hat gerade Prüfungen und dreht am Rad. Ich habe seine Wohnung und FH ausgependelt, das Pendel dreht sich erst langsam dann wie verrückt. Soll ich das Pendel solange laufen lassen, bis es sich beruhigt oder stillsteht oder ist es schlecht, dass es erst langsam dreht und dann sehr schnell. Wie soll ich das deuten?« Hm, sicher, dass der Sohn wegen den Prüfungen am Rad dreht, und nicht, weil seine Mutti mit einem Pendel übers FH-Gelände stolpert? Egal, es gibt für das Problem nämlich eine tolle Lösung: »Da müsste man mehr über die Pendelaufträge wissen. Aber du kannst ihm schneller helfen, wenn du das Wissen, was er braucht, in sein Energiefeld einpendeln und dann solange rechts drehen lässt, bis es eine ausgleichende Bewegung macht. Oder gib ihm eine Wissenskugel: Du stellst dir eine goldene Kugel über sein Kronenchakra vor, in diese Kugel packst du das Wissen, was er braucht. Dann lässt du diese Kugel langsam durch die Chakren in seinen Körper bis zum Solarplexus gleiten und erstrahlen. Beides funktioniert.« Ach, kommt schon, Leute!

Während man hier vielleicht noch schmunzelnd mit dem Kopf schüttelt, ist ein weiteres Anwendungsgebiet solcher Pendel überhaupt nicht amüsant. Ähnlich wie bei allen esoterischen Pseudowissenschaften, bei denen es um unsichtbare Energien und Schwingungen geht, die man wie auch immer in die gewünschten Bahnen lenken kann, haben natürlich auch Pendel die Fähigkeit, »negative Frequenzen« zu entstören oder Informationen zu übertragen. So kann man selbstverständlich auch mit diversen Pendeln böse 5G-Todesstrahlen neutralisieren und – jetzt kommt's – die positiven Informationen von Medikamenten ins Energiefeld transferieren. Mit anderen Worten: »Da ich sehr viele Allergien habe und manchmal etliche Medikamente nehmen muss, gebe ich meinem Pendel den Auftrag, sie für mich verträglich zu machen und die Nebenwirkungen zu entstören. Einige Medikamente, die zu stark sind, nehme ich lieber gar nicht ein und schwinge mir nur ihre Informationen ein. Das klappt aber nicht bei allen, das muss man vorher austesten.« Okay. Was ist mit »austesten« denn gemeint? Ob man ohne die Einnahme der Medikamente den Tag übersteht? Großartig ist auch folgende Situation: »Hallo, ich habe eine dringende Frage an euch. Seit dieser Nacht um 3 Uhr ist mein linker Zeigefinger taub. Gibt es einen speziellen Auftrag, den ich pendeln kann oder sollte ich am besten die komplette Wirbelsäule nach Blockaden pendeln? Über einen Rat wäre ich sehr dankbar!« Was würden Sie denn auf so eine Frage antworten? Wahrscheinlich nicht das: »Also ein Pendelbefehl zur Rückgängigmachung wäre vielleicht einen Versuch wert. ›Bitte mache die Ursache der Taubheit rückgängig.‹ Oder: ›Stelle bei meiner Hand den Zustand von gestern Abend wieder her.‹ Wenn das nicht klappt, könnte es am Nervensystem liegen, also dass etwas eingeklemmt ist oder so. Dann würde ich es mit dem Pendelauftrag versuchen: ›Bitte entferne sämtliche Blockaden aus meinem Nervensystem, alle Nervenbahnen sollen frei sein, bitte flute das Nervensystem mit goldenem Licht.‹« Keine weiteren Fragen, Euer Ehren!

Diese Art der »Informationsübertragung« zieht sich im Grunde durch das gesamte pseudomedizinische Spektrum. Eine »energetische« Wirkung auf »feinstofflicher Ebene« ist mehr oder weniger das, was alle wirren Pseudowissenschaften gemeinsam haben. Ob dafür Zauber-Symbole, die auf die Haut gemalt werden, zum Einsatz kommen oder Pendel, Ruten, Kristalle, Engel-Karten oder Zuckerkügelchen: Das Prinzip ist immer ähnlich. Mal stecken hinter den Energien göttliche Wesenheiten, Gott selbst, Engel, manchmal auch heidnische Götter oder sogar mystische Geschöpfe wie Einhörner, Feen und Drachen sowie legendäre Personen wie Merlin. Der Fantasie sind in dieser Szene keine Grenzen gesetzt. Das Ganze muss nur irgendwie fabulös beschrieben und erklärt werden, einen ausgefallenen Namen haben und im Idealfall auf etablierte Schwurbelmethoden Bezug nehmen, damit alle Interessierten direkt eine ungefähre Vorstellung vom Spuk haben.

Sehr beliebt ist es auch, esoterische Begriffe mit naturwissenschaftlichen oder technischen Ausdrücken zu vermischen, um ihnen dadurch einen »seriösen« Anstrich zu verpassen. Dunkelfeldmikroskopie. Biokybernetik. Frequenztomografie. Holographic Healing. Quantenheilung. Quantentherapie. Quanten-Irgendwas. Hauptsache Quanten. Elektro-Homöopathie. Wobei Elektrizität auch nicht mehr das ist, was sie einmal war: »Elektrikstrom wird uns vorgegaukelt, man kann den Strom nicht in Kabeln bündeln. Strom ist Masse. Materie. Durch den Elektrostrom haben sie unsere Energie überdeckt. In Gewahrsam genommen. Mechanischer, also natürlicher Strom ist ne Wassermühle am fließenden Bach, ne Stange ins Mittelloch, dann ne Töpferscheibe oben drauf, usw. Mehr echten Strom haben wir hier auf der Erde nicht. Elektronikstrom liegt in den Händen der bösen Mächte im Weltall, und durch wissenschaftliche Geschichten und Ausgrenzung des natürlichen Stroms haben die uns das alles aufgezwungen, den Menschen ne Verblödungskappe aufgesetzt.« An dieser Stelle grüße ich einfach mal alle Elektriker:innen.

Aurachirurgie ist auch so ein begriffliches Kuddelmuddel. Oder Matrix-Transformation. Beliebt ist es auch, wissenschaftlichen Begriffen eine völlig andere Bedeutung zu geben. In etlichen Diskussionsgruppen führen Esoteriker:innen beispielsweise seitenlange Unterhaltungen über die Wirkung einer mystischen Energie, die weder mystisch ist noch irgendeine Wirkung hat. Die Rede ist von der Schumann-Resonanz. Das klingt dann ungefähr so: »Die Schumann-Resonanz stieg heute auf ungewöhnliche Höhen! Passiert jetzt heimlich eine Verschiebung der Magnetpole? Wir wissen, dass die Schumann-Resonanz vom menschlichen Bewusstsein beeinflusst werden kann, also können wir diesen außergewöhnlichen Anstieg auf die negativen Entwicklungen in der Welt zurückführen. Daher kommt bestimmt auch der Druck auf Ohren und Kopf.« Oh, glaub mir, der Druck hat einen ganz anderen Hintergrund. Das ist einfach die schmerzhafte Leere in deinem Oberstübchen. Oder nicht? »Ja, das habe ich heute auch gespürt. Mir ist fast schlecht geworden. Kopfschmerzen und Ohrendruck.« Na dann. »Kenne ich. Man kesselt uns mit 5G-Antennen ein, machen uns damit krank, damit wir doch noch irgendwann um ihre Impfungen betteln, aber die übersehen, dass die mit ihren Mikrowellenstrahlen so übertreiben, dass sie die Erde kaputt machen. Die Polverschiebung wird ALLE hart treffen.« Zur Erklärung: Die Schumann-

Resonanz oder besser Schumann-Strahlung ist eine schwache elektromagnetische Strahlung, die überall vorkommt und einen natürlichen Ursprung hat: Blitze. Weltweit finden permanent irgendwo Gewitter statt, die elektromagnetische Wellen abgeben. Der Frequenzbereich, in dem diese Strahlung nachgewiesen werden kann, ist absolut gering. In der Esoterikszene wird allerdings behauptet, die Schumann-Strahlung hätte einen unmittelbaren Einfluss auf das menschliche Befinden, was schon aufgrund der geringen Intensität nicht nachvollziehbar ist. Allein das Erdmagnetfeld erzeugt im menschlichen Körper bereits Felder in einem Hertz-Bereich, deren Stärke die der Schumann-Strahlung weit übertrifft. Wobei die Aluhüte im Zuge dieser Erklärung sofort die Wünschelrute auspacken und auf die gemeinen Erdstrahlen deuten. So haben rationale Diskussionen absolut keine Chance.

Ein weiterer Bereich, der sich unter Esoteriker:innen größter Beliebtheit erfreut, ist Reiki. Das ist eine Methode, bei der durch Handauflegen irgendwelche undefinierbaren »Energien« geströmt werden, die angeblich die körpereigenen Heilkräfte aktivieren und den Geist beziehungsweise die Beziehung zwischen Körper und Seele stabilisieren sollen. Klingt eigentlich ganz nett, oder? Was aber wie eine fesche esoterische Entspannungstechnik klingt, entpuppt sich bei genauerem Hinsehen als eine völlig realitätsferne Pseudomedizin. Mit Reiki sei es nämlich auch möglich, Gifte aus dem Körper zu entfernen beziehungsweise sie zu eliminieren. Darüber hinaus könnten auch Krankheiten und Verletzungen damit kuriert werden. Und ja, das Ganze wirkt natürlich auch bei Tieren. Und Pflanzen. Der Glaube an diese verschwurbelte »alternative Heilkunde« wird dadurch verstärkt, dass man sich innerhalb der Szene mit diversen Erfahrungsstufen eine Art Pseudokompetenz verleiht. Als wäre man in einem Fantasy-Rollenspiel. Für keine der Behauptungen, die Anwender über Reiki aufstellen, wurde übrigens je ein Beweis erbracht. Nach außen hin wird Reiki selbstverständlich nie als vollständige Alternative zur Medizin präsentiert. Wie bei allen pseudomedizinischen Zaubertherapien spricht man auch hier von »unterstützend«, »ergänzend« oder »begleitend«. Dummerweise meinen nicht wenige Anwender:innen dennoch, Reiki wäre bei (schmerzhaften) Beschwerden die eindeutig bessere Wahl. Dann findet man in entsprechenden Foren auch solche Aussagen: »Mein Mann wurde letztens in die Wade gestochen. Daraus entwickelte sich ein knallhartes und heißes Ei von über 7 cm Durchmesser. Er konnte nicht mehr auftreten und hatte schlimme Schmerzen. Ich habe ihm manchmal eine Bergkristall-Scheibe aufgelegt und dann dadurch Reiki gegeben. Es hat trotzdem einen ganzen Monat gedauert, bis diese Vergiftung endlich weg war. Man sieht heute noch die Stelle, wo sie war.« Trotzdem? *Trotzdem* hat es einen ganzen Monat gedauert? Wenn der gute Mann das hier lesen sollte: Lauf. Lauf um dein Leben!

Bei dem ganzen Gerede über Placebo und »begleitende Therapien« komme ich natürlich um eine ganz bestimmte pseudomedizinische Behandlung nicht herum: Die Homöopathie. Jaaa! Ich meine: Buuuh!

Falls Sie bis jetzt noch nicht verinnerlicht haben sollten, wie Homöopathie angeblich wirkt – hier eine kurze Definition: Die Homöopathie ist ein Heilverfahren, nach dem Kranke mit Substanzen behandelt werden, die bei gesunden Patienten ähnliche Symptome hervorrufen. Die homöopathischen Mittel sind dabei umso wirkungsvoller, je stärker sie verdünnt werden, weil die Trägerstoffe (Wasser, Zucker, Alkohol) diese Verdünnung mit magischen Zaubermolekülen aus der siebten Elfendimension ausgleichen, wodurch letztendlich die Heilung eingeleitet wird.

Oder vielleicht hilft ein praktisches Beispiel: Stellen Sie sich vor, Sie werfen in Frankfurt eine Zahnbürste und einen winzigen Klecks Zahnpasta in den Main. Daraufhin fahren Sie nach Köln, schöpfen dort eine große Tasse Rheinwasser und spülen sich damit den Mund aus, in der Absicht, Ihre Zähne dadurch sauber zu bekommen. Na, werden jetzt viele Homöopathie-Befürworter sagen, mir hat die Homöopathie aber immer geholfen! Na klar. Nennt sich Placebo-Effekt. Darüber hinaus gilt auch hier: Korrelation ist nicht gleich Kausalität. Sonst könnte man auch so argumentieren: Wissen Sie, was genau so gut wirkt wie Homöopathie? Netflix. Immer wenn ich krank bin, schaue ich Serien bei Netflix und nach ein paar Tagen bin ich wieder gesund. Das ist der Beweis. Und wer heilt, hat recht. Aus diesem Grund fordere ich, dass die Krankenkassen die Kosten fürs Netflix-Abo übernehmen!

Ernsthaft: Wer eine homöopathische Behandlung befürwortet, muss im Grunde auch offen für alle anderen pseudomedizinischen Therapien sein, die weiter oben erwähnt wurden. Auf die meisten Homöopathie-Anhänger trifft das sogar zu, doch ich erwähne diesen Umstand, weil Homöopathie scheinbar auch von relativ bodenständigen Menschen akzeptiert wird, die sich sonst kaum für esoterischen Hokuspokus interessieren. Es ist paradox. Man muss allerdings sagen, dass die homöopathische Lobby (die genauso ein Teil der sonst so geschimpften Pharma-Lobby ist) gute Arbeit geleistet hat, ihren Zauberzucker als Naturheilkunde zu vermarkten, um so bei der breiten Bevölkerung die Illusion zu schaffen, Globuli und Co. wären irgendwie »natürlich«. Homöopathie, diese sanfte Medizin, wie sie gerne auch verniedlichend genannt wird, hat jedoch mit Naturheilkunde so viel zu tun, wie ein Hüpfball mit einem verkehrstauglichen Fortbewegungsmittel. Übrigens: »Globuli niemals ausschütten, in die Hand schütten oder mit den Fingern anfassen. Handschweiß, Seifen- oder Cremereste zerstören die Oberflächenspannung und können die Arzneimittel unwirksam machen. Ausgeschüttete oder überzählige Globuli nicht mit den Fingern in die Flasche zurückgeben. Aus oben genannten Gründen.« Hui. Gut zu wissen. Am besten schluckt man also immer die ganze Flasche auf einmal. Sicher ist sicher.

Bei Facebook und anderen Social-Media-Diensten kann man zudem beobachten, wohin der Glaube an Homöopathie führen kann. In einem eigens auf Homöopathie ausgerichteten »Hilfe-Forum« fragt jemand: »Hallo, ich suche etwas bei bakterieller Lungenentzündung. Kennt ihr ein gutes pflanzliches Antibiotikum? Danke.« Antwort: »Also da gibt es mehrere homöopathische Mittel. Einfach mal mit deinem Heilpraktiker besprechen. Als natürliche Antibiotika würde ich Knoblauch mit Zitrone nehmen. Auf jeden Fall würde ich richtige Antibiotika niemals nehmen. Vor allem nicht bei einer Lungenentzündung. Eine Lungenentzündung ist homöopathisch schnell und einfach zu behandeln.« Ach, ist das so, ja? Ergänzend fügte noch eine weitere Person ein: »Es gibt überhaupt keine einzige Erkrankung, bei der man Antibiotika bräuchte!«

Ernsthaft? In der Zuckerwattenrealität dieser Leute: ja. Leider. Genau wie folgende Aussage ebenfalls keine Seltenheit darstellt, sondern nur die Weltanschauung innerhalb der »alternativheilkundlichen Szene« repräsentiert: »Tetanus ist lächerlich undramatisch und homöopathisch schnell und einfach zu behandeln, genau wie Masern und andere Kinderkrankheiten, Meningitis, Sepsis. Lieber die Krankheiten bekommen als ne Impfung, die einen nur krank macht.«

Selbstverständlich, und hier wiederhole ich mich gerne, gibt es diesbezüglich auch konträre Meinungen unter Homöopathie-Fans. Doch allein die Erwähnung eines »schulmedizinischen« Arztes wird in den meisten Fällen mit harschen Zurechtweisungen und Belehrungen abgestraft: »Eine Sepsis ist absolut nichts dramatisches. Die wird hier nur homöopathisch behandelt. Genau wie Lungenentzündung, Blasenentzündung und was es sonst noch so gibt. Da braucht man keine Antibiotika. Antibiotika unterdrücken alles nur und daher kommt auch immer alles wieder. Was meinst du, warum zum Beispiel Masern, die schulmedizinisch behandelt werden, oft mit Komplikationen oder Folgeschäden einhergehen oder meistens gar nicht überlebt werden! Passiert homöopathisch behandelt alles nicht!«

Und so ist Homöopathie manchmal kein schrulliger Aberglauben mehr, sondern eine lebensgefährliche, von unwissenschaftlichen Falschinformationen zersetzte Ideologie. Oder in Reimen ausgedrückt:

Homöopathie:
ein Tropfen Fantasie
im Ozean der Illusionen.
Magie
des Nichts,
eine Galerie
aus Schlangenöl.
Alchemie
und Zauberei,
die perfekte Harmonie.
Homöopathie
heilt nie.

An anderer Stelle ein ähnliches Problem: »Hi ihr Lieben! Es geht um eine Streptokokken-Infektion, die nicht weggeht. Die Globuli Streptococcinum Vir. D12 schlagen leider null an. Was könnte ich noch machen? Das dreht sich schon wochenlang im Kreis!« Die bahnbrechende Antwort dazu: »Man behandelt das doch nicht in D12. Das bringt absolut gar nix. Wenn, dann in C30. Dazu kommt es darauf an, wie die Symptome sind. Sprich das unbedingt mit einem Heilpraktiker ab.« Zum Verständnis: Bei einer D12-Potenz wurde die ursprüngliche Substanz zwölfmal immer wieder im Verhältnis 1:10 verdünnt. Bildlich gesprochen heißt das, man hat einen Tropfen im Bodensee verschwinden lassen. Eine C-Potenz entspricht einer Verdünnung von 1:100. C2 entspricht somit 1:100 hoch zwei, der Wirkstoff ist also im Verhältnis 1:10.000 verdünnt. C3 heißt übersetzt 1:100 hoch drei, und so weiter. Sie können gerne selbst ausrechnen, wie viel vom Ausgangsprodukt sich in C30-Globuli noch befindet. Der eigentliche Witz dabei ist jedoch, dass ein nicht mehr nachweisbares Arzneimittel überhaupt kein Argument ist, wenn Homöopathie-Fans ihr esoterisches Voodoo verteidigen. Homöopathie wirkt nämlich, weil das Wasser sich an die Informationen des ursprünglichen Stoffes, mit dem es »verschüttelt« wurde, angeblich erinnert und weitergibt.

Meine Damen und Herren, es war einmal, vor langer, langer Zeit, in einem von der Wissenschaft weit entfernten Land: Das Wassergedächtnis. Ein Gedächtnis, das außergewöhnlich selektiv ist, wie man festhalten muss. Immerhin erinnert sich homöopathisch verzaubertes Wasser ausschließlich an den einen Stoff, von dem sich die Homöopath:innen eine Wirkung erhoffen. Alles andere vergisst das Wasser praktischerweise. Wie es mal als Regen auf und durch eine Mülldeponie in die Erde sickerte, beispielsweise. Oder das Leben als Eiszapfen am Hinterteilfell eines Mammuts. Oder damals, als Herr Müller in den See gepinkelt hat. Und auch die illegal im Fluss entsorgten Autobatterien sind natürlich ebenso vergessen wie jede Wasserleiche der Geschichte. Nur das entscheidende und so wichtige Belladonna-Molekül bleibt so unvergesslich, als wäre es die erste große Liebe. Na klar. Das alles ist jedoch nur möglich, wenn man sich an die magischen Rituale hält, die sich Samuel Hahnemann, der Vater der Homöopathie, seinerzeit ausgedacht hat.

PS: Nach einem ähnlich magischen Prinzip »wirken« auch die berüchtigten Schüssler-Salze. Am einfachsten können Sie diese beiden als Medizin getarnten Zaubertricks so unterscheiden: Homöopathische Globuli machen sich gut als Luxus-Streusel auf Kuchen und Torten, während man mit Schüssler-Salzen toll Suppen würzen kann. Sie dürfen aber auch ruhig alles in einen blubbernden Hexenkessel werfen und Bibi Blocksberg zitieren: Eenemeene, faule Traube, Wirkstoff null, viel Aberglaube, hex-hex!

Auf dieser Grundlage bietet das Feld der Homöopathie unendliche, ungeahnte Möglichkeiten, die noch viel, viel weiter weg von dem überteuerten Zuckerwasser sind, das man in schwurbelverseuchten Apotheken kaufen kann.

Wie wäre es zum Beispiel mit Atlantis-Globuli? Diese Zuckerkügelchen »sind mit sehr feinen Energien der Priesterschaft von Atlantis angereichert. Zu den jeweiligen Lichtenergien sind verschiedene Kristalle zugeordnet, die die Wirkung der Globuli verstärken. Daher können sie als Begleiter gewählt werden. Es ist ein gechannelter Prozess. Die Anreicherung der Atlantis-Globuli mit den Energien erfolgt durch eine direkte Verbindung mit der Priesterschaft von Atlantis, die in einem komplexen Vorgang durch die hellen Lichtwege und heilenden Lichtsäulen verläuft.« Halleluja! Geht's vielleicht noch esoterischer? »Über die zwölf Strahlen der Atlantis-Flamme und des Atlantis-Lichtes werden die Globuli energetisch und mit atlantischen Essenzen angereichert. In Eurer Zeitrechnung geschieht die Energetisierung in 12 Tagen.« Wieso frage ich überhaupt noch? »Im Allgemeinen kannst Du die Einnahme der Atlantis-Globuli mit Kristallen unterstützen. Kristalle sind die mächtigsten Laufwerke des Sonnenlichts und des Sternenlichts, sie akkumulieren die Energie der Erde, ihre Strahlen brennen selbst durch die dicksten Mauern. Es ist möglich, durch die atlantischen Kristalle und Halbedelsteine die Entwicklung der psychischen und paranormalen Fähigkeiten ergänzend zu unterstützen.« Ja, ist gut. Ich hab's verstanden. Die Art und Weise, wie hier Halluzinationen monetarisiert werden sollen, ist tatsächlich keine Seltenheit. Wenn man schon jede beliebige »Information« auf andere Dinge übertragen kann, dann nehmen Esoteriker:innern das sehr wörtlich. Und wo das rationale Denken bereits in den gewaltigen Riss im Plätzchen abgestürzt ist, da dürfen verschwörungstheoretische Elemente natürlich nicht fehlen.

Daher überraschen auch die nachfolgenden »infopathischen Alien-Black-Goo-Globuli« nicht. Was wie ein skurriler Axte-X-

Fanartikel klingt, soll in Wahrheit »helfen die Wiederanbindung an unser planetares Kollektivbewusstsein zu finden und somit wieder voll empathiefähig zu werden – was letztendlich die Rückkehr ins Paradies bedeutet«. Denn »die Signatur des Alien-Black-Goo als Essenz des Bösen hilft, die eigene gelebte Dunkelheit in sich zu fühlen und somit in Heilung zu bringen.« Moment. Essenz des Bösen? Von welchen Informationen sprechen wir hier denn, bitte? Was genau ist dieses Black Goo? »Black Goo ist ein Mineralöl mit metallischen Nanostrukturen, das eine bisher unbekannte Form des Magnetismus aufweist. Es entsteht auf allen Planeten mit Biosphären und trägt ein biophotonen-basiertes planetares Kollektivgedächtnis.« Also doch Akte X. Fans werden sich an das schwarze Öl erinnern, das in der kultigen Mystery-Serie eine zentrale Rolle spielte? Scully. Mulder. Wo seid ihr, wenn man euch braucht? Die Hintergründe dieses Black Goo werden im weiteren Erklärungsverlauf ziemlich konkret: »Vor 16.000 Jahren traf ein Schwarm von Meteoriten die Erde, die aus einem Ölschiefer mit außerirdischem Black Goo bestanden. Dieses Goo trug die Signatur eines von Reptilien besiedelten Planeten. Es resoniert ausschliesslich mit dem zweiten, dritten und sechsten Chakra (Sexualität, Lebensenergie und Verstand) und inspiriert zu Aggression, Empathiefreiheit und sexueller Gewalt. Durch das Eintreffen dieses Goo auf der Erde entstand die Dualität. Stücke dieses Ölschiefers waren seitdem der Dreh- und Angelpunkt aller schwarzmagischen Riten. 2015 wurde das holographische Bewusstseinsfeld dieses fremden Black Goos an das Feld der Erde angeschlossen. Nun gilt es die Auswirkungen der gelebten Dunkelheit in den Menschen zu heilen.« Ach so.

Das Beste in Verbindung mit diesen Globuli kommt aber noch. Denn angeblich war der schwarze Alien-Schleim auch Teil der NS-Biowaffenforschung, wo er als »magische Komponente« für allerlei Experimente diente. Natürlich. Das ergab laut den Herstellern eine sogenannte radionische Testung. Das haben die sich also nicht einfach so ausgedacht, als sie Absinth um die Wette tranken, während im Hintergrund der Film »Hellboy« lief. Radionik ist nebenbei gemerkt ein weiteres pseudomedizinisches Verfahren, das auf nicht messbaren Energien beruht. Wird manchmal auch elektronische Homöopathie genannt, da entsprechende Heilpraktiker:innen diverse elektronische Geräte verwenden, die an und für sich überhaupt keine andere Funktion haben, als hübsch und kompliziert auszusehen. Wie dem auch sei. Mithilfe dieser schwarzen Alien-Soße lassen sich übrigens auch die gefürchteten Morgellons effektiv bekämpfen.

Überhaupt scheinen diese Schwurbelwürmer in vielen Fällen ein Bindeglied zwischen esoterischen Weltbildern und den dümmlichsten Verschwörungsfantasien darzustellen – wobei das eine das andere natürlich nicht ausschließt und fließende Übergänge durchaus an der Tagesordnung sind. So traf ich beispielsweise auf ein Unternehmen, bei dem sich vordergründig alles um den Einsatz von Mikroorganismen dreht – bei Menschen, Tieren, im Garten und in der Landwirtschaft. Wenn man sich durch die Internetpräsenz klickt, stolpert man immer wieder über Begriffe wie Natur, Naturschutz, Gesundheit, Klima, Klimarettung sowie Bio, Bio und nochmals Bio. Wer hier landet, soll sofort wissen, hier sind naturverbundene Ökos am Werk, die eine positive Lebensweise propagieren. Ja, sie sind durchaus esoterisch angehaucht, wie man ziemlich schnell merkt, aber hey, leben und leben lassen. Nun, ein paar Klicks weiter stößt man nicht nur auf überteuerte Nahrungsergänzungsmittel (zum Beispiel Vitamin-C-Kapseln zum Kilopreis von knapp 360 Euro), sondern auch auf »infopathische Tropfen« gegen Morgellons und giftige Nanopartikel. Das Ganze ist eine Salz-Wasser-Lösung mit spezieller »Informationsrezeptur zur Transformation und Neutralisierung von Morgellons«. 20 Milliliter für nur 36 Euro. Und es gibt noch mehr magische Tropfen im Angebot, beispielsweise um »Impfschäden auszugleichen« oder »Radioaktivität auszuleiten«.

Da ist es wieder, dieses leidige Wörtchen, das sich zusammen mit »entgiften« durch die gesamte Esoterikszene zieht und längst zu einem charakteristischen Klischee verkommen ist. Und wenn wir schon bei Klischees sind: Es ist Ihnen vielleicht schon aufgefallen, wie oft sich in der Esoterik alles um irgendwelche Schwingungen, Resonanzen, Energien und Frequenzen dreht, die man mit bestimmten Fähigkeiten oder Hilfsmitteln beeinflussen kann. Darüber hinaus geht es immer wieder um das Licht als Symbol für das Gute beziehungsweise Göttliche, um Lichtkrieger, die gegen Dunkelwesen »kämpfen« sowie um Heilung beziehungsweise Selbstheilungskräfte, die ebenfalls durch spezielle Kenntnisse und Begabungen angeregt werden können.

Diesbezüglich habe ich viel auf Heilpraktiker:innen herumgehackt, die im Gegensatz zu den sogenannten Geistheiler:innen allerdings fast harmlos – oder sagen wir lieber: weniger gefährlich – wirken. Leider sind die Übergänge sehr fließend. Der einzige richtige Unterschied ist, dass Geist- beziehungsweise Wunderheiler:innen keine Erlaubnis nach dem Heilpraktikergesetz benötigen. Das ändert jedoch nichts daran, dass beide Berufsgruppen manchmal die gleichen pseudomedizinischen Behandlungen anbieten, sodass man sie als Laie eigentlich überhaupt nicht mehr auseinanderhalten kann. Oder muss. Denn, seien wir mal ehrlich: Wo ist der Unterschied zwischen einer Heilpraktikerin und einem Geistheiler, wenn mir beide anbieten, mich mit den Heilzahlen von Grigori Grabovoi kurieren zu können? Heilpraxis, Heilzentrum, Lichtakademie, Kristallhaus – alles Umschreibungen für Orte, die in der Regel bloß esoterische Fantasiebehandlungen beherbergen. Bei Heilpraktiker:innen besteht aber zumindest die winzige Chance, in einigermaßen gute Hände zu kommen, wenn man sich die Zeit nimmt, über die angebotenen Therapien und Qualifikationen nachzuforschen und sich nicht von irgendwelchen Fortbildungskursen bei angeblich »renommierten« Experten blenden lässt.

Zwei dieser Experten möchte ich nicht unerwähnt lassen. Ein Name, mit dem sich Heilpraktiker:innen gerne schmücken, ist Ravi Roy. Der Homöopath ist als radikaler Impfgegner in Erscheinung getreten und hat zusammen mit seiner Frau Carola (die ihrerseits die Chakrablütenessenzen »entdeckte« und in Deutschland erfolgreich vermarktete) ein paar äußerst fragwürdige Bücher geschrieben, mit Titeln wie: »Lungenentzündung homöopathisch behandeln«, »Krebs – die homöopathische Behandlung« oder »Biowaffen und Homöopathie – Schutz und Behandlung von Milzbrand, Pocken, Cholera, Pest, Botulismus, Ebola«. Ein weiterer Schwurbel-Experte, auf den sich Heilpraktiker:innen manchmal beziehen, ist Dietrich Klinghardt. Der Arzt und rege Erfinder zahlreicher pseudomedizinischer Verfahren ist einer der bekanntesten Namen in der esoterischen Aluhutszene. Er ist ein selbst erklärter Feind der »Pharma-Diktatur« und Befürworter gesundheitsgefährdender Wundermittel wie MMS (dazu weiter unten mehr). Des Weiteren bezieht er sich bei seinen esoterischen Therapien auf die wissenschaftsfeindlichen Lehren der Germanischen Heilkunde. Er ist zudem Anhänger der Chemtrailverschwörung und Vollblut-Impfgegner, der keine Gelegenheit auslässt, um die absurdesten Impfgegnermythen zu verbreiten. Klinghardt, der sich gerne »Vordenker der modernen Medizin« nennt, ist auch Inhaber des »Instituts für Neurobiologie nach Dr. Klinghardt GmbH« in Stuttgart. Über diese Firma bietet er Lehrgänge für Heilpraktiker:innen an, die verschiedene pseudomedizinische Fantasiezertifikate erwerben können, um sich daraufhin mit Klinghardts Namen schmücken zu dürfen.

Sollte die Heilpraxis Ihrer Wahl ohne solche »Referenzen« auskommen und auch sonst keine allzu absurd klingenden Therapien anbieten, haben Sie, wie gesagt, eine Chance, dass ein Praxisbesuch nicht in einem Opiumrausch endet. Oder im Krankenhaus, weil Sie im Zuge Ihrer »alternativen Behandlung« den Bezug zur Realität verloren haben. Nun, diese Chance hat man bei geistigen Heiler:innen eher nicht. Wer deren Dienste in Anspruch nimmt, hat besagten Bezug zur Realität womöglich eh nie gehabt.

Die Zauberzäpfchenzupfer sind ohne Frage jenseits von Gut und Böse. Sie behaupten zudem gerne, die Besten unter den Besten zu sein, weil ihre Möglichkeiten nicht wie die meisten pseudomedizinischen Methoden an gewisse Rahmenbedingungen und Regeln gebunden sind. Nein, Geistheiler:innen können der Fantasie – und dem Wahnsinn – freien Lauf lassen. Die einzige Alibi-Einschränkung teilen sie sich mit den Heilpraktiker:innen: Auch sie müssen für den benötigten Freifahrtschein einen entsprechenden Hinweis veröffentlichen, der besagt, dass die märchenhaften Dienstleistungen wissenschaftlich nicht anerkannt sind und keinen Ersatz für eine »schulmedizinische« Behandlung darstellen. Dass man manchmal eine Lupe und übertrieben viel Zeit benötigt, um solch eine Anmerkung auf den Internetpräsenzen mancher Geistheiler:innen zu finden – geschenkt.

Frage: Was können Sie sich unter einem »feinstofflichen Virenscanner« vorstellen? Ist das vielleicht eine Art Ghostbusters-Werkzeug, mit dem man Geisterviren analysieren kann? Nein, aber wir sind jetzt alle um eine Geschäftsidee reicher. Der feinstoffliche Virenscanner ist der Name einer Heilpraxis, in der Patienten von negativen Viren-Energien befreit werden können. Schließlich befallen Viren nicht einfach nur Zellen. Sie hinterlassen quasi energetischen Müll, den irgendjemand – in diesem Fall ein fantasievoller Geistheiler – wegräumen muss. Doch nicht nur das. Bei Facebook hält besagter Geistheiler immer wieder seine Erfolgserlebnisse fest: »Heute auf der Messe traf ich eine Kundin, der es undefiniert nicht gut ging. Sie kannte mich, ich hatte sie mal wegen Schulterproblemen behandelt. Und diesen Tag kannst du als neuen Geburtstag feiern, habe ich zu ihr gesagt. Ich habe schwarze Magie aus ihrem System entfernt und einen Alien aus der Mitte des Kopfes energetisch rausoperiert. Dann auch noch aus dem Herzraum ein Alien und aus dem Bauchraum. Zuletzt die Nervenbahnen energetisch gereinigt.« Mein lieber Scholli. Die erwähnte Messe ist im Übrigen eine völlig durchschnittliche Esoterik-Messe, die in diesem Fall einfach nur als »Messe rund um Gesundheit und Spiritualität« beworben wurde. Typische Rattenfängerveranstaltung.

Auf solchen Messen erhält man auch als Laie die Gelegenheit, allerlei Schwurbelapparate und magische Rituale hautnah kennenzulernen. Zum Beispiel eine Wunderholzlatte namens Tsesit-Brett. Auf diesem 30 mal 30 cm großen Holzbrett sind genau 222 Tsesit-Kieselsteine angeordnet, die, wenn man die Füße darauf abstellt, heilende Energien in den Körper pumpen sollen. Denn Tsesit ist angeblich ein Meteoriten-Gestein, das »sich an die Entstehung der Erde erinnert«. In ihm »pulsiert die Botschaft des Sternenstaubes« und ist dadurch in der Lage, »Urängste an die Oberfläche des Bewusstseins zu fördern«. Oder, wie der Hersteller zusammenfasst: »Das Gestein ist irdisch und doch nicht irdisch.« Das Institut für Edelsteinprüfung, EPI, hält dagegen fest: »Namensgebend für diese flachen Steine ist die Ortschaft Tses in der Nähe des Fundorts, in Namibia. Tsesit kann als nahezu vollständig aus dem Eisenerz Geothit bestehend identifiziert werden. Für eine räumliche Verfrachtung infolge eines Meteoriteneinschlags gibt es keinerlei Anhaltspunkte.« Geothit als Rohstoff hat übrigens kaum eine Bedeutung. Ab und zu wird es noch zur Gewinnung von Farbpigmenten verwendet. Mit anderen Worten: Tsesit ist ein recht wertloses Gestein – für uns Normalsterbliche. In der Esoterikszene wird dieses Brett für stolze 2000 Euro gehandelt. Ebenso wird es in diversen Heilpraxen als Teil einer energetischen Behandlung verwendet. Auf der Internetseite einer »Atlantis-Heilerin« wird die Wirkung des Superholzbrettes wie folgt beschrieben: »Das Tsesit-Brett mit seinen 222 Steinen zeigt eine besondere Wirkung. Die Kraft aller Steine wird an der Oberfläche der Steine gesammelt und diese

Kraft über die Fußsohlen auf den gesamten Menschen übertragen. Speziell bei Durchblutungsstörungen der Beine, gestauten Lymphknoten, der Parkinsonschen Erkrankung, rheumatischen Beschwerden, Multipler Sklerose (MS), Nervenregeneration, Burn-out, Lähmungserscheinungen nach Schlaganfall oder Kinderlähmung. Der Tsesit wirkt auf rote Blutkörperchen, Gehirngefäße, Schilddrüse, Zirbeldrüse, Gelenke, Leber, Galle, Lymphknoten, Harnblase und Harnleiter, Nerven, zentrales und peripheres Nervensystem, Skelettmuskulatur und Muskulatur des Uro-Genital-Traktes. Des Weiteren auch auf Ohren, Nase, Rachen, Verdauungstrakt, Venen und Speiseröhre.« Wurde auch nur irgendetwas aus der Anatomie des Menschen vergessen? Der Geldbeutel, der ist in der Aufzählung wohl versehentlich unerwähnt geblieben.

Der ganz normale Esoterik-Wahnsinn. Dabei können Geistheiler:innen sogar noch konkreter werden, wenn es um die Verbreitung ihrer wissenschaftsleugnenden Weltbilder geht. Stichwort Impfgegnerschaft. Eine Geistheilerin aus Roth, die laut eigener Aussage auch noch Medium, Seherin, geistige Alchimistin, Reiki-Meisterin, Tierkommunikatorin, Verstorbenenheilerin »und noch vieles mehr« ist, betreibt, wie es heutzutage anscheinend üblich ist, mehrere Social-Media-Kanäle, unter anderem auch eine Facebookgruppe, in der sich alles um Impfschäden und den damit einhergehenden absurden Impfmythen dreht, sowie einen Telegram-Kanal, auf dem sie regelmäßig gegen die »böse Schulmedizin« hetzt: »Leider wissen noch viel zu wenig Menschen, dass das Impfen etwas völlig widernatürliches ist, was das Immunsystem, die Abwehrmechanismen, den natürlichen Heilungswillen im Menschen zum Erliegen bringt.« Und: »Impfen gilt nicht nur für mich als der größte Irrtum der Menschheitsgeschichte! Ist aber ein billiardenschwerer Umsatzträger für die Pharmaindustrie und Wirtschaft. Darauf wird die Regierung niemals verzichten. Man weiß, daß Metalle in den

Impfseren sind, die in den Körpersäften umherschwimmen und unser Gehirn bedrohen. MS Kranke sind anerkannte Impfopfer! In diesem Fall stecken die Metalle meist im feinporigen Großhirn fest. Es kommt zu Nerven-Ausfällen, die im Rollstuhl enden. Bei geimpften Kindern spricht man von der Erschaffung der Stahlhelmgeneration. Hellsichtige Menschen sehen die Metalle im Kopf glitzern. Alle Tumore oder Wasserödeme im Kopf sind innen voller Metall. Die eigene Körperintelligenz erkennt den bedrohlichen Fremdkörper und ummantelt ihn als Schutzfunktion. Metall ist ein Schwingungssammler, deshalb ist für Geimpfte das Handytelefonieren wesentlich gefährlicher als für Ungeimpfte.« Na ja. Dafür ist der Handyempfang besser. Weiterhin schreibt sie: »Das kommende 5G-Netz wird zur tödlichen Waffe! Viele werden ihre Häuser nicht mehr verlassen können!« Aha. Glücklicherweise kann sie helfen, denn, Sie wissen schon: Geistheiler-Superkraft! »Das Universum lässt uns aber nicht im Stich. Gerade stelle ich eine Heilkarte her. Impfgiftlöschung auf zellularer Ebene, Schwermetallausleitung und ganz viel mehr! Meine Zapper-Karte eliminiert Viren und Bakterien in Sekundenschnelle. Informiert euch bitte! Jeder braucht sie!« Oh, und wie ich mich informiert habe. Die »Zapper-Karte« wurde rechtzeitig zur ersten Corona-Welle fertiggestellt, kostet nur 25 Euro und ist ein kreditkartengroßes, buntes Plastikkärtchen, auf dem »Zapper-Immunkraft-Sieger« geschrieben steht. Natürlich wurde das Ding kräftig in den sozialen Medien beworben, schließlich ist es laut Beschreibung das reinste Wunderwerk: »Meine Energie-Medizin ist der Sieg über das Corona-Virus, SARS, Vogelgrippe, Schweinegrippe, Influenza, Meningitis, Polio, Tetanus, Masern, Mumps, Röteln, Windpocken, Keuchhusten, Hepatitis …« Die Botschaft sollte klar sein: Mit der Geistheilung lässt sich einfach *alles* besiegen. Weiter heißt es: »Diese Selbstheilkarte ist ein Quantensprung in eine neue Heildimension, wie es sie in der gesamten Menschheitsgeschichte nicht gab. Sie ist für die Gesundheit aller Lebewesen von großer Notwendigkeit. Der Mensch ist ein multidimensionales Energiegebilde und kann nur mit Energie geheilt werden.« Ich verstehe. Die Anwendung ist übrigens kinderleicht. Einfach die Karte für ein paar Minuten anstarren und »sich vorstellen, wie die Viren von dem energetischen Schwingungsprogramm so geschwächt sind, dass sie den Körper nicht mehr schädigen können«. Und das klappt angeblich aus folgendem Grund: »Die Zapper-Karte hat ein Frequenzmuster, das mit einer 9-Volt-Batterie vergleichbar ist. Es ist eine Energie-Frequenz, die von Viren und Bakterien nicht vertragen wird.« Also, ich interpretiere das so, dass man stattdessen auch an einer 9-Volt-Batterie lecken kann, um den gleichen Effekt zu erhalten.

Zu allem Überfluss rührt unsere Schwurbelheilerin in ihren Beiträgen und Videos immer wieder die Werbetrommel für das gefährliche Wundermittel MMS, von dem nicht nur das Bundesamt für Verbraucherschutz und Lebensmittelsicherheit eindeutig warnt: »MMS (auch CDL oder CDS genannt) steht für Miracle Mineral Supplement und enthält die Chemikalie Natriumchlorit. Wird diese durch Zugabe einer Säure aktiviert, entsteht das als sehr giftig, ätzend, umweltgefährlich und brandfördernd eingestufte Chlordioxid. Von der Einnahme geht eine erhebliche Gesundheitsgefahr aus!« Im Grunde ist MMS nichts weiter als Chlorbleiche. Behauptungen über eine heilende Wirkung sind gefährliche Märchen. Es gibt keinerlei Hinweise darauf, dass MMS gegen Autismus, Krebs oder Infektionskrankheiten wie Malaria, Aids oder Corona helfen kann, wie von den ganzen Befürworter:innen behauptet wird. Das Mittel, das ab den 2010er-Jahren durch einen gewissen Jim Humble bekannt gemacht wurde, ist bis heute in der »alternativheilkundlichen« Szene eine erschreckend beliebte Behandlungsform. Warum die Vermarktung, Bewerbung und Verherrlichung dieses gefährlichen Unsinns überhaupt noch erlaubt ist, muss man übrigens nicht verstehen.

Wenn man die ganzen größenwahnsinnigen Fähigkeiten dieser Schlangenöl-Schamanin betrachtet, fragt man sich allerdings, wieso überhaupt so etwas profanes wie MMS »benötigt« wird. Immerhin sind bei der Geistheilung göttliche Kräfte im Spiel: »Durch uns Heiler geschehen die Wunder, welche die ganze Menschheit retten können. Meine Heilarbeit beweist, dass Geistheilung immer funktioniert. Jesus Christus sagte schon: Nach mir werden noch größere Heiler kommen, als ich es war. Nun, hier sind wir. Und die Schüler in unseren Seminaren vollbringen das Gleiche. Wir werden gebraucht wie nie zuvor! Der göttliche Geist hat uns transformiert und auf diese große Aufgabe vorbereitet.« Aha. Weiß die katholische Kirche schon davon? Wäre es nicht unterhaltsam, einer Art Fight Club beizuwohnen, in dem Priester und Geistheiler:innen sich um den »göttlichen Geist« prügeln? Ich würde viel Geld dafür bezahlen. An anderer Stelle schreibt unsere Heilerin: »Geistheilung ist das Medikament der Zukunft. Die ganze Menschheit muss neu denken lernen! Tod durch Medikamente, durchs Impfen – das muss ein Ende haben! Die Menschen müssen erkennen, dass das, was Jesus, der berühmteste Geistheiler aller Zeiten, vor 2000 Jahren schon praktizierte, die einzig heilbringende Wahrheit und Wirklichkeit ist.«

Der schlechte Witz an dieser ganzen Geistheiler-Panade ist übrigens, dass selbst die bekloppertesten Dienstleistungen nicht als Betrug oder Gefährdung im weitesten Sinne gewertet werden können. Das Bundesverfassungsgericht stellte 2004 in einem – meiner Ansicht nach absolut naiven – Urteil fest, dass Heiler:innen, die rein spirituell arbeiten, im Allgemeinen nicht die Erwartung auf heilkundlichen Beistand wecken. »Andersartige« Vorgehensweisen würden laut Gericht nicht den Eindruck erwecken, als handele es sich um einen Ersatz für medizinische Betreuung. Wer »rituelle Heilung« in Anspruch nehme, gehe einen sogenannten dritten Weg und wähle etwas von der Heilbehandlung gänzlich Verschiedenes. Dies zu unterbinden sei nicht

Sache des Gesetzgebers. Selbst schuld also, wer sich in die Hände eines Zauberers begibt. Pech gehabt.

Zu Beginn der Corona-Pandemie fragte ich dennoch mal vorsichtig nach, wie es sein kann, dass da jemand hanebüchene Wundermittel verkauft, die angeblich »das Virus besiegen« könnten. Das Ministerium für Wissenschaft und Gesundheit Rheinland-Pfalz hielt im Schriftwechsel nur trocken fest: »Evident handelt es sich vorliegend nicht um die Anwendung ärztlicher Heilkundeformen. Gegen XX kann folglich nicht aufgrund berufsrechtlich relevanter Vorschriften vorgegangen werden.« Eine ähnliche Anfrage beim Gewerbeaufsichtsamt blieb unbeantwortet. Und selbst die sichtlich bemühte Verbraucherzentrale bedauerte, nichts unternehmen zu können. Mit anderen Worten: Gerade *weil* die Geistheilung keine Ausübung von Heilung im rechtlichen Sinne darstellt, können Geistheiler:innen im Grunde tun, was sie wollen. Stimmt zwar so nicht ganz genau, denn das Heilmittelwerbegesetz regelt immerhin die irreführende Werbung von Medizinprodukten und Heilverfahren, doch nennen wir das Kind einfach mal beim Namen: Anscheinend gibt es da ein ziemlich großes Schlupfloch, wenn es um frei erfundene energetische Behandlungsmethoden geht. Klar, es ist natürlich eine Sache, wenn man behauptet, mit der Kraft der Engel ließe sich eine Krankheit vollständig heilen, und eine andere, wenn man sagt, dass eine erfundene Schwurbel-Energie Krankheiten heilen *kann*. Aber, kommt schon, Leute. Machen wir uns doch nichts vor. Eine schwammige Aussage ist dennoch eine Aussage. Und zwar eine recht eindeutige, besonders in diesem medizinfeindlichen Umfeld.

So fallen die meisten schwurbeligen Angebote einfach unter die Meinungsfreiheit. Und solange eine Meinung keine strafrechtlich relevanten Äußerungen beinhaltet, kann man getrost herumerzählen, dass man Viren wegwünschen kann und dass Impfungen den Tod bringen. Damit machen es sich die Behörden aber zu einfach, finde ich. Es ist nämlich ein Unterschied, ob jemand im privaten Umfeld, in seiner Funktion als Autoverkäufer oder eben als Geistheiler – oder Heilpraktiker – gesundheitsgefährdende Verschwörungsmythen verbreitet. Denn esoterische Heiler:innen werden in ihrer wissenschaftsfeindlichen Parallelwelt, wo die »Schulmedizin« der Feind ist, als die besseren beziehungsweise einzig wahren Ärzt:innen wahrgenommen. Dadurch sind sie natürlich eine Anlaufstelle für Menschen, die sich auf der Suche nach Heilung oder Ratschlägen befinden, und stellen somit erst recht eine Gefahr für die Gesundheit ihrer Patient:innen – oder besser gesagt: Kund:innen – dar, wenn diese aufgrund absurder Hirngespinste eine echte medizinische Behandlung ablehnen. Wie kann der Gesetzgeber da einfach wegschauen? Ich darf im eigenen Garten nicht mal nach Belieben einen Baum fällen, aber Schwurbel-Uschi steht es frei, in ihrer Heilpraxis gegen die »Schulmedizin« zu hetzen, Impfängste zu schüren, Hokuspokus als die bessere Medizin zu verkaufen und nebenbei im Internet was über Todeslaser und Weltraumvampire zu schreiben? Was soll das?

Dieser esoterische Amoklauf im Gesundheitswesen muss endlich gestoppt werden. Schätzungen zufolge gibt es rund 15.000 Geist- und Wunderheiler:innen allein in Deutschland.

Heilpraktiker:innen müssen sich aber hinter der Geistheilung wahrlich nicht verstecken. Denn trotz mehr oder weniger unterschiedlicher Methoden und Herangehensweisen gibt es jede Menge Schnittpunkte und fließende Übergänge – wobei die größte Gemeinsamkeit auch die offensichtlichste ist: Die Befürwortung und Anwendung unwissenschaftlichen Humbugs. Und Sie ahnen es bereits: Esoterische Wundermittel gegen das Corona-Virus werden uns später noch ein paarmal über den Weg laufen.

Um die weltfremde, an naturwissenschaftlichen Fakten völlig vorbeigewürgte Einstellung vieler Esoteriker:innen kennenzulernen, muss man lediglich eine Weile durch die sozialen Netzwerke stöbern. Gehen wir beispielsweise noch mal auf die Heilzahlen ein, die manchmal völlig absurde Unterhaltungen nach sich ziehen: »Hallo, ich fühle mich seit Wochen schlecht, bin traurig, verzweifelt, weine manchmal ohne Grund, was kann ich tun?« Na, sind Sie auch so gespannt wie ich? »Unsere Psyche ist sehr komplex, so fühlt sich unser inneres Kind traurig und alleingelassen. Die Zahlenreihen von Grabovoi helfen uns, das innere Kind zu heilen und die Psyche zu stärken! Für die Norm der Psyche: 83453444. Für psychische Gesundheit: 51948191371181. Stress überwinden: 819471. Selbstheilung: 817992191. Depression beenden: 519514319891.« Überhaupt gibt es für und gegen alles Mögliche eine bestimmte Zahl – oder mehrere Zahlen, denn manchmal funktionieren sie nur in Kombination. Leider gibt es noch keine Zahl, die gegen Geschwurbel hilft. Schade. Äußerst skurril sind auch folgende Hinweise: »Diese Zahlencodes dienen für die Anwendung bei Lebensmitteln, welche nicht mehr im natürlichen Ursprung sind bzw. durch die Nahrungsmittelindustrie geändert wurden. 2446713: Neutralisierung von genmanipulierten Nahrungsmitteln. Das Lebensmittel wird wieder in seinen ursprünglichen Zustand, mit einer maximalen Wirkung im Körper, versetzt. 2457892: Neutralisierung von allen Giften in Nahrungsmitteln, welche bei der Herstellung eingeschleust wurden. 2460123: Zusatzcode, welcher verwendet wird um Nahrungsmittel (Früchte oder Gemüse) nachreifen zu lassen. Dieser Code unterstützt den Reifungsprozess auf der zellulären Ebene.« Na dann. Guten Appetit.

Chemtrails kommen in diesen spirituellen Puppenhauswelten selbstverständlich auch nicht zu kurz: »Es gibt Menschen, die Telekinese beherrschen, Menschen, die Chemtrails mit Gedankenkraft auflösen können, Menschen, die reinweg mit Energie, mit der Kraft ihres Geistes andere heilen können. Und das sind nur ein paar Beispiele. Diese Menschen sind keine Auserwählten, sondern Menschen wie du und ich. Der einzige Unterschied ist: sie WISSEN um ihr Potential. Wir sind alle Schöpfer, sozusagen.« Ich, ähm, verstehe. »Ich persönlich mache seit kurzem jeden Tag viel mit hoch energetischer Wasser-Neutralisation. Mit den lichtvollen Heilstrahlen der Regenbogenenergie der Neuen Zeit aktiviert sich die Kraft in den Händen, den Fingern in Alpha- und Omegachakra und im Herzzentrum sowie im irdischen Dritten Auge in Verbindung mit dem göttlichen Dritten Auge. Daher sind die Regenbogenheilstrahlen auch so kraftvoll und höchst lichtvoll fließend, sie sind die Energie dieser Neuen Zeit! Auch Chemtrails haben keine Chance! Gifte haben kein Chance! Es ist eine Form des Wirkens über die Absicht. Reine vollkommene Liebe!« An anderer Stelle erklärt jemand: »Übrigens, wenn ihr eure Chakren erstmal richtig geöffnet habt und offen halten könnt, seid ihr automatisch besser geschützt vor Haarpwellen, Dämonen, sonstigen Besetzungen und allgemein jeglicher negativer Stimmungen oder auch vor Krankheiten durch Chemtrail-Gifte.«

Ah, dämonische Besetzungen. Natürlich. »Je nachdem was du denkst, sagst und handelst ziehst/nährst du die dunklen oder lichtvollen Wesen!!! Wir alle sind von der allumfassenden Schöpfung, jedoch haben sich einige Wesen der Dunkelheit verschrieben! Die Archonten/Schlammschatten oder auch die Grauen, die mit den schwarzen Augen, zum Großteil die Reptiloiden und die negativen Drakons! Eigentlich sollten wir diesen negativen Entitäten aber danken, denn sie bringen uns dazu, unsere Schwingungen zu erhöhen und das macht uns stärker, während sie schwächer werden!« Nun ja, Vorsicht ist geboten. Denn solche Wesen lauern überall: unterm Bett, im Kühlschrank, in der Sofaritze und sogar im Kopf. »Ich habe seit einiger Zeit so krass Kopfweh. Ich hab das Gefühl, mein Energiekörper möchte sich ausdehnen, aber negative Gegenkräfte arbeiten stark dagegen an, wie Tauziehen. Mir kommt es so vor, als ob gewisse Wesen auf der Astralebene wohnen, die echt dagegen sind, dass man sich entwickeln kann, so wie es gerade für den Planeten vorgesehen ist. Ich habe schon überlegt, einen Schamanen oder Geistheiler zu konsultieren.« Gutes Stichwort. Schließlich gibt es auch für solche Fälle die passenden Anlaufstellen. Es ist eben alles eine Sache von Angebot und Nachfrage.

Den selbst ernannten feinstofflichen Virenscanner, der nebenbei Aliens aus Bäuchen entfernt, haben wir ja bereits kennengelernt. Doch es gibt noch mehr spirituelle Exorzisten da draußen: Für nur 22 Euro bietet eine Bande – Entschuldigung – Gruppe von energetischen Heiler:innen einen »reptiloiden Check« an. Auf ihrem Internetportal, das überall mit Slogans wie »Lichtreise ins Himmelreich wahrer Engel« vollgeklatscht ist, kann man den Auftrag buchen, sich aus der Ferne auf außerirdische Besetzungen testen zu lassen. »Bist du noch frei oder schon an deren Fäden? Wir sagen es dir innerhalb von 24 Stunden. Hab keine Angst vor der Wahrheit.« Es wäre zudem äußerst wichtig, dass so viele Menschen wie möglich diese verhältnismäßig kostengünstige Testung durchführen lassen, denn »Menschen, die von einem reptiloiden Wesen besetzt wurden und mit dir Kontakt haben, versuchen alles, um weitere Menschen um sie herum zu besetzen! Das heißt, alle um dich herum, die zu Marionetten wurden, sind eine Gefahr für dich und sollten dringend unsere Hilfe und somit die Befreiung bekommen, bevor ihre eigene oder deine Menschenseele zugrunde geht, falls es nicht schon längst geschehen ist.« Gruselig. Wie geht es denn jetzt weiter? »Wenn wir den Repti an oder in dir enttarnt haben, ist die Entfernung dringend zu vollziehen, da er dich manipulieren und alles dafür tun wird, um dich von der Freiheit abzubringen!« Dieser Schuft. Na gut, was kostet mich die Entfernung? Oh, nur 333 Euro. Und schon höre ich den Repti, wie er mir zuflüstert, ich solle die Kreditkarte wegstecken und lieber eine Flasche Wein aufmachen. Dieser manipulative Bastard. Da helfen auch die weiteren Unkenrufe nicht: »Reptiloiden besetzen dich als Zweitseele in deinem Körper. Danach ernährt er sich nicht nur an dem Negativen in deinem Leben, sondern an allem, was du dadurch verlierst: Liebe, Selbstwert, Selbsttreue und all die guten und schönen Gedanken und Gefühle. Dadurch entfernen sich Mensch und Seele immer mehr voneinander und das Wesen bekommt immer mehr Kontrolle über die Taten und Gedanken des Menschen!« Die selbst ernannten Heiler:innen konnten ihre magischen Superkräfte übrigens dadurch erhalten, weil sie in Wahrheit reinakarnierte uralte Seelen sind. Dementsprechend schmücken sie sich auch mit äußerst aussagekräftigen Beinamen wie »Engel des Wissens und weltweit alleiniger Meister aller Systeme mit eigenem Licht der Engel« oder »Engel der Pflanzen und Tiere« und »Meister reptiloider Befreiung«. Applaus für so viel Einfallsreichtum. Und Skrupellosigkeit.

Die Angst vor reptiloider oder in welcher Form auch immer »negativer Besetzung« ist in der Esoterikszene leider ziemlich ausgeprägt. Reptiloide und andere Außerirdische spielen eine wesentliche Rolle, wenn es darum geht, bestimmte (schlimme) Ereignisse oder Verhaltensweisen bei Menschen zu erklären. Diesbezüglich hatten wir hier in früheren Kapiteln schon einige Beispiele. Und während die reptiloiden Befreier von einer Art seelischer Übernahme sprechen, dürfen wir nicht vergessen, dass körperliche Reptiloide, also wahrhaftige Außerirdische, die mit Menschen grausame Dinge anstellen, ebenfalls ein Teil dieser wirren Weltanschauung sind. Glücklicherweise – und Sie wissen inzwischen, was als Nächstes kommt – gibt es immer irgendwo ein paar mutige Lichtsoldaten, die diese bösen, bösen Aliens bekämpfen beziehungsweise deren Pläne durchkreuzen. Bühne frei für die »Entfernung außerirdischer Implantate«. Schnell, irgendeinen unheimlichen Soundtrack summen! Zur Not pfeifen Sie einfach die Akte-X-Melodie. Die geht immer. Sie müssen nämlich wissen: »Im Gegensatz zu den schwarzmagischen Implantaten sind die außerirdischen Implantate nicht so aggressiv, aber viel seltener. Da sie in einer höheren Dimension erschaffen wurden, handelt es sich hierbei um außerirdische, hochentwickelte Waffen, die zu Mind-Control-Zwecken gegen Menschen gezielt eingesetzt werden.« Die Rede ist übrigens nicht von physischen Waffen und Implantaten. Da schneidet Ihnen also niemand mit einem Skalpell ein Funkgerät aus dem Hintern heraus. Auch hier geht es nur um die »dauerhafte Beseitigung von sehr schweren Manipulationen in Form von außerirdischen Implantaten im Lichtkörper«. Die spirituelle Erklärung dahinter möchte ich Ihnen allerdings nicht vorenthalten: »Die Implantate sind energetisch so perfekt strukturiert, dass sie schon fast wie bioenergetische Computer funktionieren. Einmal im menschlichen Energiekörper implantiert, können sie bestimmte Chakren blockieren oder manipulieren.« Das geschieht übrigens, damit die Betroffenen beispielsweise ihre telepathischen Fähigkeiten nicht aktivieren und nutzen können oder damit sie generell daran gehindert werden, in eine höhere Dimension aufzusteigen. Die Menschen wären dadurch auch nicht in der Lage ihrer »Seelenaufgabe zu folgen« und würden deshalb von ihrer wahren Bestimmung und der Erfüllung ihres »Seelenplans« abgehalten. Doch für nur 450 Euro ist die Seele wieder in Butter. So viel kostet die Entfernung der Implantate durch die »menschlichen Reinkarnationen von Osiris und Isis«. Jawohl. Richtig gelesen. Wir haben es hier mit spiritueller Prominenz zu tun. Vergessen Sie Metatron und seine vielen C-Promi-Engel. »Als Osiris und Isis, die ältesten inkarnierten Seelen auf der Erde, wurden wir von der galaktischen Community, die viele gute außerirdische Völker zählt, zu den ersten Botschaftern für die menschliche Rasse gewählt.« Das ergibt natürlich Sinn. Und was macht man als fescher Alien-Botschafter sonst so, wenn man nicht gerade Implantate aus menschlichen Lichtkörpern popelt? »Zu unseren Hauptaufgaben zählt der Aufbau diplomatischer Beziehungen zu Außerirdischen, die mit der Menschheit eine direkte Interaktion beabsichtigen.« Aha, verstehe, spirituelle Men in Black. Na ja, viel Glück. Wenn außerirdische Riesenschaben mal hier Ärger machen, weiß ich wenigstens, wer seinen Job nicht richtig gemacht hat.

Apropos Seelenplan. Diesen Begriff verwenden viele Esoteriker:innen, wenn sie von einer Art Schicksal oder Lebensbestimmung reden. Alle Seelen würden nämlich im Jenseits bereits einen sogenannten Entwicklungsplan festlegen. Die Erfahrungen, die sie daraufhin in einem Lebewesen – egal ob Tier oder Mensch – auf der Erde machen, seien exakt so vorhergesehen und geplant worden, weil die Seele eben genau jene Erfahrungen durchleben wollte. Die unsterbliche, aus »reiner Liebe« bestehende Seele würde nämlich immer wieder einen Lernprozess durchmachen, wodurch sie sich »weiterentwickeln« könne. Schön. Dabei geht es jedoch allein um emotionale Erfahrungen, die – Überraschung! – zu Lebzeiten beeinflusst werden können. Gegen Bezahlung. Denn selbstverständlich gibt es erstaunlich viele Coaches, die mit ein bisschen Abrakadabra jeden Seelenplan eines Menschen entziffern können. Welch ein Glück. Ohne den Seelenplan zu kennen, hat man nämlich »oft negative Gedanken« oder man fühlt sich krank, lustlos und einsam. Ach, und auch der »Aufstieg in höhere Dimensionen« ist ohne eine Bestimmung viel schwerer. Nun gut. Blickt man allerdings hinter diesen esoterischen Kitsch, offenbaren sich bei den Anhänger:innen solcher Illusionen ein paar äußerst schräge Gedankengänge. Denn wenn wirklich alles vorherbestimmt ist, dann trifft das natürlich auch auf negative Erfahrungen zu – die dann wiederum doch positiv sind, weil die Seele das ja zu »Beginn ihrer Reise« so festgelegt hatte. Ich weiß nicht, was Sie davon halten, aber diesbezügliche Schlussfolgerungen lassen meinen Magen den Rückwärtsgang einlegen: »Wenn jetzt Morde, Vergewaltigungen etc. geschehen, dann sind es die jeweiligen Schwingungen und Ebenen, auf welcher sich der Täter zurzeit befindet, um solche Taten zu begehen. Vom geistigen Standpunkt aus bedeutet das: Eigentlich hat der Täter in vorheriger Absprache in Liebe gehandelt, denn alle Seelen sind Liebe. Das erscheint natürlich in unserer niederen Dimension völlig abartig und nicht jeder versteht das, da sollte man sich schon einige Zeit damit beschäftigt haben. Diese Absprachen unter den Seelen geschehen aber für sämtliche Belange.« An anderer Stelle erklärt das jemand so: »Täter und Opfer sind geplante Verabredungen der Seele, bei denen jeweils Seelenanteile des anderen übertragen werden. In dem Zusammenhang kam in einem meiner Seminare die Frage zur Massentierhaltung: Ob die Tiere sich das auch aussuchen. Dieser Punkt hat mich tief berührt: Ja, die Tierseelen suchen sich diese Erfahrung aus, entweder um selbst etwas zu lernen, oder um sich zur Verfügung zu stellen, damit die Menschheit daraus lernt.« Na sicher doch. Und nun denken wir noch ein bisschen weiter: »Auch Hitler hat im Sinne der Evolution der Seelen gearbeitet, hat Millionen Seelen ermöglicht, eine Lernaufgabe zu erfüllen, es waren Erfahrungen auch bei den sogenannten Tätern, indem diese Seelen lernen konnten, wie es ist, einem schlechten Herrn hingebungsvoll zu dienen. Und schaut: Was ist daraus erwachsen? Jahre später ist Deutschland das erste Land der Welt, das in dem Sinne die Dualität erfahren hat und in die Einheit friedlich zurückgekehrt ist. Licht und Schatten = Einheit in der 3. Dimension!« Kann mich bitte jemand kneifen? Unsterbliche Seele hin oder her – erzähl den Mist doch einfach mal traumatisierten Kindern, unheilbar kranken Schmerzpatienten oder Kriegsopfern. Mal sehen, was dabei für deinen Seelenplan herauskommt. Oder erzähle es mir, von Angesicht zu Angesicht, und ich werde dir – völlig kostenlos – verraten, dass deine Seele unbedingt einmal kräftig am Ohrfeigenbaum rütteln möchte.

Und nun? Welche Schlüsse ziehen wir aus dieser verstörenden Wanderung durch esoterische Abwasserkanäle? Es ist tatsächlich sehr schwer, beim Thema Esoterik irgendein Fazit zu ziehen. Außer vielleicht, dass Esoteriker:innen wohl keinen Sonnenbrand bekommen können – weil sie alle einen Schatten haben ... Oder einfach: Esoterik ist gefährlich. In ihr spiegelt sich der Verlust rationaler Wahrnehmung wider, womit esoterische Weltanschauungen fast wie eine Gegenströmung zur Aufklärung wirken. Was recht harmlos klingt und sich oft genug in ulkigen Fantastereien ausdrückt, ist leider ziemlich deckungsgleich mit den irrationalen Verschwörungsfantasien, die sich unter lumpigen Aluhüten sammeln. Beides folgt einem ähnlichen Muster. Unerklärliche Dinge werden erklärbar gemacht – mit allen Mitteln, unabhängig von Fakten oder Beweisen. Man glaubt, was man glauben will, mit dem Unterschied, dass der Glaube in beiden Fällen als Wissen missinterpretiert wird. Dazu das Gefühl, einem eingeweihten Kreis anzugehören, sowie die Überzeugung, dass die Dinge niemals so sind, wie sie zu sein scheinen. Es gibt immer noch eine Wahrheit hinter der Wahrheit. Und noch eine. Und noch eine. Und alle Wahrheiten sind wahr, egal wie widersprüchlich sie erscheinen mögen.

Namaste.

Vedische Weltanschauung oder: Das 18. Jahrhundert hat angerufen – es möchte seine Geschlechterrollen zurück

Erinnern Sie sich an die lunare Energie, die einem üppigen Busen innewohnt? Natürlich tun Sie das. Da hatte ich versprochen, auf die »spezielle« Ideologie, die diese esoterische Splittergruppe verfolgt, noch mal genauer einzugehen. Hier sind wir also. Und das aus einem einfachen Grund: Anhänger:innen der sogenannten vedischen Weltanschauung sind mit ihren Aussagen ein gutes Beispiel dafür, wie esoterische Weltbilder zu sektenartigen Strukturen und Denkmustern führen können. Denn hier wird nicht einfach »nur« eine schräge, parallele Realität herbeifantasiert, sondern akribisch versucht, Einfluss auf das gesellschaftliche Miteinander zu nehmen, indem immer wieder spezifische Umgangsformen propagiert werden. Diese Menschen verkörpern perfekt die (gemeinschaftliche) Entfremdung von Fortschritt und Entwicklung. Charakteristisch für diese Möchtegern-Veden ist dabei ein, sagen wir vorsichtig, altmodisches Verständnis von Geschlechterbildern ... Ach, steigen wir direkt ein, Sie werden schon sehen, was ich meine.

»Falls Frauen es nicht wissen: Männer stehen nicht auf lustige Frauen, die versuchen, den Mann zum Lachen zu bringen. Das ist eine männliche Aufgabe. Frauen müssen weise sein, aber nicht in der Schule, sondern in Beziehungsfragen!« Sind das etwa diese Frauen, die in ihren Social-Media-Profilen stolz schreiben, sie hätten die Schule des Lebens absolviert? Egal. Es gibt noch mehr zu erfahren: »Wenn eine Frau in einer Menschenmasse ihre Haare lockert und frei trägt, saugt sie all die wollüstigen Gedanken der Männer in sich auf. Davor kann sie sich nicht schützen. Besonders wenn es noch ein kleines Mädchen ist, welches ihre Haare ungebunden und locker trägt, so wird durch ihre Haare ein Programm in ihrem Bewusstsein installiert. Wenn dieses Mädchen dann erwachsen ist und die Obhut ihrer Eltern verlässt, fängt es sofort an, eine unzüchtige Lebensweise zu leben.« Apropos Haare: »Je länger die Haare des Menschen sind, desto mehr von Gottes Kraft bekommt er, denn diese Kraft nährt Körper und Seele. Die Haare sind sozusagen Antennen!« In diesem Fall wohl Antennen für Bullshit-FM, dem Radiosender mit dem besten Geschwurbel der 80er, 90er und von heute! Überhaupt scheinen Haare der Schlüssel zur absoluten Gesundheit zu sein: »Geht mal interessehalber in eine Kinderklinik. Ich gehe seit mittlerweile vielen Jahren ab und zu in Kinderkliniken, um eine Statistik zu sammeln. Ich kann euch sagen, ich habe in egal welcher Klinik kein einziges Mal eine Mutter mit einem kranken Kind beobachten können, welches einen langen Zopf hatte. Sowohl Mütter als auch deren Kinder sind krank, welche einen kurzen Haarschnitt haben. Merkt euch eins: Mütter, die einen langen Zopf haben, also mindestens bis zur Taille, sind gesund und haben auch gesunde Kinder. Und wenn diese Mutter ihr Kind auch noch bis zum seinem 4. Lebensjahr mit ihrer Muttermilch ernährt, so wird dieses Kind gar nicht wissen, was es bedeutet, Krankheiten zu haben!«

Das Kinderkriegen selbst ist in dieser lumpigen Community natürlich auch ein Thema: »Ein Mann sollte bei der Geburt überhaupt nicht dabei sein. Erstens, weil es sich nicht gehört und zweitens, wenn ein Mann sieht, dass aus seiner Ehefrau ein anderes Wesen rauskommt, kann er tiefe, psychische Wunden in seinem Unterbewusstsein bekommen. Dadurch altert er schneller. Nur eine Hebamme versteht den gebärenden Prozess. Ein Mann sollte sich da nicht einmischen!« Und wenn das Kind dann da ist, muss man etwas äußerst Wichtiges beachten: »Achtung! Kinder dürfen NIE im selben Bett schlafen wie Oma und Opa. Warum? Schon seit Äonen weiß man, dass dann die Energie des Kindes in den danebenliegenden Erwachsenen fließt. Man muss das so verstehen: Ein Kind hat 100 % Energie. Ein Erwachsener degradiert sich nach und nach und verliert Energie, daher saugt er die des Kindes auf. Geschieht unbewusst, man kann nichts dagegen machen. Einzige Ausnahme ist die Mutter mit ihrem Kind unter 7 Jahren. Das geht, weil die Aura noch verschmolzen ist.«

Doch zurück zu den Geschlechterrollen: »Wenn ein Mann sich wie eine Frau verhält – meistens wird dieses Verhalten mit Eigenschaften begleitet wie Faulheit, Trägheit, Unsicherheit, Verweichlichung –, so fängt gleichzeitig seine Frau an, sich wie ein Mann zu verhalten.« Und das sei ganz, ganz schlecht – für den Mann natürlich, aber auch für die Frau, weil sie mit dem Stress, den Männer üblicherweise in ihrer starken Rolle bewältigen müssen, nicht klarkommen. »Stress für eine Frau wirkt immer zerstörerisch auf ihre Psyche, doch nicht für einen Mann. Was einen Mann nicht tötet, macht ihn stärker. Ein Mann wird noch mannhafter, wenn er Schwierigkeiten überwindet. Eine Frau, die erstmal Schwierigkeiten und Stress überwindet, wird nur zu einem schlechten Mann.«

Folgendes Geschwurbel fasst die Grundzüge dieser Ideologie noch mal perfekt zusammen: »Es ist für eine Frau nicht möglich, sich dem Mann nicht unterzuordnen. Das ist ein kosmisches Gesetz. Egal, um welche Frau es sich handelt. Die Männer zweifeln oft und fragen: Was ist, wenn sie total verrückt und emanzipiert ist? Jede Frau wird sich neben einem wahren Mann beruhigen. Dabei geht es um die Fähigkeit des Mannes, die weibliche Natur zu verdauen und auf die weiblichen Emotionen zu reagieren. Neben einem solchen Mann wird jede Frau ruhig und sich dem Mann unterordnen.«

Auch sonst sind die Rollen klar verteilt: »Ein Mann muss das Geld verdienen. Und was noch sehr wichtig ist: Er muss das Geld auch richtig ausgeben können. Er ist dafür zuständig. Frauen sind der Natur nach etwas unberechenbar. Sie sollten am Prozess des Geldausgebens zwar teilnehmen, aber sie dürfen nicht die Verantwortung dafür übernehmen. Wenn eine Frau anfängt, die Verantwortung für das Geld zu übernehmen, so wird sie nach und nach wahnsinnig werden.«

Falls Sie übrigens denken sollten, dass hinter solchen Aussagen nur miefschläfrige Männer stecken – weit gefehlt: »Wir Frauen wurden belogen. Uns wurde diese fesselnde, feministische Idee untergeschoben. Uns wurde gesagt, dass wir uns gleichauf mit den Männern befinden können, dass wir mit ihnen auf gleicher Augenhöhe sind. Und da eine Frau von Natur aus über einen naiven und schwachen Verstand verfügt, hat sie diese schöne Idee sofort aufgegriffen. Mann und Frau stellen komplett entgegengesetzte Welten dar. Egal, mit welchen Argumenten die Feministen zu dir kommen. Tief in unserer Seele verstehen wir, dass wir anders sind. Wir reden anders. Wir denken anders. Und wir lieben auch anders.« Interessant. Deswegen kommt man wohl offensichtlich zu dem Schluss: »Eine Frau sollte nicht arbeiten gehen, denn eine Frau bewahrt die familiäre Feuerstelle. All ihre Arbeit dreht sich nur um ihr Haus. Sie sorgt für Sauberkeit und Ordnung und dafür, dass im Haus immer eine liebevolle Atmosphäre herrscht.« Okay. Noch was? »Ebenfalls hat die Frau eine Verantwortung ihrem eigenen Körper gegenüber. Sie sorgt dafür, dass ihr Körper immer gut und attraktiv aussieht.« Sauberkeit und Ordnung haben übrigens einen tieferen Sinn. Zumindest für die Frau: »Sauberes Geschirr spricht von der Reinheit und des Bewusstseins der Frau. Wenn eine Frau das Geschirr spült, spült sie ihr Herz von selbstsüchtigen Wünschen aus.« Verstehe.

Und? Wie oft haben Sie schon mit dem Kopf geschüttelt? Seien Sie vorsichtig, denn was als Nächstes kommt, könnte zu einem Schleudertrauma führen: »Die allgemeine Bezeichnung für unsere Vorfahren lautet Rassa. Diese besiedelten vor 1,5 Milliarden Jahren diesen Planeten, so wie sie viele andere Planeten in vielen Sternensystemen besiedelten. Rassa bedeutet weiß, rein und ursprünglich, daher bezeichnen wir uns als weiße Menschen. Von dem Wort Rassa kommt auch der berühmte lateinische Spruch tabula rasa, was bedeutet, wie ein weißes, sauberes Blatt oder eine weiße, reine Tafel. Das heißt, es kann nur eine Rassa geben, denn das wird als weiß und rein übersetzt. Es gibt also keine gelbe, keine rote und ganz besonders keine schwarze Rassa. Es gibt nur eine Rassa und zwar wir, weil wir von unseren Vorfahren abstammen!«

Mindestens genauso furchtbar wie dieser galaktisch begründete Rassismus ist die Einstellung gegenüber Homosexualität. Diese nimmt laut den vedischen Wirrköpfen »einen ganz besonderen Platz unter den pervertierten Beziehungen« ein. Angeblich würde der Staat Homosexualität zu einer »obligatorischen Norm« festsetzen und damit den »göttlichen Plan« bewusst verzerren. Und wenn die Gesellschaft »stillschweigend die gleichgeschlechtliche Beziehung zu einer normalen Erscheinung« anhebt, dann handelt sie gegen die Gesetze des Universums. Damit schlagen diese Wurstpellenpfosten eine Brücke zu ähnlich verbohrten Ideologien aus dem blaubraunen Spektrum, womit klar sein dürfte, in welchen Kreisen sie sich gerne bewegen.

Alternative Heilkunde oder: Natürlich sterben mit natürlichen Zutaten

Was kommt denn jetzt? Habe ich die Homöopathie und ihre wissenschaftsbehinderten Verwandten etwa noch nicht genug verspottet? Die Antwort auf diese Frage würde die Zuckerindustrie nur beunruhigen. Doch die Medizin zum Backen und andere magische Heilungsmethoden sollen erst mal nicht weiter thematisiert werden. Schütteln wir also den spirituellen Feinstaub aus unseren malträtierten Denkfurchen ab und widmen uns den ganz weltlichen »alternativen Heilmethoden«. Größtenteils zumindest. Denn Überschneidungen mit esoterischen Gesundheitsvorstellungen lassen sich leider nicht vermeiden.

Bei sogenannter alternativer Heilkunde haben viele Menschen bestimmt die Naturheilkunde im Kopf. Zu Recht. Diese hat durchaus ihre Daseinsberechtigung, immerhin arbeitet sie mit nachweisbaren Wirkstoffen. Problematisch wird es erst, wenn bestimmte Wirkstoffe als Quasi-Allheilmittel umgedeutet werden. Man denke da nur an die Superlative, mit denen manche Gurus diverse Nahrungsergänzungsmittel, Vitamin D oder was auch immer gerade im Trend liegt, anpreisen. Der unangenehme Nebeneffekt dieser vermeintlichen Wundermittel ist, dass sie in den sozialen Medien ein Eigenleben entwickeln und irgendwann behandelt werden wie der heilige Gral der Medizin. Plötzlich ranken sich allerlei Mythen und Legenden darum, was bereits alles damit angeblich geheilt wurde, und jeder hält sich für unsterblich, nachdem er das entsprechende Mittel in die Finger bekommen konnte. Dabei heilt überdosiertes Vitamin D weder Schuppenflechte noch Krebs. Auch der übermäßige Verzehr von

Mandeln und Papayakernen stellt keinen effektiven Schutz gegen Infektionskrankheiten dar. Vom vermeintlichen »Rohkost-Wunder« will ich lieber gar nicht erst anfangen: »Rohkost ist die einzige Kost, die ein Mensch zu sich nehmen sollte. Gekochtes Essen war niemals für den Menschen vorgesehen. Es ist unnatürlich und verantwortlich für viele Krankheiten.« Nein, ist es nicht. Unnatürlich ist beispielsweise Lichtnahrung. Diese Methode beschreibt wortwörtlich die »Ernährung« mit Licht. Wobei damit kein herkömmliches Licht gemeint ist, sondern eine Art Lebensenergie, auch Prana genannt. Anhänger:innen glauben, ganz ohne klassische Energieträger in fester oder flüssiger Nahrung auskommen zu können. Da man als Mensch aber dennoch nur ein Fleischsack ist, der in dieser langweiligen Erdendimension festhängt, greifen diese Leute schon auch mal zu einem Snack. Wenn auch heimlich. Nichtsdestotrotz führt dieser esoterische Unfug oft zu gefährlichen bis lebensbedohlichen Essstörungen. Das ist in dem Sinne keine typische »alternative Heilmethode«, weil es »nur« eine gesunde, spirituelle Lebensweise vermitteln soll, doch der Glaube an Lichtnahrung ist in »alternativheilkundlichen« Kreisen kein Fremdwort. Wie dem auch sei. Wenden wir uns wieder greifbaren Dingen zu.

Frage: Hat Knoblauch eine antibakterielle Wirkung? Gewiss. Sollte man im Krankheitsfall täglich Einläufe mit Knoblauchsud machen? Ich weiß es nicht. Ich tippe aber einfach mal auf nein. Dieses absurde, aber leider echte Beispiel ist nur eines von unzähligen, wenn Menschen darüber berichten, wie sie versuchen, der »Pharma-Mafia« vors Schienbein zu treten. So dient die »Apotheke der Natur« als üppiger Medizinschrank für alles, was der menschliche Körper so bieten kann.

Bitte nicht falsch verstehen: Ich bin für pflanzliche Alternativen durchaus offen. In einem gewissen Rahmen. Bei unerklärlichen ernsthaften Beschwerden sollte man jedoch echte medizinische Ratschläge in Anspruch nehmen und nicht die Tipps von selbst ernannten Gesundheitsexperten aus einer zwielichtigen Facebook-Gruppe befolgen. Da fängt für die Pümpelmützen aber bereits das Problem an. Die Dämonisierung der »Schulmedizin« ist nämlich das, was diese »alternativen Heilmethoden«, um die sich im Folgenden alles drehen wird, eint. Auf der einen Seite haben die Schwurbelnasen die böse Chemie – auf der anderen Seite die »natürlichen Wirkstoffe«. Dass die »böse Chemie« im Grunde auch bloß auf natürliche Wirkstoffe zurückgeht, spielt in dieser Szene keine Rolle. Denn die Pharmaindustrie ist selbstverständlich nur eine staatlich geförderte »Todesindustrie«. Na, klingelt da was? Selbstredend tragen nicht alle Befürworter:innen von Naturheilkunde geflochtene Aluhüte. Es kommt schließlich wie immer auf die Motivation und die Hintergründe an, warum jemand etwas tut. Und wenn man eben der Meinung sein sollte, dass die »Pharma-Killer« unter jüdischer/satanischer/reptiloider/schlumpfiger Kontrolle stehen und die Bevölkerung reduzieren wollen, dann ist man eben nicht einfach nur ein Fan von Naturheilkunde, sondern wahrscheinlich in einer Losbude als Niete angestellt.

Die Abneigung beziehungsweise das Misstrauen gegenüber der »Schulmedizin« geht in Aluhutkreisen sogar so weit, dass nahezu alles, was im Allgemeinen als ungesund oder gefährlich eingestuft ist, plötzlich zum Heilmittel der Wahl wird. Der simple Gedanke dahinter, den wir hier schon einige Male in ähnlicher Weise kennenlernen durften: Die »Schulmedizin« lügt. Die Wissenschaft lügt. Die Regierung lügt. Die Presse lügt. Das Gefahrenzeichen auf der Terpentinbüchse lügt. Moment. Terpentin. Benzin. Borax. Oder die allseits beliebte Chlorbleiche. Alles natürliche, unterdrückte Heilmittel, weil die »Pharma-Bestien« verhindern wollen, dass die Menschen gesund werden oder bleiben: »Als man die Indianer ausrotten wollte, gab man ihnen pockenverseuchte Decken. Wir befinden uns heute in derselben Situation wie die Indianer. Nichts von dem, was uns das System anbietet, wird ohne böse Hintergedanken angeboten. Das, was offiziell bei Medikamenten usw. als ungewollter Nebeneffekt oder Nebenwirkung deklariert wird, ist genau der Effekt, den man erreichen will. Umgekehrt gilt das bei allem, wovor das System uns fernhalten will.« Nach der Logik ist es dann wohl auch gesund, die Folie der Tiefkühlpizza mitzubacken oder am Auspuff eines Dieselautos zu nuckeln.

Die folgenden Einblicke in die Welt gefährlicher Nichtmedizin, wo Menschen nicht in die Apotheke, sondern in den Baumarkt gehen, wenn sie etwas für ihre Gesundheit kaufen wollen, können daher recht verstörend wirken. Es ist eine Welt, die, wenn sie eine Fernsehsendung wäre, »Selbstvergiftung leicht gemacht« oder »Wie werde ich meine Darmflora los – in nur zehn Tagen?« hieße. Also noch mal zum Verständnis: Da trinken Menschen Terpentinöl? Ja. *Das* Terpentin, das man für die Herstellung von Lacken benutzt? In der Tat. Das heißt, die spöttische Redewendung »Hast du Lack gesoffen?« hat quasi einen wahren Kern? Stimmt. Und was in Zuckerbergs Namen ist Borax? Doch nicht etwa das Zeug, das in Holzschutzmitteln und Insektiziden drin ist? Doch. Kurze Pause ... Tief durchatmen. Und weiter geht's.

»Guten Morgen, ich habe heute zum zweiten Mal Terpentinöl eingenommen. Einen Teelöffel auf zwei Stück Würfelzucker. Jetzt brennen die Mundwinkel und die Zunge ganz doll. Ist das normal?« Ha, natürlich lautet die Antwort: »Normal. Das ist nur ein Zeichen, dass es wirkt!« Bitte nicht nachmachen! Terpentin soll übrigens nicht nur gegen alle möglichen Krankheiten helfen, sondern auch gegen Parasiten. Damit meinen die Aluhüte allerdings nicht zwingend außerirdische oder energetische Würmer – die sind schließlich ein Job für Wunderheiler:innen –, sondern vermeintlich echte Lebewesen, die von Ärztinnen und Ärzten absichtlich nicht diagnostiziert werden. Sie wissen schon, weil die nur an unserem Tod interessiert sind. Viele nehmen Terpentin und MMS daher nicht nur oral ein, sondern verpassen sich damit auch regelmäßig einen Einlauf, um gegen die imaginären Parasiten vorzugehen. Stolz veröffentlichen sie daraufhin Fotos von ihrem Stuhlgang, um allen Beteiligten die »abgestoßenen Parasiten« zu zeigen. In Wahrheit sind das leider oft bloß verätzte ausgeschiedene Stücke der Darmschleimhaut. Und ja, so etwas zu sehen ist in Wahrheit genauso eklig, wie es sich liest.

»Hey, ich habe da mal eine Frage. Ich habe die Terpentin-Kur zum dritten Mal durch und dachte jetzt sei erstmal genug. Doch je näher der Vollmond rückt, desto schlimmer juckt meine Kopfhaut und mein Hintern kribbelt. Weiß nicht, ob ich langsam paranoid werde durch die ganzen Infos hier und den Videos oder ob es ein Zeichen ist, dass die Parasiten noch da sind. Hab seit einiger Zeit auch Haarausfall und das könnte ein Anzeichen für Morgellons sein, oder? Soll ich noch eine Runde Terpentin machen? An Petroleum traue ich mich noch nicht ran.« Ob du paranoid bist? Dass der Körper Signale sendet, könnte darauf zurückzuführen sein, dass er bereits konditioniert ist. Immerhin ist der Vollmond ein beliebter Zeitpunkt für den Beginn einer »Terpentinkur«. Wenn der Körper also bereits dreimal mit Beginn des Vollmondes mit Terpentin gefoltert wurde, ruft er kurz vorm nächsten Vollmond sozusagen laut um Hilfe. Aber was weiß ich schon. Die Erklärungen der »Experten« sind ohnehin einleuchtender: »Der Haarausfall kommt eher von Schwermetall-Vergiftungen. Arsen, Quecksilber, meistens aus Chemtrails, die wir gezwungenermaßen einatmen. Das Kribbeln am Anus ist aber wohl ein Zeichen von Parasiteneiern, die bald schlüpfen. Bei Vollmond werden die aktiv.« Weitere Wortmeldung: »Das kenn ich mit dem Jucken. Ich bin auf Petroleum umgestiegen und das bekommt mir besser. Hatte zwar eine Woche lang heftige Bauchschmerzen, aber das hat sich dann gelegt.« Weil dein Körper einfach aufgegeben hat, du selbstmörderische Rumpelbirne! Und das Thema Vollmond noch mal erklärt: »Man macht die

Terpentinkur am besten bei Vollmond, weil die Parasiten dann Paarungszeit haben und die Eiablage machen. Generell sollte man alle Entgiftungskuren mit den Mondphasen abstimmen.« Wie bitte? »Das hat mit der zyklischen Parasitenwanderung im Wirt zu tun. Die Parasiten treffen sich zum Vollmond zur Paarung im Darm und legen dort ihre Eier.« Oh, wie romantisch. »Deshalb schlafen Menschen mit hoher Parasitenbelastung auch schlecht bei Vollmond oder sind gereizt. Der Hintern kribbelt also von der Eiablage. Das ist der richtige Zeitpunkt, um eine Kur zu beginnen.« Alles klar.

Doch wie sieht so eine Terpentinkur überhaupt aus? Hier ein typischer Erfahrungsbericht: »Hallo ihr Lieben, ich bin heute bei Tag 9 der Terpentinöl-Kur. Seit 2 Tagen nehme ich Terpentin jedoch nicht mehr oral ein. Es geht mir nicht wirklich gut damit, obwohl ich merke, dass alles kribbelt. Am 3. Tag hatte ich kaum noch Stuhlgang. Ich fühlte mich aufgebläht, verstopft und sehr unwohl. Ab dem 4. Tag hatte ich dann wieder Verdauung, allerdings sehr dünnflüssig und ganz hellbraun. Am Freitag dann löste sich alles auf einmal. 8 Toilettengänge, extremer Durchfall und Bauchschmerzen. Morgens ist mir seitdem ständig übel, denke gar nicht mehr richtig ans Essen.« Grundgütiger! Wer jetzt denkt, dies wäre ein negativer Bericht, täuscht sich. Weiter heißt es nämlich: »Ich freue mich, dass die Parasiten keinen Einfluss mehr haben, ich kann mich wieder auf andere Dinge konzentrieren und will nicht ständig Süßes und anders krankmachendes Zeug in mich reinstopfen!« Moment: Heißt das, die bösen Parasiten beeinflussen im Auftrag der Pharma-Diktatur unsere Gedanken, damit wir Lust auf Schokolade und Chips bekommen, uns dadurch falsch ernähren, erkranken und letztendlich abhängig von der »Schulmedizin« werden? So sieht es aus, fürchte ich. Aber wieso schickt die Regierung nicht andere Parasiten los, die uns direkt krank machen? Wozu dieser Umweg? »Die Nahrungsmittelindustrie ist fest in zionistischer Hand. Die experimentieren mit uns über deren Produkte, alles ist voll mit chemischen Substanzen, die uns immer mehr von der Natur entfernen lassen!« Ach so. Hätte ich wissen müssen. Aber Aufzüge, Autos, Computer sind wiederum in Ordnung, oder wie?

Ähnlicher Erfahrungsbericht: »Nehme jetzt seit 4 Tagen Terpentin mit Zucker und langsam tut sich was. Es sind aus mir so richtige Wurmstücke rausgekommen, sahen aus wie Oliven, auf jeden Fall tot. Ich glaube ich fühlte auch wie sie gestorben sind, mir war sehr schwummerig im Kopf.« Übrigens, als typische Vergiftungserscheinungen gelten unter anderem Übelkeit, Durchfall, Bauchschmerzen, Kopfschmerzen, Schwindel und Verwirrtheitszustände bis hin zu Halluzinationen. Nur mal so am Rande.

»Sagt mal, wenn ihr Terpentin länger einnehmt, habt ihr auch so komische Träume? Bei mir geht es da meistens um Würmer, die meinen Körper verlassen. Letzte Nacht hab ich geträumt, dass ein riesiger Wurm, den ich auswürgen wollte, sich so gewehrt hat, dass er doch in mir drin geblieben ist. Bin davon aufgewacht und hatte immer noch das Gefühl mich zu übergeben!« Ach du heiliges Parasitenei! Junge! Auch dir möchte dein Körper einfach nur sagen: Lass mich mit dem Drecksterpentin in Ruhe! Aber wie bereits erwähnt, habe ich natürlich keine Ahnung. Denn: Zwar spricht da tatsächlich jemand, aber es handelt sich dabei nicht um den Körper: »Durch die Träume nehmen die Parasiten Kontakt zum Wirt auf. Die wollen erreichen, dass man Angst bekommt, sich von ihnen zu trennen. Sie haben Zugriff auf dein Unterbewusstsein!« Und was kann man nun dagegen tun? Anderen Pinselreiniger saufen? Oder doch vielleicht den Giftnotruf wählen? »Spiel auch mal mit anderen Kurmedien herum. Anorganischer Schwefel ist auch gut. MMS, Knoblauchöl, Wermut, Oreganoöl oder Fasten. Mir ging es beim Terpentin oft genauso mit den Albträumen. Hauptsache du bleibst dran und nimmst was ein, was deine Parasiten minimiert.« Anderer Tipp: »Regelmäßig Einläufe mit Knoblauch und Kaffee fand ich sehr hilfreich. Dazu viel Knoblauch essen, Knoblauchwasser trinken und viel Wermutsaft.« Einläufe sind in der Tat ein äußerst spannendes Feld. Sie glauben gar nicht, wie oft und vor allem womit sich die Hammelhauben den Darm zerschießen. Eigenurin. Rote-Beete-Saft. Zitronensaft. Kurkuma. Löwenzahnwurzel. Wenn dann jemand vom achten Einlauf des Tages erzählt, frage ich mich erneut: Was stimmt nicht mit diesen Menschen?

Es ist immer wieder das Gleiche: Jemand erzählt, dass er sich ätzende Plörre vorne oder hinten reingekippt hat, berichtet über heftige Nebenwirkungen, die aber von der Community zum Glück als harmlose »Entgiftungserscheinungen« diagnostiziert werden. Man klopft sich gegenseitig auf die Schulter und tauscht sich zwischendurch darüber aus, welches das beste Terpentin ist und wo man es kaufen kann. Nett. Richtig entspannend scheinen überdies auch Terpentinbäder zu sein. Man gibt mehrere Tropfen (wobei die Mengenangaben stark variieren) ins Badewasser dazu und steigt gedankenlos in die Wanne. Viele Anwender:innen berichten daraufhin über rote, juckende und brennende Hautstellen, was aber dann höchstens auf eine falsche Dosierung zurückzuführen ist. Unterm Strich hat das Bad natürlich immer einen positiven Effekt auf die Gesundheit gehabt. Terpentinbäder ziehen nämlich nicht bloß Gifte aus der Haut, sondern auch Morgellons. Darüber hinaus zerstört das Terpentin die Nanostaubroboter aus den Chemtrails, die sich in die Hautzellen gebohrt haben.

Übrigens, bei all diesen Beispielen handelt es sich nicht bloß um die wirren Fantasien einer Handvoll Außenseiter. Die Gruppen beherbergen Tausende Mitglieder und ebenso viele Beiträge. Und ja, oft genug schleichen sich Menschen (wie ich) in diese Gruppen rein und merken ab und zu an, man solle vielleicht – wirklich nur vielleicht – in bestimmten Fällen den Hausarzt aufsuchen. Keine Minute später bekommt man contra. Diese Leute wollen unter sich bleiben und können es nicht leiden, wenn

»Pharma-Trolle« sie im Auftrag der Regierung überwachen. Menschenskinder, ihr seid bei Facebook, nicht in einem Bunker unter dem Ozean. Eine »geheime« Gruppe ist nicht unsichtbar. Interessant ist bei diesen »Behandlungen« mit giftigen Aperitifs der Glaube, dass dabei selbstverständlich nur die schlechten »Eindringlinge« im Körper bekämpft werden: »Ich habe mich für das reine Terpentin von Diamond G Forest entschieden. Das bekommt mir am besten. Die guten Bakterien werden davon nicht angerührt.« Ja. Genau. Kleiner Tipp am Rande: Gönnen Sie sich beim Online-Kaufhaus Amazon die Produktbewertungen zum erwähnten »Diamond G Forest«. Falls Sie den Glauben an die Menschheit immer noch nicht ganz verloren haben sollten.

Doch man muss sich gar nicht unbedingt mit Terpentin den Darm durchpusten lassen, um seiner Gesundheit zu schaden. Die positive Einstellung zu allem, was »natürlich« ist, führt in diesen Kreisen teilweise dazu, dass alles, was in der freien Natur vorkommt, positiv gewertet wird. Giftige Pilze existieren dadurch ebenso wenig wie gefährliche Raubtiere. Wobei, irgendwie ja schon, aber das ist nur der negativen Energie der »Dunkelmächte« geschuldet. Mit genügend Liebe im Herzen gäbe uns die Natur keinen Anlass, sich vor ihr zu fürchten. Einen ganz besonderen Platz in diesem Kindermärchen bekommt die Sonne. Der fiese Feuerball, der nur darauf wartet, uns in ein paar Milliarden Jahren komplett wegzurösten, ist in Wahrheit unser bester Kumpel: »Die Sonne ist das wichtigste in unserem Leben. Wer sich davor schützen möchte, dem wird was fehlen, der verliert Lebensenergie. Daher benutze ich nie Sonnenschutzmittel, auch keine Sonnenbrille. Die Natur kann uns nicht schaden, wenn wir vernünftig mit ihr umgehen.« Hm, weiß die Natur das auch? »Das Ammenmärchen vom Sonnenschutz ist ziemlich alt. Die erste Sonnencreme wurde von Bayer entwickelt. Einer Firma, die das gesamte Leben der Menschen beeinflusst, von Nahrung bis Medizin. Und das nicht zum Guten!« War ja klar. »Wir cremen uns auch nie ein. Da kommt höchstens Kokosöl auf die Haut. Unseren Sonnenschutz nehmen wir von innen auf. Nahrung hilft besser als jedes äußerliche Mittelchen, das nur aus Chemiegiften besteht. Man nehme lieber Karottensaft. Paprikaschoten, Aprikosen, Tomaten und täglich einen Wildkräutersmoothie!« Oje, sagt mir aber bitte, dass ihr wenigstens nicht direkt in die Sonne glotzt. »Ab und zu in die Sonne schauen ist wichtig, denn mit den Augen kommunizieren wir mit der Sonne. Die Augen ermöglichen es dem Licht, tief in den menschlichen Körper vorzudringen und so seine seelische Gesundheit zu beeinflussen.« Hä? Sonnenlicht ist knorke, so viel hab ich verstanden, aber für seine positiven Effekte muss ich weder in die Sonne blicken – ernsthaft, tut das bitte nicht – noch einen Sonnenbrand riskieren. »Macht euch klar, dass Sonnencremes schädliche Stoffe enthalten, die die Organe zerstören können. Die Sonne kann uns nicht schaden. Was die Sonnenbrand nennen, kommt von der Verstrahlung durch Funktürme und weil Sonnenlicht von dichten Metallpartikeln in der Luft verstärkt wird. Handysignale, Chemtrails, bewirken, dass wir ähnlich in einer Mikrowelle leben.« Und da wir schon bei Verstrahlungen sind: Die Amateurmutanten der Neuen Germanischen Medizin haben auch noch ein Häufchen mitzureden: »Sonnenbrand entsteht dadurch, dass man im Vorfeld Angst davor hat, ihn zu bekommen. Würde man in die Sonne gehen, mit dem absolut guten Gefühl, dass die Sonne toll ist und Wärme bringt, dann ist Sonnenbrand kein Thema.« Unterm Strich also mal wieder alles selbst verschuldet, weil man ein kleiner manipulierter Angsthase ist. Oder? »Sonnenbrand hat etwas mit dem unheilen Vater zu tun, der einen mit Verbrennung bestraft. Es ist ein Spiegel, dass man sein Inneres heilen muss. Dahinter stehen Selbstwert, Anerkennung, sich selbst zu lieben. Die wirkliche Sonne verbrennt uns nämlich nicht.«

Okay, also noch mal zum Mitschreiben: Alles, wovon »die da

oben« sagen, dass es uns hilft, ist in Wahrheit schädlich – und umgekehrt: Alles, was angeblich schadet, hilft. Bin zwar kein Arzt, aber das klingt schon ziemlich paranoid. Was ist das für ein Leben, wenn man immerzu glaubt, von allen Seiten vergiftet zu werden? Ein weiteres, fast alltägliches Beispiel wäre die Angst vor Fluorid in Zahnpasta. Dabei wird Fluorid offenkundig mit Fluor verwechselt, denn in nahezu allen Schreckensmeldungen wird mal über Fluorid und mal über Fluor gesprochen, als wären es Synonyme. Doch während Fluorid ein gesundes Spurenelement ist, das natürlich in unserer Umwelt vorkommt, ist Fluor ein giftiges Gas. Hilft alles nichts. Wenn eine Verschwörungsfantasie erst mal Fahrt aufgenommen hat, ist sie nicht mehr aufzuhalten. Und so füllen sich die sozialen Medien regelmäßig mit apokalyptischen Durchsagen wie diese: »Fluorid ist hochgiftig und gefährlich. Eine unbedenkliche Dosis gibt es nicht. Bereits eine vermeintlich geringe, aber stete Belastung beschleunigt die Alterung und fordert den gesundheitlichen Verfall mit vielfältigen, meist unheilbaren Erkrankungen.« Na klar, Dieter. Danke für die Warnung. Richtig ist zwar, dass sehr große Mengen Fluorid gefährlich werden können, doch man müsste sich schon mindestens drei Zahnpastatuben aufs Brot schmieren, um ernsthafte Bedenken zu rechtfertigen. »Falls Sie nicht wissen sollten, was Fluor/Fluorid ist, dann sollten Sie nun erhöht aufmerksam werden: Fluor ist eine der giftigsten und schädlichsten Substanzen, die das Universum hervorgebracht hat. Fluor ist zudem hochgradig ätzend. Fluor frisst sich durch Aluminium – Fluor frisst sich durch Glas – Fluor frisst sich sogar durch Stahl!« Ach, was du nicht sagst. Aber Fluor ist nicht gleich Fluorid, du Zipfelzylinder!

Wahrscheinlich wird es niemanden überraschen, dass diese immerwährende Angst vor vermeintlichen Giften sich perfekt in die große Verschwörungsbrühe rund um die Neue Weltordnung einordnet: »Wir haben keine Zeit mehr, man tötet uns auf jede erdenkliche Art und Weise, Fluor in Zahncreme, Jod im Salz, um nur einige dieser Gemeinheiten zu erwähnen, die uns abtöten sollen! Von 7 Milliarden Menschen sollen nach dem Willen der NWO-Agenda 6,5 Milliarden sterben!« Ja, ist denn heut' schon Weihnachten? »Fluorid in Nahrung und Zahnhygieneartikel plus Aluminium und Barium in Höchstmengen von oben gesprüht, durch Impfstoffe in den Körper eingebracht, sind eine Vernichtungswaffe für jegliches Leben! Besonders Fluorid wird uns verpasst, damit die Gifte alle natürlichen Barrieren in unserem Körper überwinden können. Das ist kein Versehen, sondern pure Absicht, genau kalkuliert! Informiert euch!« Lass mich raten: Bei YouTube! »Die Welt befindet sich in einem Bewusstseinskoma. Uns wurde beigebracht, sich von Supermarktgift zu ernähren. Wir sind Sklaven eines unersättlichen Egos und merken nicht, dass wir seit unserer Geburt Nervenlähmungsgifte zu uns nehmen! Aspartam, Jod, Fluorid sind unvorstellbare Gräuel. Schaut man sich die Universalmonarchisten an der Spitze der Weltpyramide an, wird man feststellen, dass das ganze System in Satanismus wurzelt.« Toll, schon wieder Satan.

Wenn esoterisch-alternative Kleingeister offensichtlich so ein großes Problem mit der »Schulmedizin« haben – was glauben Sie, was diese Menschen wohl über Organtransplantationen denken? Richtig. Es sind im Grunde die gleichen wirren Ansichten, die man beispielsweise bei Impfgegner:innen findet. Festhalten, bitte! »Die Seele ist an den Körper gebunden und erst wenn dieser vollständig zerfallen ist, wird sie frei sein. Daher sind Feuerbestattungen sehr wichtig. Selbst die Quantenphysik hat mit Experimenten nachgewiesen, dass die Zellen mit der Urquelle der Schöpfung kommunizieren. Wenn Organe aber in einem anderen Menschen weiterleben, kann sich die Seele nicht lösen.« Bitte, lasst die Quantenphysik da raus! »Ein Organspender ist nicht tot, er ist bei vollem Bewusstsein, wenn ihm die Organe entnommen werden, der Körper wird richtig brutal ausgeschlachtet. Sowas wie Hirntod gibt es nicht, alles Lügen!« Da könnte was dran sein, denn offensichtlich ist der Hirntod kein Hindernis für die Verbreitung dümmlicher Verschwörungsfantasien. »Bei Organspenden geht es nicht darum, kranken Menschen zu helfen. Es werden Mischwesen geschaffen! Schon in Atlantis wurden grauenvolle Experimente durchgeführt, deswegen u. a. ist es untergegangen!« Noch was? »All unsere Organe sind Speichermedien. Wie kann man es verantworten, sich andere Gefühle, Informationen, Gedanken und andere Karmas einpflanzen zu lassen?« Besonders gut gefällt mir auch folgende Einstellung: »Organe zu spenden ist ein unnatürlicher, satanischer Vorgang und nicht von Gott gewollt, denn, wäre es so, dann würde eine Spende auf natürlichem Weg gehen, ohne Skalpell. Die Natur hat das eben so eingerichtet, dass man irgendwann stirbt.« Zynische, naive und schlussendlich weltfremde Überzeugungen, die teilweise von den gleichen Anpeitscher:innen verbreitet und gefördert werden, die wir bisher kennenlernen durften.

Sind Sie noch stark genug für einen Gesundheitstipp bezüglich Borax, bevor es mit einem schöneren Thema weitergeht? »Hallo, was hilft bei Brennen und Jucken im Genitalbereich? Trau mich nicht zum Frauenarzt.« Die Antwort könnte zynischer nicht sein: »Gut, dass du hierher gefunden hast und uns fragst. Wenn es ein Pilz ist, mit Borax einreiben. Wenn du es verträgst ruhig auch mit dem Finger einführen. Dazu noch Reishi Heilpilz, gibts als Kapseln.« Anderer Vorschlag: »Wenn das Brennen nicht so schlimm ist, könntest du es mit einem in Joghurt getränkten Tampon versuchen.« Tja. Immerhin besser als Borax. Meine Güte.

Im Übrigen habe ich gelogen. Es folgt kein schöneres Thema. Im Gegenteil. Seien Sie sich dessen bewusst, dass all diese hier vorgestellten Schwurbeldodos mit ihren selbstverletzenden Marotten aus allen gesellschaftlichen und sozialen Schichten kommen. Es sind auf den ersten Blick völlig durchschnittliche Menschen, mit durchschnittlichen Leben, Familien und Kindern.

Und das bedeutet leider auch, dass manche Menschen ihren Nachwuchs mit den gleichen ätzenden Stoffen »behandeln« wie sich selbst. Bei Terpentin und Co. habe ich diesbezüglich noch keine konkreten Fälle erlebt, bei MMS dagegen schon. Es kommt nicht selten vor, dass die eine oder andere Schwurbelmutti damit prahlt, wie sie ihren minderjährigen Kindern mithilfe von MMS »den Arzt erspart« habe. Und ganz ehrlich: Da hört der Spaß endgültig auf. Entsprechende Hinweise finden von meiner Seite aus immer den Weg zur Polizei. Manchmal bekomme ich erfreulicherweise mit, dass etwas in Gang gesetzt wurde. Oft genug führen mangelnde Beweise jedoch in eine Sackgasse.

MMS-Junkies wissen, dass Kinder ein ganz heikles Thema sind. Daher achten sie besonders vorsichtig darauf, Diskussionen möglichst im Keim zu ersticken, bevor jemand »zu viel« verrät. In einigen Gruppen wird zudem generell dazu aufgerufen, bestimmte Begriffe gar nicht mehr richtig auszuschreiben: »Liebe Gruppenmitglieder, unsere Gruppen hier werden regelmäßig gescreent und gemeldet. Um besser geschützt zu sein, bitte ich euch zukünftig die Abkürzungen spiegelverkehrt zu schreiben, also SMM statt MMS. Terpentin und Petroleum auch nicht mehr verwenden. Stattdessen kann man die Kürzel Ter. oder Pet. benutzen.« Bravo. Diese Menschen glauben wohl auch, dass man von niemandem mehr gesehen wird, sobald man sich die Augen zuhält. Auffällig sind aber die ausgesprochenen Warnungen, man solle keine Kinder erwähnen, denn »der Feind liest mit«. Der Feind bin zum Glück nicht nur ich. Es gibt noch viele weitere Menschen da draußen, die sich in solche Communitys einschleusen und problematische Kommentare dokumentieren. Wer sich hiermit angesprochen fühlt: Danke und mach weiter so!

Reichsbürger:innen oder: Des Kaisers neue Aluhüte

Die sogenannten Reichsbürger:innen zählen vielleicht zu den unangenehmsten Bewohner:innen von Schwurbelhausen. Diese durchgebrannten Hirnsparlampen sind überzeugt davon, dass Deutschland kein souveräner Staat sei, sondern eine Firma – eine Gesellschaft mit beschränkter Haftung. Denn: Im Handelsregister beim Amtsgericht Frankfurt am Main sei schließlich eine Firma namens »Bundesrepublik Deutschland Finanzagentur GmbH« eingetragen. Nein! Doch! Oh! Dieses Unternehmen existiert, verkörpert aber natürlich nicht die BRD selbst, sondern befindet sich lediglich in ihrem Besitz und kümmert sich um allerlei Geldmarktgeschäfte, wie beispielsweise Kreditaufnahmen bei der Deutschen Bundesbank. Aber selbstverständlich ist das nur ein Trick. Oder ich habe keine Ahnung beziehungsweise gehöre zu den Agenten der geheimen Schattenregierung, die dafür bezahlt werden, in der Gesellschaft »die große Lüge« aufrechtzuerhalten. Damit haben Reichsbürger mit allen anderen Verschwörungslappen etwas gemeinsam: »Ich bin so kluk! Alle doof außer ich!«

Wenn der Staat eine Firma ist, sind wir alle demzufolge auch gar keine Staatsbürgerinnen und Staatsbürger, sondern Angestellte. Dafür spricht allein schon der Personalausweis: Der beweist ja schon durch seinen Namen, dass wir nur Personal sind und nicht Bürgerinnen und Bürger. Die eigentliche Bedeutung, abgeleitet vom lateinischen Adjektiv »personalis«, was so viel wie »persönlich«, »bezogen auf eine einzelne Person« heißt, spielt keine Rolle. Fakten sind unwichtig. Es zählen nur die eigenen, aus aufgeschnappten Gedankenkötteln zusammengepanschten Fantasien. Der übliche Wahnsinn also. Die Konsequenz dieser deliriumartigen Weltvorstellung lautet, dass Reichsbürger:innen das Grundgesetz nicht anerkennen und folglich alle staatlichen Organe der Bundesrepublik für feindliche Marionetten einer »geheimen Elite« halten. Damit reihen sie sich in die lange Tradition antisemitischer Hassfantasien ein, denn besagte »geheime Elite« ist selbstverständlich die gleiche wie in jedem anderen Verschwörungsgeschwätz. Ob nun die Rothschilds, George Soros oder andere »Finanzeliten« – es sind immer irgendwelche zionistischen Hintermänner, die unser Land ›verwalten‹ und uns ›gehirngewaschenen Sklavinnen und Sklaven‹ steuern und manipulieren. Das klingt nicht nur irre, es ist auch irre gefährlich, denn nach dieser Ideologie befindet sich »das deutsche Volk« in einem dauerhaften Kriegszustand.

Der Hintergrund: Das seit 1871 bestehende Deutsche Reich hat nie aufgehört zu existieren. Die Weimarer Republik, die beiden Weltkriege, der Nationalsozialismus, die Gründung der Bundesrepublik: alles bloß Inszenierungen, Lügen und Manipulationen, mit dem einzigen Zweck, das deutsche Volk zu knechten. Und da wird es ein bisschen undurchsichtig. Denn die Reichsbutterbirnen sind sich nicht grundsätzlich einig, wie was genau seit dem vermeintlichen Ende des Kaiserreiches passiert ist. So glauben manche, die Weimarer Republik hätte bis heute Gültigkeit, wiederum andere sprechen vom Dritten Reich als rechtmäßigem Staat. Und selbst da gibt es Unterschiede. So sind einige der Meinung, Hitler hätte das deutsche Volk aus den Fängen der »zionistisch durchseuchten Monarchisten« befreit, sei also ein Held gewesen, der 1945 den (ebenfalls zionistischen) Alliierten unterlag, die wiederum seitdem das Land besetzen. Andere Reichsgurken betrachten die Nationalsozialisten durchaus als die Bösen, die im Auftrag der jüdisch-satanischen Elite das Deutsche Kaiserreich zerstören sollten. Mit dem (inszenierten)

Ende des Zweiten Weltkrieges hätten die geheimen Drahtzieher schließlich eine Scheinregierung aufgestellt, um die ganze Welt mit der Illusion einer neuen Ära hinters Licht zu führen. In Wahrheit endete der Zweite Weltkrieg aber nicht, und das Dritte Reich sei deshalb immer noch in Amt und Würden – unrechtmäßigerweise natürlich. Denn offiziell habe der Kaiser damals nie abgedankt und die Weimarer Republik, Hitler und Co. seien nur Teil einer weltumspannenden Intrige der Zionisten gewesen, die das deutsche Volk spalten und unter ihre Kontrolle bringen wollten. Das heißt, wir befinden uns bis heute in einer NS-Diktatur. Der Holocaust ist in dieser Ideologie übrigens entweder eine weitere Inszenierung oder bloß ein Kollateralschaden.

Vertieft man sich in den theoretischen Verästelungen dieser Weltanschauung, klingt alles noch viel wirrer und komplizierter. Unterm Strich ist aber alles ganz einfach: Kaiserreich bis 1914 – super. Alles danach bis heute – blöd. Mit anderen Worten: Die guten Kaiserdeutschen gegen den Rest der Welt. Ausnahmen bestätigen natürlich die Regel. Kriegsverbrecher wie Putin und andere Autokraten gelten für braunbesohlte Reichspantoffeln durchaus als ideologische Verbündete. Hauptsächlich aus dem Grund, weil deren Vorgehen gegen Minderheiten als »Schutz der Nation vor zersetzenden Strömungen« wahrgenommen werden. Klar.

Reichsbürger:innen leben wie viele Esoteriker:innen in einer alternativen Realität, heben diese aber auf eine ganz neue Stufe, wenn sie beispielsweise eigene Kleinstaaten gründen, sich öffentlich von der Bundesrepublik »lösen« und Behörden nicht nur mit Worten, sondern mit Waffen bekämpfen. Mit ihren radikalen Ansichten und direkten Anschuldigungen sprechen sie dabei vielen anderen Aluhut-Kriegern aus dem Herzen, die selbst keine »waschechten« Reichskotkapuzen sind. Das führt dazu, dass sie in nahezu jedem Verschwörungsnest wärmstens willkommen sind, denn wie wir längst wissen: »Die Elite« lügt und will uns schaden/ausbeuten/versklaven/quälen/töten. Wie sich diese Elite im Detail definiert, ist erst mal egal. Hauptsache man bekämpft zusammen das System. Danach sehen wir weiter. Der perfide Gedanke dahinter: Sobald »die rechtmäßige Ordnung« wiederhergestellt ist, können alle so leben, wie sie wollen. Sollte also ein neuer rechtmäßiger Kaiser die Führung übernehmen, werden schulmedizinische Praktiken in die Schranken gewiesen, Impfungen verboten, zur Prime-Time esoterische Lehren verbreitet und endlich allen Menschen die ganze, wahrhaftige Wahrheit über die Eliten/Juden/Illuminaten/ und alle anderen Feindbilder offenbart. Ach ja, der Weltfrieden wird natürlich ebenfalls eingeläutet. Allerdings erst, nachdem alle Verbrecher »an die Wand gestellt« wurden. Licht und Liebe. Gruß und Kuss und ganz viele Herzchen!

Wollen wir einen kleinen Blick in die sozialen Netzwerke werfen? »Die Regierung lässt das Erbe von Hitler weiterleben. Tägliche Schutzgelderpressungen in Sachen Steuern werden weiterhin durch Gewalteinwirkungen eingetrieben. Wer sich gegen die NS-Behörden stellt, keine Lust mehr auf das Nazi-Dasein hat, wird in Beugehaft genommen. Nicht in Nordkorea ist die Diktatur zuhause, sondern hier in der BRiD.« BRiD steht übrigens für »Bundesrepublik in Deutschland« und umschreibt die Vorstellung, dass die Bundesrepublik bloß ein Konstrukt auf deutschem Boden ist, aber die Deutschen selbst nicht repräsentiert. Nebenbei ging es bei der Diskussion um die GEZ. Und auch sonst geizen die Reichsflatulenzen nicht mit ihrer Propaganda. Zum Thema Wahlen hielt jemand unwidersprochen fest: »Nie wieder wählen! Mit eurer Stimme legitimiert ihr nur die illegalen Handlungen der Volksverräter und gesetzlosen, kriminellen Terroristen! Stellt euch mal die Frage: Woher hat die Polizei ihre Lizenz eine Waffe zu tragen? Jede Hausdurchsuchung, jede Vollstreckung eines Haftbefehls ist ein illegaler militärischer Einsatz!«

Sehr originell sind auch diverse »Regelwerke« beziehungsweise »Orientierungshilfen«, die regelmäßig geteilt werden: »Artikel 1: Verweigere jede Kontaktaufnahme seitens der NS-Behörden. Artikel 2: Verweigere jedes Bußgeld und alles, was von einer BRiD/GmbH/NS-Behörde aufgezwungen wird. Artikel 3: Verweigere jede Steuer, da diese Steuern zum Aufrechterhalten des Dritten Reiches dienen.« In einer Impfgegner-Gruppe wurde dieser Beitrag mit den Worten kommentiert: »Ich verweigere schon alle Impfungen, das ist schwer genug. Ich hoffe aber schon, dass das korrupte System irgendwann zusammenbricht.« Und auch sonst werden Ärztinnen und Ärzte gerne mit Nazis verglichen: »Im Krankenhaus dachte ich, ich wäre in einem KZ. Leid und Elend wohin man schaut. Ein Krankenhaus ist wirklich ein krankes Haus, wo Menschen alles, aber nicht gesund gemacht werden! Du brauchst großes Glück, um da normal wieder rauszukommen!«

Auch gut zu wissen: »Eine Geburtsurkunde ist ein Pfandbrief. Du bist als Mensch eine Pfandsache, ein Sklave ohne Rechte.« Na hoffentlich mehr Wert als 25 Cent. Aber das Ganze gilt offensichtlich nicht nur für Deutsche: »Die Sozialversicherungsnummer eines jeden US-Bürgers ist gleichzeitig auch die Nummer seines Pfandscheines, der bei der Weltbank per Geburtsurkunde hinterlegt ist. Möglich gemacht wurde dies nach dem Recht der katholischen Kirche. Mit der Ausstellung der Geburtsurkunde wird jeder Mensch offiziell entrechtet, also seiner Rechte als Mensch beraubt! Das ist dann auch nach Europa übergeschwappt und wurde hier ebenfalls in gleicher Form angewandt, weil die Kirche hier noch stärker von satanischen Kräften durchdrungen ist.« Man kann das Ganze aber scheinbar auch anders erklären: »Diese Firmenwerdung der Staaten nahm den Anfang 1871 in den USA. Nach dem Bürgerkrieg waren die Südstaaten hoch verschuldet und hatten keinerlei Sicherheiten. Die jüdische Finanz-Mafia überredete sie, die Staaten in Firmen umzuwandeln und ihre Verfassungen außer Kraft zu setzen, damit sie ihre Bürger als Pfand für Kredite beleihen konnten. Die USA bestehen noch heute aus vielen Firmen. Dasselbe wollten die Juden mit den Deutschen machen und trieben das Reich in den ersten Weltkrieg, doch der Kaiser durchschaute den Plan und beendete den Krieg durch einen Waffenstillstand. Die gegründete Weimarer Republik war daher völkerrechtswidrig. Sie wurde nach dem Vorbild der USA von den Juden als Firma auf das bestehende Deutsche Reich draufgesetzt.«

Aha. Und was ist mit den anderen Ländern auf der Welt? Sind das auch bloß Firmen? »Zur Rechtslage hier in Deutschland und im Rest der Welt muss einfach nur eine Sache verstanden werden. Bis auf einige wenige Nationalstaaten wie Iran, Syrien, Nordkorea, Kuba, Russland (der Irak und Libyen wurden als angebliche Schurkenstaaten ja schon eliminiert) sind aus allen Ländern Firmen gemacht worden. Auch mit dem Deutschen Reich, dem einzigen verbliebenen Nationalstaat in Europa, soll das durch die Umvolkung jetzt erreicht werden. Momentan sind wir nur weiterhin besetzt, denn aufgrund der Ewigkeitsgarantie vom Papst 1871 war es bisher nicht möglich, das Reich aufzulösen. Deshalb lässt Merkel nunmehr den Plan zur Umvolkung des Deutschen Reiches voll durchlaufen. Denn gibt es kein Deutsches Volk mehr, gibt es auch nicht mehr die Ewigkeitsgarantie und somit auch keinen Nationalstaat Deutsches Reich mehr, was die endgültige Umwandlung in eine Firma bedeuten würde!« Oder schlimmer ausgedrückt: »Hier findet seit über 70 Jahren ein stiller Holocaust an der deutschen Bevölkerung statt. Die Regierung begeht Hochverrat, weil sie dieses Kriegsverbrechen nicht bekämpft. Doch was auch immer der kriminelle Juden-Freimaurer-Staat zusammenköchelt, es wird ihm nichts nutzen gegen das 2. Nürnberger Gericht.« Klingt und ist übel, aber im Vergleich zu sonstigen Gewalt- und Hinrichtungsfantasien sogar noch recht harmlos.

Beenden möchte ich dieses kurze Kapitel jedoch mit einem

Fußball-Kommentar: »Gerade denke ich darüber nach, wie alle Fußballidioten die angebliche Nationalflagge schwenken und auch andere Teile in diesen Farben überall montieren. Wenn die wüßten, daß es die Verräterflagge der BRiD ist, würde ihnen die Kotze hochkommen. Die echte Deutsche Flagge hat die Farben schwarz, weiß, rot und dann hat jeder Bundesstaat des Deutschen Reiches von 1871 noch seine eigene Flagge. Wir haben auch keine Nationalmannschaft, da ausländische Spieler erst eingebürgert werden müssen und das kann die BRiD nicht, da sie kein souveräner Staat ist.«

Olé, olé, olé, olé!

PS: Wo sind eigentlich die römischen Reichsbürger? Man könnte das Spiel der »illegitimen Nachfolge« immerhin auch viel weiter nach hinten verlagern ... Ave!

Die Transgender-Agenda oder:
Die Angst vor Diversität

Es ist ja leider nichts Neues, dass in religiösen Kreisen sowie unter klumpköpfigen »Traditionalisten« homosexuelle und transsexuelle Menschen kaum Akzeptanz finden. Wer »anders« ist, sieht sich oft mit Misstrauen, Angst und sogar Hass konfrontiert. Und dann gibt es da noch eine Verschwörungsfantasie, die all dies noch toppt: die sogenannte Transgender-Agenda oder auch Transpocalypse, wie es unter Insidern auch heißt. Dabei gipfelt die Abscheu vor Diversität in einen fanatischen Wahn, der auch hier wie so oft nur noch mit einem völligen Realitätsverlust erklärbar ist.

Geht es nach den Anhänger:innen dieser Verschwörung, ist Transsexualität nämlich keine von innen heraus gelebte Identität, die in die bewusste Entscheidung gipfelt, den Körper mittels Hormontherapien und Operationen anzugleichen. Oh nein. Für die Aluhüte ist Transsexualität eine unfreiwillige Geschlechtsumwandlung, angeordnet von der »satanischen Elite«, um die Gesellschaft zu täuschen, zu spalten und zu manipulieren. Weil diese Dinge wohl zu Satans Lieblingshobbys gehören. Der Punkt, der dem Ganzen dann endgültig die Alukrone aufsetzt, ist die Behauptung, dass nahezu alle internationalen Stars aus der Film- und Musikbranche solche Transsexuellen sind. Diese seien nämlich als Kinder entführt und geschlechtsumgewandelt worden, um später als gedankenkontrollierte Stars die unterschwellige Verbreitung besagter »Transgender-Agenda« zu forcieren. Ja, aber ... was soll das Ganze? Was hat diese blöde Elite davon? Nun, für die »Transvestigatoren«, wie sich manche

Anhänger:innen dieser klebrigen Verschwörungsflatulenz selbst nennen, liegt die Antwort auf der Hand: Die »satanische Elite« möchte nämlich alles auf der Welt ins Gegenteil umkehren. Männer werden zu Frauen, Frauen zu Männern. Böses wird gut, Gutes wird böse, Katzen bellen und Hühner verarbeiten Menschenkinder zu Human McNuggets.

Die Welt und damit auch die »klassischen« Geschlechterrollen seien schließlich von Gott in Perfektion erschaffen worden – und die fiesen Satanisten hätten das Ziel, diese natürliche Perfektion zu zerstören. Weil ... Satan eben. Wie so oft. Wer tiefere Einblicke bekommen möchte, kann in die Kanalisation der YouTube-Universität hinabsteigen und nach Begriffen wie »Transgender-Agenda« und/oder »Transvestigation« suchen. Ich bitte allerdings, von Schadensersatzforderungen abzusehen, falls ihr Gehirn daraufhin zu spontaner Selbstentzündung neigen sollte. Ich habe Sie hiermit gewarnt. Glücklicherweise löscht YouTube immer wieder solche Verschwörungsvideos, doch selbst für so einen großen Konzern ist die Bekämpfung von Hetze und Fakenews ein Kampf gegen Windmühlen.

In den sozialen Netzwerken suhlen sich diese – ich muss es leider so sagen – geistig gestörten, sexuell unsicheren, bildungsfernen Menschen in ihren hasserfüllten Verschwörungsfantasien, tauschen die neusten »Beweise« über besonders bekannte »umgewandelte Bio-Roboter« aus und sammeln immerzu neue Hinweise, um möglichst weitere Prominente als Opfer beziehungsweise Instrumente der satanischen Transgender-Agenda zu enthüllen. Transsexuell sind laut diesen peinlichen Klabusterflöten übrigens unter anderem Barack und Michelle Obama, Mark Zuckerberg, Paris Hilton, Lady Gaga, Madonna, Heidi Klum, Angela Merkel und Christian Drosten. Wie man darauf kommt? Na, schauen Sie sich doch den Unterkiefer an! Und die fliehende Stirn! Und, ähm, die Hüften! Und die Länge der Finger! Ich bitte Sie! Der Adamsapfel! Auf diesem bestimmten Foto sieht man bei

Christian Drosten keinen Adamsapfel! Und diese auffällige Falte in Michelle Obamas Kleid ist doch wohl eindeutig eine Beule! Was sagt uns das? Penis! PENIS!

Moment mal. Diese Promis ... Das sind doch dieselben Leute, die in Wahrheit reptiloide Echsenwesen in Menschengestalt sein sollen. Ja, was denn nun? Keine Sorge. Das eine schließt das andere nicht aus. Die Wege der NWO sind unergründlich. Abgesehen davon: Ob Angela Merkel nun ein Mann ist, eine Echse, ein Klon, ein Hologramm, die Geliebte Gargamels oder eine verzauberte Butterpresse – entscheidend ist für die Aluhüte, dass sie böse ist und Teil der satanischen Elite beziehungsweise Neuen Weltordnung, die den Plan verfolgt, die Menschheit zu reduzieren. Die Parallelen in diesen Hirngespinsten sind also nicht wirklich zufällig. Es ist der gleiche Grundwahnsinn, bloß mit verschiedenen Symptomen. Man könnte auch sagen, während manche Verschwörungshalunken gerne Aluhüte tragen, ziehen sich andere lieber eine Alumütze oder ein Alusombrero über den hohlen Dickschädel.

Menschen in irgendeiner Weise zu »entlarven« ist für die Verschwörungszene eine ihrer liebsten Aufgaben. Diese Besessenheit mit Transsexualität ist dabei nur ein Aspekt eines kollektiven Verfolgungswahns. So glauben ebenso viele Verschwörungsmopeds, dass prominente Personen weder echte Menschen noch Außerirdische in aufwendigen Menschenkostümen sind, sondern Klone. Überhaupt bestünde der Großteil der Weltbevölkerung aus Klonen, denn: »So viele Seelen gibt es gar nicht. Eine Seele inkarniert immer wieder in ein anderes Lebewesen, sobald ihr ursprünglicher Körper stirbt. Wie kann es dann sein, dass es immer mehr Menschen gibt? Das ist unmöglich! Es sind seelenlose Klone, die irgendwann die Menschheit verdrängen sollen! Deswegen bekämpft man die Spiritualität, wo man nur kann und treibt z. B. mit Impfungen die Seele aus!« Andere Aluhüte verbreiten währenddessen die Theorie, dass Prominente in Wahrheit von anderen Menschen gedoubelt werden. Tom Cruise ist also gar nicht Tom Cruise, sondern irgendein Typ, der Tom Cruise spielt. Manchmal wird zudem behauptet, diese Doppelgänger seien Mitglieder eines europäischen Königshauses. Adelsfamilien wären schließlich schon immer mit dem Satan im Bunde gewesen, daher läge ihnen viel daran, dieses »Spiel der Täuschung« mitzuspielen.

Fazit: Vielleicht sollte die Regierung doch mal irgendwelche Beruhigungsmittel ins Trinkwasser mischen. Na?

Die Corona-Pandemie oder:
Es ist doch nur eine Grippe!

Wir schreiben das Jahr 2020. Ein bisher unbekanntes Coronavirus, das später auf den lieblichen Namen SARS-CoV-2 getauft wurde und erstmals im Dezember 2019 in Wuhan, China, in Erscheinung trat, macht von sich reden.

Das Virus, das eine Lungenkrankheit auslöst, hatte zu diesem Zeitpunkt bereits Tausende Menschen infiziert und leider auch etliche Todesopfer gefordert. Die Gesundheitsbehörden waren weltweit in höchster Alarmbereitschaft. Zu Recht. Das Virus breitete sich nämlich trotz strikter Sicherheitsvorkehrungen weiter aus, mit einer stark schwankenden Mortalitätsrate, je nach gesellschaftlichen Umständen und Qualität des Gesundheitssystems. Niemand wusste, was passieren würde und welche Vorkehrungen explizit nötig gewesen wären, um die Ausbreitung aufzuhalten. Das Wort Pandemie wollte Anfang 2020 noch niemand in den Mund nehmen. Wie hoffnungsvoll optimistisch wir damals doch waren.

Was sich leider parallel zum Virus verbreitete, war eine unfassbare Welle von Verschwörungsfantasien. Verständlich. In Krisenzeiten blühen Weltuntergangspropheten und esoterische Märchenonkel erst richtig auf. Sogar die Weltgesundheitsorganisation WHO zeigte sich besorgt über die Flut an falschen Informationen zum neuartigen Coronavirus. Besonders schlimm hierbei war, dass selbst manche Ärzte die Gefahr nicht ernst nahmen. Auftritt Wolfgang »Wohnzimmeradvokat« Wodarg, der es sich nicht nehmen ließ, immer und überall großspurig zu erzählen, beim Coronavirus handele es sich bloß um Panikmache. Er war einer der ersten »Experten«, der Covid-19 mit einer Grippe verglich. Besonders populär wurden seine Äußerungen ausgerechnet durch ein privates Interview mit Eva Herman, der ehemaligen Moderatorin, die schon vor langer Zeit in rechtsideologischem Matsch versunken ist und heutzutage auf ihren Social-Media-Kanälen den wildesten Verschwörungsquark verbreitet. Herman ist eine Ikone der Verschwörungsszene, gilt als Märtyrerin, die vom System gestürzt wurde, weil sie »die Wahrheit« gesagt hatte. Als sie damals in einer Talkshow Hitlers Familienpolitik lobte, war das allerdings nur der Beginn einer großen Karriere als Aluhut-Päpstin einer rechtsesoterischen Nulpengemeinschaft. Da konnte man bereits ahnen, in welchen Kreisen die Verharmlosung des Coronavirus besonders gut fruchtete. Später gaben sich Medien und Behörden gerne überrascht, als es immer offensichtlicher wurde, dass rechtsradikale Netzwerke Bestandteil der Corona-Leugner-Szene waren. Und ich fragte mich: Ernsthaft? Wann habt ihr das letzte Mal ins Internet geschaut?

In sozialen Netzwerken und in »enthüllenden« Videos auf YouTube deckten die verschwörerischen Aussagen und Theorien über Corona von Anfang an das gesamte Aluhut-Spektrum ab – von absurd-albern bis gefährlich-dumm. Besonders auffällig war, dass die Verschwörungsfantasien bezüglich Corona keiner bestimmten »Grundverschwörung« mehr zugeordnet werden konnten. Es spielte sehr schnell keine Rolle mehr, ob jemand an die flache Erde glaubt, die Existenz von Viren leugnet oder davon besessen ist, dass auf dem Mond außerirdische Basen versteckt sind. Immer häufiger wurden sogar verschiedene Hirngespinste miteinander kombiniert. Die typischen Aluhut-Communitys, in denen sich Diskussionen mehr oder weniger nur um ein bestimmtes Thema drehten, gab es plötzlich so nicht mehr. Corona dominierte jeden Winkel des Internets. Bedeutet leider auch: Die Pandemie versammelte alle Dorftrottel unter einem riesigen Aluhut, und so entstand nach und nach eine laute Anti-Corona-

Szene, die später unter dem Namen »Querdenker« traurige Berühmtheit erlangen sollte.

Das Fazit der »erwachten« Bildungsallergiker war unmissverständlich: Das Coronavirus sowie die damit verbundenen Bekämpfungsmaßnahmen – von Masken, über Quarantäne und Lockdown bis hin zu Impfungen – dienen der Unterdrückung und Versklavung der Bevölkerung. Was sonst?

Eine der frühesten und bis heute beständigsten Verschwörungen drehte sich um 5G: »Diese Coronageschichte beinhaltet eine Kombination aus biologischer Kriegsführung, 5G und Satellitenstrahlung, die die Immunität senkt! Die daraus folgende Strahlen-Krankheit wird dann fälschlicherweise als Folge des neuen Virus ausgegeben!« Konkreter: »Coronavirus-Tote sind in Wahrheit 5G-Opfer! Wuhan gehört zu den ersten Städten Chinas, die schon voll mit 5G bestückt ist. Über 30.000 zusätzliche 5G Sendemasten pflastern die ganze Stadt. Nun bedenkt: Forscher sagen, dass diese hochfrequenten Mikrowellen genau in den Bereichen arbeiten, die erheblichen Einfluss auf die Organe haben. 5G wirkt wie eine militärische Waffe! Die Geschichte mit dem Corona-Virus wird jetzt als Ablenkung und Vertuschung aufgetischt, um die 5G-Industrie zu schützen!« Dass viele andere Städte in Asien bereits vor vielen Jahren 5G zum Standard erhoben haben, wird selbstredend ignoriert. »Stellt euch das so vor. Mit der Kombination aus Impfstoffen, Chemtrails (Smart Dust) und 5G, wird euer Körper intern digitalisiert und kann ferngesteuert werden. Die Organfunktionen einer Person können dann aus der Ferne gestoppt werden, wenn sie als nicht systemkonform eingestuft wird. Wuhan war ein Testlauf für die Neue Weltordnung!« Die gute alte Neue Weltordnung. Auch bekannt als Diktatuuur! Oder anders ausgedrückt: »Diese gefälschte Coronavirus-Epidemie zielt auf die Schaffung einer einzigen Weltrepublik ab, sagen mehrere Freimaurerquellen! Deswegen soll auch bald das Project Blue Beam gestartet werden! Auch die Verwendung von Computergrafiken in den Fernsehnachrichten könnte jetzt leicht ein Kriegsszenario schaffen. Durch die Hinzufügung militärischer Kräfte im Einsatz wäre es leicht, die schlafwandelnde Mehrheit von der Echtheit des Ereignisses zu überzeugen. Auf jeden Fall kann es keinen Zweifel daran geben, dass die anhaltende Coronavirus-Panik den Weg für eine militärische Notstandsherrschaft und den Beginn einer Diktatur ebnen soll.« Coronavirus und 5G – das Dreamteam der Elite: »Das neue Virus schwächt das Immunsystem enorm, stimmt so weit. Aber genau das bietet den gepulsten Frequenzen von 5G größte Angriffsfläche, um den Körper zu töten oder den Verstand zu kontrollieren, also den Menschen in Arbeitssklaven zu transformieren! Wir werden nach und nach tötender, zersetzender Strahlung ausgeliefert. Jetzt heißt es Nerven behalten. Petitionen gegen 5G unterschreiben. Stadträte, Kommunen, Schulen, Wohnungsbaugesellschaften anschreiben und andere Leute auf das Thema aufmerksam machen!! Unser Leben, unsere Zukunft als freie Menschen hängt davon ab!« Aha. Liegt da nicht ein klitzekleiner Denkfehler vor? Ich meine, die mächtige Elite zieht also jetzt ihren Plan durch und tötet alle Menschen beziehungsweise verwandelt die Überlebenden in Arbeitssklaven – und dagegen soll eine Petition beim Stadtrat helfen?

Es dauerte leider nicht allzu lange, bis das Coronavirus auch Europa fest im Griff hatte. Grund zur Sorge? Nicht für die Aluhüte, denn sie wussten natürlich sofort, was sich da in Wahrheit abspielt. Die Pandemie ist Fake. Eine Erfindung. Zum Beweis wurden immer wieder Vergleiche mit vergangenen Pandemien gezogen, um aufzuzeigen, dass Corona kein neuartiges Virus ist, sondern die Folge von jahrelangen Impfungen: »In der aktuellen Pandemie-Panik wird von der Lügenpresse auch die sogenannte Spanische Grippe von 1918 als Beispiel genannt, welche Folgen so ein Virus haben könnte. ABER: Soweit bekannt ist, erkrankten ausschließlich Geimpfte an der spanischen Grippe.

Wer die Injektionen abgelehnt hatte, entging der Grippe. Alle Ärzte und Menschen, die zu der Zeit der Spanischen Grippe lebten, sagten, dass es die schrecklichste Krankheit war, die die Welt je gesehen hatte. Augenzeugen sagten aber auch, dass die Spanische Grippe GENAU die Eigenschaften der Krankheiten hatte, gegen die man im 1. Weltkrieg geimpft hatte (Pest, Typhus, Lungenentzündung, Pocken). Praktisch die gesamte Bevölkerung war mit giftigen Impfstoffen verseucht worden. Durch die Verabreichung von giftigen Medikamenten wurde die Pandemie am Leben erhalten. Das gleiche beginnt jetzt langsam mit Corona. Die Impf-Agenda erfüllt ihren Zweck. Nachdem die Menschheit mit Impfungen zugebombt wurde, ist es jetzt soweit. Es sind wieder zu viele Menschen auf dem Planeten und deswegen werden sie DEZIMIERT!« Okay, Peter. Passt schon. Und wenn wir schon bei der Spanischen Grippe sind: »Mal aufgefallen, dass die Spanische Grippe exakt dann auftrat, als das Radio in Europa verbreitet wurde, also dort, wo Radiowellen vermehrter als sonst in der Luft waren?? Das zeigte perfekt, dass der Mensch nicht geschaffen ist für Strahlung (siehe auch Tschernobyl und Fukushima) und Elektrosmog! Im Laufe der Zeit passt sich der menschliche Körper an, aber am Anfang, wenn er neuer Strahlung ausgesetzt ist und die Schwingungen gestört sind, sterben viele. Genau DAS passiert jetzt wegen 5G!«

Als die ersten Schulen geschlossen wurden, waren selbst die Anhänger:innen der flachen Erde auf einmal erleuchtet: »Es ist so offensichtlich! Das 5G Kontrollsystem wird gerade an Schulen installiert, deswegen schulfrei! Regierungen, Kirchen, Institutionen belügen uns schon ewig. Klimalüge, Globuslüge und jetzt Coronalüge! Liebe Freunde, Gott ist real aber auch Satan ist real und sitzt in Berlin! Mond, Sonne und Sterne wurden schon lange durch Drohnen ersetzt, um die Zeichen der biblischen Apokalypse zu verstecken. Die beginnt jetzt. Die Erde ist flach und stationär, über ihr das Firmament. Nichts anderes ist wahr! Wer an

Gott glaubt, der wird gerettet. Wer nicht an Gott glaubt, der ist verloren und wird Opfer Satans!«

Überhaupt brachte das Coronavirus erstaunlich oft den Glauben mit ins Spiel: »Dieser C-Virus ist ein Vorbote des jüngsten Gerichtes. Eine Warnung an diese gottlose Gesellschaft, in der die Ermordung von Babys mit dem Wort Abtreibung verniedlicht wird, wo Menschen sich ihren Gelüsten hingeben, Pornografie konsumieren, in allen perversen Formen, dann wie die Tiere masturbieren und immer lügen und betrügen weil sie Gott verleugnen und das Geldsystem als neuen Gott verehren! Diese Menschen kriegen jetzt die Quittung!« Und ich dachte, vom Masturbieren wird man lediglich blind. Deswegen gleich eine Pandemie auf die Menschheit loszulassen, erscheint mir doch etwas extrem. Übrigens versuchten viele Anhänger:innen verschiedener religiöser Strömungen das Coronavirus mit ihrem »wahren Glauben« in Einklang zu bringen. Als es am Anfang noch keine offiziellen Infizierten-Meldungen aus muslimischen Ländern gab, meinten einige Muslime, Allah würde dafür sorgen, dass nur Andersgläubige krank werden. Umgekehrt nutzten islamfeindliche Weißbohnen die Chance, mal wieder gegen Ausländer und insbesondere gegen Flüchtlinge zu hetzen: »Das Virus wurde extra frei gesetzt, um die alten Menschen loszuwerden, weil die Rente nicht reicht. Niemand bekommt wohl mit, dass die alle Flüchtlinge jetzt nach Deutschland holen. Davon sind Tausende mit dem Virus infiziert. Die Busse kommen nachts!« Und ja, es wurde mitunter ziemlich hässlich und direkt: »Das Virus wird durch afrikanische Flüchtlinge eingeschleppt, mit China hat das nichts zu tun! Während es seit Tagen in China keine neuen Fälle mehr gibt, sterben die Menschen in Italien zu Tausenden! Das Land, wo Merkels Goldstücke zuerst ankommen! Das ist kein Zufall. Bald sind die bei uns und dann kann die Umvolkung losgehen! Macht euch bereit! Auf die Straße mit euch!« Nicht selten beinhalten solche Verschwörungsfantasien derbe Beschimpfungen und gewaltverherrlichende Drohungen. Etwas, das sich leider während des gesamten Pandemieverlaufs nie ändern sollte.

Die Virenleugner kämpften natürlich ebenfalls an vorderster Alufront: »Es gibt kein Corona-Virus! Es gibt gar keine Viren auf der Erde, die irgendwelche Krankheiten verursachen. So wie bei Aids gelogen wird, so ist es auch bei allen anderen Krankheiten, die durch Viren verursacht sein sollen, wie Grippe bei Menschen, Schweinegrippe, Vogelgrippe, Ebola und jetzt bei dem angeblichen Coronavirus. Die Menschen sterben nicht an einer Coronakrankheit, an einem Corona-Virus, den es gar nicht gibt, sondern an den Vorbehandlungen der Ärzte, wie Impfaktionen, oder an schlechten hygienischen Bedingungen, an ihrer falschen Ernährung. Es gibt auf der ganzen Erde nicht ein einziges Virus, das krank macht. Jeder, der es wissen möchte, kann das selber nachprüfen!« Na klar doch. Trotzdem infizierten sich nach und nach immer Menschen. Wie seltsam. Das fiel auch den Anhänger:innen der Germanischen Heilkunde auf: »Hallo zusammen, mich beschäftigt aktuell dieses sogenannte Coronavirus. Anfangs dachte ich, es wäre wie bei anderen Epidemien wie Grippe nur wieder ein anderer Massenkonflikt. Aber inzwischen glaube ich, dass es was Künstliches sein muss, um die Überbevölkerung in China und auf der Welt zu bekämpfen. In China geht etwas vor, das spüre ich. Etwas böses!« Nun ja, allem Schwachsinn zum Trotz, transportierte der Fokus auf China leider bei vielen Menschen tatsächlich eine feindliche Einstellung gegenüber asiatischen Mitbürgern.

Das änderte sich jedoch recht schnell, als mit fortschreitender Pandemie enthüllt wurde, wer in Wahrheit hinter allem Übel steckt. Na? Genau: »Der Holocaust ist eine fast so große Lüge wie die Corona-Pandemie! Beides erlogen von jüdischen Zionisten! Der Jude stürzte Deutschland erst in den ersten Weltkrieg und sorgte mit seiner Lüge vom verlorenen Krieg für die Niederlage! Als Hitler die Zentralbanken Rothschilds entmachtete, begann wenig später der Krieg! Alle Quellen belegen deutlich, dass die Juden zuerst Deutschland den Krieg erklärten. Churchill arbeitete für Rothschild! Die BRD wurde dann 1949 von Rothschild gegründet und um die Judenverfolgung ein immenser Kult erschaffen! Die Nazis erkannten früh den Feind, der auch heute einer ist und hinter der NWO steckt!« Zugegeben, solch drastische antisemitische und rechtsextreme Corona-Fantasien waren anfangs noch in der Unterzahl. Erschreckend jedoch, dass solchen Äußerungen kaum widersprochen wurde und sie in nahezu jeder neu gegründeten Anti-Corona-Gruppe in den sozialen Netzwerken auf fruchtbaren Boden fielen. Da braute sich etwas zusammen. Ich muss sagen: Eine Überraschung war das nicht. Antisemitismus spielt schließlich in nahezu allen populären Verschwörungsfantasien eine Rolle. Und Corona bot, je länger die Pandemie andauerte, ein immer größeres Ventil für die wildesten Spekulationen und Anschuldigungen. Verschwörungsanhänger:innen wurden zudem mutiger, weil sie sahen, dass sie auch außerhalb ihrer Blase Gehör finden konnten. Sicher, für die meisten Menschen waren sie nach wie vor verkappte Spinner, doch immer wieder gelang es, die eine oder andere Person dazu zu bringen, »sich zu informieren« und »aufzuwachen«. Die Aluhüte vermehrten sich, infizierten andere mit ihrem Wahnsinn, weil sie – ganz typisch – einfache Antworten auf komplizierte Fragen lieferten. Und wenn zu diesem Zeitpunkt etwas Fragen aufwarf, dann Corona. Hinzu kam, dass Wissenschaft und Politik mit diesen Fragen überfordert waren. Man wusste einfach noch viel zu wenig. Wissenschaftliche Erkenntnisse sind schließlich das Ergebnis langer Prozesse. Und gerade zu Beginn der Pandemie wurden immer wieder Theorien über den Haufen geworfen, neue Studien ausgewertet und dementsprechend Maßnahmen angepasst. Diese dynamische Entwicklung nahmen viele verunsicherte Menschen – mit Beistand von hetzenden Boulevardzeitungen und Politikern aus dem blaubraunen Spektrum – zum Anlass,

Wissenschaftler:innen vorzuwerfen, sie würden bewusst lügen beziehungsweise nicht bei einer Meinung bleiben und so die Bevölkerung heimtückisch hinters Licht führen.

Kein Wunder, dass viele Menschen Zuflucht in eine vermeintlich strukturierte Parallelwelt fanden, in der es nachvollziehbare Erklärungen und klare Schuldzuweisungen gab. Und das ist wahrlich nichts Neues, wie wir hier schon anhand vieler Beispiele kennenlernen durften.

Besonders die Esoterikszene war von Anfang an ein Motor für die unwirklichsten Verschwörungsfantasien. Wobei man statt Motor auch Brutstätte sagen könnte. Mit all den sphärischen Märchengeschichten über unsichtbare Energien, fremde Mächte und mystische Wesen aus anderen Dimensionen, hatten es Esoteriker:innen nicht schwer, Corona in ihre wirre Weltanschauung einzuflechten: »Die CORONA ist unser Heiligenschein. Es ist unser Licht oberhalb unseres Kronen-Chakras. Das Wort Corona stammt aus dem Lateinischen und bedeutet so viel wie Kranz. In der griechischen und römischen Antike galt der Kranz in Höhe unseres Kronen-Chakras als eine Auszeichnung. Er wurde zu kultischen Zwecken getragen und war aus Blumen, Blättern oder Zweigen geflochten. Die aktuelle Corona-Virus-Epidemie ist also nichts anderes als ein Kampf um unser Kronen-Chakra. Wer bereit ist, sein Licht jetzt zu empfangen, dem KANN dieses ominöse Virus NICHTS anhaben. Doch wer an seiner Ego-Identifikation vehement festhält und weiterhin nach seinen ALTEN Vorstellungen, Werten, Prägungen und Konditionierungen hier auf dieser Erde leben will, den wird es einfach dahinraffen.« Klar. Unterm Strich also mal wieder selbst schuld, wenn man verreckt. Bleiben wir einfach mal in der Antike: »Der Begriff Corona stammt von den Römern und man verwendete ihn für einen Kranz als Auszeichnung für einen Sieg (Lorbeerkranz Cäsars), aber auch zu kultischen Zwecken (Dornenkrone Jesu). Und genau das passiert nun in der gegenwärtigen Coronahysterie. Es ist ein okkultes Ritual der Dunkelmächte, der nichtmenschlichen Elite. Und die Menschen fallen darauf herein wie dumme Schafe. Das Coronavirus, also das gekrönte Virus, ist die Krone dieser dunklen Mächte, die sich als Sieger sehen! Sie sperren die Menschen in ihren Städten, in ihren Häusern ein, verbreiten Angst und Schrecken, damit sie ungestört ihre satanische Agenda verbreiten können: Totale Kontrolle, 5G, Abschaffung von Besitz, Pädophilie!«

Nichtmenschliche Elite? Aber sicher! Neben den üblichen Reptiloiden, die Corona natürlich benutzen, um die Erde (erneut) zu versklaven, sind Aliens stets willkommen: »Möglich auch, dass Covid19, wie die Satanisten es nennen, eine Krankheit zur Säuberung ist, für außerirdische Invasoren! Ich meine, die schwächen uns, versetzen die gesamte Welt in Angst und machen die Menschen verwundbar mit einer fremden, unbekannten Krankheit und dann schlagen sie zu! Dieses Virus kann doch nicht irdisch sein, sonst impfen die Pharmahuren immer sofort wegen alles und jetzt auf einmal ist es nicht möglich zu impfen? Haha, klaro!!! Könnte also die Vorstufe von einer Invasion sein und die Regierungen im Hintergrund machen die Flatter oder stecken mit drin!« Man merkt an der Aussage bezüglich fehlender Impfungen, dass wir uns noch am Anfang der Pandemie befinden. Nichtsdestotrotz war den meisten anderen Aluhüten selbstverständlich klar, dass ein Impfstoff gegen Corona nur eine Frage der Zeit sein würde – ein eindeutiger Beweis übrigens, dass die Pharmaindustrie hinter allem steckt: Erst eine fiese Krankheit erfinden und danach teuren Impfstoff verkaufen. Hm, woran erinnert mich das? Vielleicht daran, dass selbst ernannte Heiler:innen eine Besessenheit mit energetischen Aliens erfinden, um sie danach mit teuren Zauberbehandlungen auszutreiben? Wie? Kann man nicht vergleichen? Warum? Ach, weil die energetischen Aliens echt sind und Corona nicht. Natürlich. Mein Fehler.

Bleiben wir noch ein bisschen bei Aliens: »Merkel tut im

Fernsehen doch nur so als wäre sie besorgt, dieser Corona Covid19 Scheiß Fake ist doch ein Riesenbetrug an der gesamten Menschheit! Entweder ein Alienvirus, der uns für eine Invasion dezimieren soll oder eine Aktion der Freimaurer unter Soros, Rockefeller und Bill Gates: eine Vergiftung! Es spricht ja einiges dafür, dass dieses Virus eine Vergiftung ist, durch das Trinkwasser. Viele sagen 5G wär Schuld, aber es sterben auch Menschen, wo es kein 5G gibt. Ich denke, die wollen die Alten weghaben, um keine Renten zu zahlen! KOCHT DESHALB EUER WASSER! BITTE!« Meine Güte, koch dich am besten selbst gleich mit.

Ebenso charakteristisch für die Esoterikszene: Channelings. In unzähligen Botschaften erklärten diverse Engel und andere »höhere Wesen«, was es mit Corona auf sich hat. Die Galaktische Föderation kommt übrigens auch wieder zu Wort. Klassisches Beispiel: »Die wahre Absicht hinter diesem Virus ist es, so viel von unserer Bevölkerung auszulöschen wie möglich. Den dunklen Mächten wurde nicht erlaubt ihre Waffen zu benutzen, um Kriege zu beginnen, da die Galaktische Föderation sie entwaffnet und ihre Waffen unbrauchbar gemacht haben. Der dritte WELTKRIEG wird unter keinen Umständen erlaubt sein. Jede Macht, die versucht einen Krieg anzufangen, wird unmittelbare Konsequenzen zu tragen haben; deshalb gehen sie zu sekundären Taktiken über, indem sie biologische Waffen gegen die Menschheit einsetzen, da diese Art Angriffe von den Galaktischen weniger leicht zu entdecken und zu verhindern sind. WIR VERSICHERN EUCH, DASS ES IN DIESEM SZENARIO NICHTS ZU BEFÜRCHTEN GIBT. Ja, es wird einige Seelen geben, welche die Erde aufgrund dieses Angriffs verlassen werden. Die Seelen, welche die Erde jetzt verlassen, sind jedoch diejenigen, die einen Seelenvertrag dahingehend akzeptiert haben, da die Intensität dieses Planeten für sie nicht mehr erträglich ist.« Mit anderen Worten: keine Angst. Da sind zwar böse Mächte, die uns alle töten wollen, aber unsere galaktischen Freunde haben alles unter Kontrolle. Okay, hier und da landen ein paar Menschen im Sarg, aber das ist nicht schlimm, denn deren Seelen wollten das schließlich so.

Ebenfalls typisch: »Liebe Brüder und Schwestern! Aus der Sicht des Geistes handelt es sich bei Corona um einen bedeutenden Test für die Menschheit, wie weit sie sich von Furcht und reinem Materialismus leiten lässt, und wie weit die Menschen willens und fähig sind, zu göttlichen Prinzipien zurückzukehren. Wie ihr sicher wisst, ist der Virus aus rein weltlicher Sicht, Teil der Absicht, die Menschheit zu vernichten. Er ist der Vorläufer einer viel schlimmeren Epidemie und Massenvernichtungsmittels, dem sich, so der Plan, später niemand mehr entziehen kann. Doch keine Angst. Dieser Plan kann nicht mehr aufgehen. Es stehen Lichtkräfte bereit, die dieses Unglück aufhalten werden. Seht das Corona-Virus aber als Weckruf an die gesamte Menschheit. Die Auseinandersetzung mit Krankheit und Tod in einem so großen Ausmaß ist eine Chance, aus dem Tiefschlaf zu erwachen und sich wieder mit höheren, geistigen Werten zu verbinden.«

Grundsätzlich ist Angst ein entscheidendes Stichwort unter Esoteriker:innen. Denn gefährdet ist nur derjenige Mensch, der sich fürchtet. Kein Virus könne einem etwas anhaben, wenn man in »Licht und Liebe« durch die Welt schwingt: »Das Corona-Virus gedeiht durch Furcht. Es hängt an der Schwingung der Angst, so ist es programmiert worden. Sie müssen wissen, dass die Mainstream-Medien zu 100 % von dunklen Mächten kontrolliert werden, die sie als Mittel zur Verbreitung von Furcht an die unbewussten Massen benutzen. Das ist ihre Nahrung. Die Dunklen ernähren sich von unserer Angst. Es ist daher ratsam, alles in Frage zu stellen, wenn es um die Nachrichten geht.« Ziemlich komische Art, »Lügenpresse« zu sagen, Helga.

Haben wir etwas vergessen? Ach ja: Chemtrails! Die fluffigen Todesstreifen sind mit der Corona-Pandemie natürlich ebenfalls sehr eng verknüpft: »Grippewelle durch Chemtrails ist ja bekannt, so kurbeln die immer die Impfungen an und werden alte unnütze Menschen los. Und jetzt Coronavirus! Zufall? Das ist doch genau dasselbe, um die Schwachen in der Gesellschaft zu eliminieren!« Bemerkenswert, wie völlig selbstverständlich von »unnützen Menschen« gesprochen wird. Na, da werden doch wohl nicht etwa eigene Moralvorstellungen auf imaginäre Superschurken projiziert?

Corona hatte endgültig alle Verschwörungsfantasien fest im Griff. Jedes Hirngespinst, das jemals das Licht der Welt erblicken durfte, schien in der Corona-Pandemie neu aufzublühen und jagte von einem Höhepunkt zum nächsten. Unterm Strich waren sich jedoch alle Aluhüte bald einig, dass die Corona-Krise von »den Mächtigen« genutzt wird, um die gefürchtete NWO – die neue Weltordnung – zu errichten. Endlich war es also so weit. Es passierte. All die Theorien und Hinweise, für die man in der Vergangenheit als Spinner abgestempelt wurde, bestätigten sich nun und liefen offensichtlich auf diese Pandemie als Endziel hinaus. Die logische Konsequenz der Aluhüte war, man müsse einen Widerstand formieren. Das Ziel der NWO sei schließlich – wie sie es schon immer gewusst haben –, die Bevölkerung zu reduzieren und letztendlich alle Menschen, die überleben, digital zu versklaven, indem man ihnen per Impfung einen Microchip implantiert, über den man die Lebensfunktionen und Gedanken steuern kann. Besagter Widerstand, dessen Anhänger:innen sich immer häufiger als Corona-Rebellen und/oder Querdenker bezeichneten, fingen an, sich immer stärker zu vernetzen, gründeten allerlei Anti-Corona-Gruppen, um alternative Fakten auszutauschen, und kaperten gleichzeitig unzählige neutrale Informationsgruppen, um die Menschen zu warnen und aufzuklären – also zu verunsichern und zu belügen. Und im Mittelpunkt dieser Wahnvorstellungen: Bill Gates. Immer wieder Bill Gates.

»Steht auf für eure Kinder, sonst wird Gates sie nach seinen satanischen Vorstellungen erziehen und kontrollieren!« Na ja, manchen Eltern würde er dadurch sicherlich helfen. »Gates der Hellseher kündigt jetzt schon den Bioterror mit Impfungen an. Corona ist eine Plandemie! Viele werden sterben!« Ja, viele werden sterben. An Corona! »Bill Gates kontrolliert die gesamte WHO! Alles was hier passiert, haben die geplant. Wundert euch nicht, wenn ihr später durch eine Spritze sterilisiert werdet!« Cool, kein Geld für Verhütungsmittel mehr! »Hinter der Corona-Pandemie geht es um die Umsetzung der neuen Weltordnung. Zu den Plänen gehören die Bargeldabschaffung, der Mikrochip unter der Haut, die Auflösung einzelner Nationen, der Hooton Plan (Umvolkung oder im Fachjargon auch replacement migration genannt) und die totale Bevölkerungsreduktion, die derzeit schon länger durch 5G stattfindet!« Und da sind sie wieder, die antisemitischen Hassfantasien ... »Es existiert keine Erkrankung namens CoVID-19. Das Kürzel CoVID-19 bezeichnet das Impfprogramm, welches der gesamten Weltbevölkerung zwangsweise aufgedrückt werden soll. Eine vermeintliche Erkrankung wird den Menschen bloß suggeriert! Die Menschen sollen über Nano-Technologie und implantierte Microchips von einem selbstlernenden Quanten-Computer vollständig kontrolliert werden. Die Kabale/Illuminaten unter Gates, Soros und Rockefeller planen das mit der Pharma schon seit Jahren!« Oder ganz einfach zusammengefasst: »Bill Gates will 7 Milliarden Menschen impfen, um sie zu kontrollieren und sie dann später nach Belieben zu töten!«

Doch warum eigentlich Bill Gates? Bill Gates führt mit seiner – Anhänger der Theorie über bösartige Echsenmenschen aufgepasst! – Ex-Frau Melinda eine Stiftung, die sich für eine Verbesserung der Gesundheitsversorgung einsetzt. Dabei wird viel in Forschung, Diagnostik und Impfprogramme investiert, und es werden Projekte gefördert, die sich generell mit Ausrottung von Krankheiten beschäftigen. Vor diesem Hintergrund trat

Gates des Öfteren im Fernsehen auf und sprach über globale Gesundheitspolitik sowie die Notwendigkeit von Impfungen. Für Impfgegner:innen, medizinfeindliche Esoterikpflaumen und andere labile Klabusterbärchen, die Angst vor wissenschaftlichem Fortschritt haben, ist ein solcher Einsatz jedoch ein gefundenes Fressen, denn deren oberste Regel lautet schließlich: Nichts ist, wie es scheint, es gibt immer einen geheimen, bösen Masterplan. Als Beweise müssen dann zusammenhanglose und missinterpretierte Wortschnipsel aus Interviews herhalten oder »Artikel« bekannter Fakenews-Portale, die zwar auch nur unbelegbare Behauptungen aufstellen und alte Meldungen falsch darstellen, aber gerne als Quelle genannt werden, weil es nun mal »Artikel im Internet« sind, die ins eigene verwirrte Weltbild passen. Auf die zahlreichen Fakenews möchte ich hier aber gar nicht eingehen. Ich setze einfach mal voraus, dass Sie nicht der Meinung sind, Bill Gates wolle uns alle chippen. Oder denken Sie das vielleicht nur, weil Sie bereits gechippt wurden?

Und wenn schon. Was hat es mit dieser Abneigung gegen digitalen Fortschritt nur auf sich? »Der Film Terminator war sog. PREDICTIVE PROGRAMMING, Vorbereitung auf das, was Gates und seine Vasallen vorhaben! Totale digitale Versklavung in Stufe 1, dann die totale Maschinenherrschaft in Stufe 2! Jeder, der das zionistische Regime aus Pharma, Technofaschisten und Politverbrechern deckt und unterstützt, schaufelt sich sein eigenes Grab!« Also ganz ehrlich: Ich freue mich auf die Herrschaft der Maschinen. Entweder unser Leben wird dann unkomplizierter, oder die Menschheit wird tatsächlich einfach ausgelöscht. Und aktuell finde ich beide Optionen recht attraktiv.

Nur fürs Protokoll: Für den unwahrscheinlichen Fall, dass wir zum Zwecke des Transhumanismus durch 5G doch noch mind-control-mäßig ins Gehirn geimpft werden, fordere ich hiermit frühzeitig einen Impf-Chip von Apple! Wenn die illegale Bundesregierung uns schon versklavt, dann bitte mit Stil. Mein

Impf-Chip soll sich durch moderne, zukunftsweisende Qualität auszeichnen. Ich will keinen schrottigen Microsoft-Chip in mir, der laufend abstürzt oder aufgrund von Bugs und anderen Parasiten falsche Informationen an die reptiloiden Geheimdienste sendet – oder an meine Frau. Ich will ein einfaches, benutzerfreundliches Betriebssystem eingeimpft bekommen, das mir erlaubt, meine Zwangsarbeit fehlerfrei zu bestreiten und sich unkompliziert mit anderen stylischen Sklaven-Geräten synchronisieren lässt. Deswegen: Gib Gates keine Chance!

Kleines Zwischenfazit: Die Querdenker-Bewegung definiert sich bis heute dadurch, dass alles, aber auch wirklich alles, was man über Corona sagen kann, wahr ist – nur nicht, dass es ein gefährliches Virus ist. Ein nicht unwesentlicher Grund für diese Einstellung – weswegen auch viele »normale« Bevölkerungsgruppen die Nähe der Querdenker suchten – war zudem einer simplen Wahrnehmungsstörung geschuldet: Denn wer nicht unmittelbar vom Virus betroffen war, glaubte nicht, dass Maßnahmen irgendeinen sinnvollen Zweck erfüllten. Die falsche Schlussfolgerung: Das Virus ist harmlos. Die Krankheit sei maximal mit einer Grippe vergleichbar. Wodarg und Co. mussten also richtig liegen. Und die Toten? Nun, da behauptete man gerne, die Infizierten seien ja gar nicht *an*, sondern lediglich *mit* Corona gestorben. Tja, sag mal, Stefan, willst du lieber eins *auf* die Fresse oder *in* die Fresse? Der Gipfel des Zynismus wurde erreicht, als man kundtat, es würden sowieso nur Menschen sterben, die aufgrund ihrer Vorerkrankungen eh bald den Löffel abgegeben hätten. Daher wären die Maßnahmen absolut übertrieben. Unterstützung bekamen die Corona-Leugner von mehr oder weniger prominenten Personen, die wie so viele Deutsche auf einmal Viren-Experten waren, sowie diversen Mediziner:innen und Heilpraktiker:innen, die zum einen den Ernst der Lage nicht begriffen, zum anderen grundsätzlich schon immer kritisch gegenüber der »Schulmedizin« waren und jetzt ihre große Chance witterten, so richtig zu glänzen. Oh, und wie sie glänzen sollten.

Denn fast noch schlimmer als die ganzen Verschwörungsfantasien waren die Ratschläge zum Schutz vor dem Coronavirus. Zeichen malen, Pendel schwingen, Engelkarten legen, Zauberformeln aufsagen oder einfach das Virus wegwünschen: Quacksalber:innen haben bekanntlich eine blühende Fantasie und gleichzeitig keinerlei Skrupel, für sich und ihre nutzlosen Hokuspokus-Produkte und pseudomedizinischen Therapien zu werben.

Eine »Akademie« für Geistheiler, die nicht bloß für ihre Zauberseminare bekannt ist, sondern unter anderem auch eine Ausbildung zum Quantenfeld-Coach sowie Schulungen für Nahrungsergänzungsmittelberater:innen anbietet, stellte wortwörtlich eine »Zauberformel« gegen das Corona-Virus vor. Konkret handelte es sich um eine Folge aus Strichen und Punkten. Parallel dazu entwickelte man einen neuen Zahlen-Code (nach der Grabovoi-Methode): »Diese Zauberformel wurde während der Ausbildung in die Geistige Chirurgie der 7. Generation manifestiert. Die Formel mit dem Zahlen-Code 537354 wird aktiviert, damit alle Viren und Bakterien gar nicht erst in das menschliche Immunsystem eindringen können, dass sie erst gar nicht den Körper erreichen. Sie verhilft den Menschen dazu, nicht in die Abhängigkeit von den Erregern zu kommen und ihnen ausgeliefert zu sein. Hiermit kann die Aktion der Heilung eingesetzt werden von jedem Menschen aus! Das Immunsystem wird mit Liebe gestärkt. Es werden alle Corona-Erreger abgeblockt, die in diesem Winter 2020 neu initiiert wurden. Am leichtesten ist es den Code sichtbar oder mit dem Finger unsichtbar zu schreiben. Es können auch kleine Aufkleber beschrieben werden, die überall hin geklebt werden, wo sie wirken aber nicht sichtbar sind, damit sie lange von dort aus wirken können. Man kann den Zahlen-Code auch sprechen!« Halleluja. Natürlich teilten die esoterischen Aluhüte diese Information und stellten dabei auch klar: »Das Coronavirus ist ein sehr leistungsfähiges künstlich hergestelltes Virus, das insbesondere das Herz angreift und eine Explosion der Arterien und Venen verursacht. Es wurde bereits in China initiiert und wird von dort aus in der ganzen Welt verbreitet. Handeln Sie deshalb jetzt und verteilen Sie diese Formel und den Zahlencode zum Wohle aller Menschen weltweit!«

Eine Ayurvedatherapeutin und selbst ernannte »Heilerin der neuen Zeit« sowie »Botschafterin der Ursprungsfrequenzen« machte auf sich aufmerksam, als sie einen »Schutzsatz aus der Alpha Synapsen Programmierung« vorstellte, den man auswendig lernen und laut in Befehlsform aussprechen müsste, um das Coronavirus zu neutralisieren: »Ich entziehe allen Viren, Bakterien, Fremdenergien und niedrigschwingenden Energien die Macht über mich zu bestimmen, mich zu sabotieren oder zu manipulieren auf allen Ebenen und Dimensionen sowie in der Raum- und Zeit-Helix.«

Diese »Hilfsangebote« und selbstlosen Tipps gegen Corona überschwemmten rasch die gesamte Esoterikszene. Möchtegern-Heiler:innen krochen aus allen Löchern, um sich möglichst spektakulär als Retter der Menschheit in Szene zu setzen – und die Grenzen der Fantasie zu strapazieren: Energetische Chakrenstärkung, viele weitere Heilzahlen und gechannelte Formeln, Schutzkreise mit bestimmten Karten, neue Symbole und »radästhetisch ermittelte Schwingungsverstärker« oder »manifestierte Schöpferimpulse«. Die Eso-Dandys bewiesen erneut, wie gut sich so ein Realitätsverlust vermarkten lässt. Die gemeinsame Botschaft: keine Angst. Folge meinen Anweisungen und das Coronavirus kann dir nichts anhaben. Und wenn du schon dabei bist, nutze auch meine anderen tollen Angebote. Zwinker. Selbstverständlich wären auch bestimmte Nahrungsergänzungsmittel in der Lage, das Coronavirus zu besiegen. Vitamin C, Vitamin D, Natron, Knoblauch, Oregano-Öl und überhaupt alles, was sich billig herstellen und besonders teuer weiterverkaufen lässt, war plötzlich ein Coronakiller. Natürlich nur in hochdosierten Mengen. Die Sorge vor dem Virus erreichte sogar die Terpentinschlürfer, MMS-Fetischisten und von Einläufen besessenen Darmzerstörer.

Genial dagegen der Beitrag einer pendelschwingenden Heilpraktikerin: »Achtung. Ein Hinweis einer Pendelfreundin zur Corona-Bekämpfung! Sie hat festgestellt, dass die Struktur unseres Erzengel-Pendels der Struktur des Coronavirus ähnelt. Sie arbeitet mit dem Bild vom Virus und dem Körblerzeichen Y in Kombination mit dem Erzengel-Pendel! Sie meint, wir sollten alle daran arbeiten, das Virus unschädlich zu machen und zwar für alle Menschen weltweit, nicht nur für uns selbst!« Spoiler: Hat nicht funktioniert. Ebenso skurril ist ein Tipp aus der Neuen Homöopathie. Eine Heilpraktikerin, die mit diesem pseudomedizinischen Kalauer arbeitet, verkündete bei Facebook: »Ich habe heute die geistige Welt um einen Schutz vor Coronaviren gebeten und diese Karte bekommen! Schwingt euch das Symbol auf der Karte mit dem Pendel ein und bittet eure Mikroorganismen, euch vor den Coronaviren zu schützen und diese bei Kontakt unschädlich zu machen! Es ist eine Karte aus dem Set Homöopathische Symbolapotheke, welches ich auch auf allen meinen Seminaren empfehle!« Ach, wer hätte das gedacht?

Als besonders heilsames Gekritzel galt für eine ganze Weile ein magisches Zeichen, das ich grob als betrunkenes Hashtag-Symbol beschreiben würde: »Das Corona Healing Symbol ist ein allgemein antivirales Symbol und der Menschheit von den Plejaden gegeben worden. Es wurde durch PAVLINA KLEMM für uns übermittelt, man findet es in Band 6 ihrer Buchreihe über die Plejaden. Mit ihrer freundlichen Erlaubnis dürfen wir es verwenden und verbreiten. Dieses Symbol ausdrucken oder auf ein Blatt Papier frei aufmalen. Dazu die Zahlenreihe 88445719 auf allen 4 Seiten oberhalb des Symbols anschreiben, das verstärkt und aktiviert es. Eine dynamische spiralförmig rotierende Wirkkaskade beginnt. Ein Glas Wasser draufstellen und morgens, mittags und abends ein paar Schluck trinken. Das ist ein guter Schutz und verhindert das erfolgreiche Einnisten der Viren in biogene Systeme.« Prost.

Eine Kinesiologin, die »von der Engelwelt den Auftrag bekam, energetisierte Engelsymbole und Engelessenzen als spirituelle Hilfsmittel der Neuen Zeit zu channeln, herzustellen und zu verbreiten« und eine sehr bekannte »Vermittlerin zwischen der geistigen und irdischen Welt« im deutschsprachigen Raum ist, schrieb in ihrer Facebookgruppe mit über 8000 Mitgliedern: »ANTI-CORONAVIRUS-MASSNAHME, eine praktische Empfehlung eines mir persönlich bekannten Heilpraktikers: 500 ml Kolloidales Silber mit 20 Tropfen Metavirulent (Homöopathikum) und 20 Tropfen Engel-Kombi-Essenz No. 11 vermischen und erwärmen, bis es zu dampfen anfängt. Dann in ein Inhalationsgerät umfüllen und inhalieren.« Zunächst einmal: Kolloidales Silber, auch Silberwasser genannt, wird in der »alternativen Heilkunde« oft als Wundermittel angepriesen, das Bakterien und Viren abtöten und zudem das Immunsystem stärken soll. Allerdings gibt es für solche Gesundheitsversprechen keine wissenschaftlichen Hinweise. Zwar stimmt es, dass Silberlösungen im Reagenzglas krankheitserregende Mikroorganismen bekämpfen können, doch daraus lässt sich nicht schließen, dass kolloidales Silber auch im menschlichen Körper wirkt. Das jedoch nur am Rande. Interessant ist bei der erwähnten »Maßnahme« nämlich, dass eine beliebte »alternative Heilmethode« herangezogen wird, um einer erst recht nutzlosen »Engelessenz« mehr Gewicht zu verleihen. Besagte Essenz ist immerhin entscheidend und lässt sich glücklicherweise mit einem Klick direkt bestellen: 30 Milliliter für knapp 20 Euro. Aber Hauptsache die Pharmaindustrie will nur unser Geld. Und was das erwähnte Homöopathikum betrifft: Selbstverständlich wollten sich auch etliche Homöopath:innen mit ihren Expertisen profilieren und empfahlen allerlei Zuckerkügelchen gegen Corona. Im angeschlossenen Internet-Forum einer Heilpraktikerschule schrieb ein Dozent für

Homöopathie sogar allen Ernstes: »Man kann z. B. feinstofflich/radionisch rangehen und Coronavirus auf einen Zettel schreiben, eine liegende Acht darunter malen und ein Glas Wasser für 3 Minuten draufstellen, dann mit dem Finger umrühren, um göttliche Liebe und göttliches Licht bitten und das Wasser dann trinken. Dabei handelt es sich aber ausdrücklich nicht um eine Therapieempfehlung!« Natürlich nicht. Die Gesundheitsämter können also durchatmen. In dieser Schule unterrichten offensichtlich nur seriöse Homöopathen.

Das Coronavirus selbst hatte für alle esoterischen Wundermittel jedoch nur ein müdes Lächeln übrig und setzte gemütlich seine Weltreise fort.

Und trotz aller Leugnungen und Verharmlosungen: Menschen starben. Also, was war da los? Nun, Corona war zumindest nicht der Grund dafür: »Wer da beatmet im Krankenhaus liegt, der liegt da sicher nicht wegen Cov19, weil es das gar nicht gibt. Dann ist es Grippe oder was anderes, wahrscheinlich Gifte aus Nahrung und Luft, wo der Körper zu schwach dafür war. Das ist echt traurig, aber wenn man da liegt, dann ist das nicht zum gesund werden, wahrscheinlich machen die irgendwelche Tests, um die Gifte noch effektiver zu machen. Also ich würde nicht in ein KRANKEN-haus gehen wollen, damit die da Experimente mit mir machen. Tut mir leid für alle, die geliebte Menschen so tragisch an diese Irren verlieren, ganz viel Liebe für euch!« Die einzigen Irren seid ihr. Liebe am Arsch!

Des Weiteren wurde noch ein anderer Schuldiger auserkoren: Der PCR-Test. Neben dümmlichen Fakenews, nach denen der Test gar nicht wirken würde (weil es Viren und insbesondere das Coronavirus bekanntlich nicht gibt), wurde behauptet, dass der Test selbst die Menschen krank machen würde: »Schau, es gibt bei diesen Tests nur 2 Varianten! 1. Coronaviren sind seit Jahren in unser Grippe mit dabei und die Tests messen nur diese, dann würde es bei allen positiv anzeigen die je eine Grippe hatten. 2. Die Tests wurden zuvor schon mit Corona infiziert, heißt wer den den Test macht wird Corona bekommen! Wacht auf!« Das Teststäbchen wäre zudem auch mit Nanobots beschichtet, die nicht nur das Immunsystem außer Gefecht setzen, sondern auch direkt ins Gehirn eindringen würden, wodurch schließlich die Gedankenkontrolle über 5G möglich wäre. Schnell wurde verbreitet, nur »Schlafschafe« ließen sich testen, die sich dadurch selbst »zur Schlachtbank« führten: »JEDER, der den Test anwendet und einführt, weiß nicht, was er da wirklich tut! Denn sie zerstechen mit dem Test Eure Schleimhaut – die Schutzhaut zum Gehirn, welches sich direkt zwischen Euren Augen befindet! Diese Schleimhaut schützt das Gehirn vor Umweltverschmutzungen und Bakterien. Ist diese also zerstört, können Krankheitserreger ungehindert direkt durch diesen Geheimgang ins Gehirn und in eure Zirbeldrüse gelangen! Was dann passiert, kann sich wohl jeder selbst denken!« Zum Beweis wurde häufig eine Darstellung aus dem alten Ägypten herangezogen, die angeblich zeige, wie mit einer Methode ähnlich dem PCR-Test ungehorsame Sklaven bestraft wurden. In Wahrheit ist auf besagter Darstellung jedoch lediglich eine Augenbehandlung zu sehen. Konnte man durch eine Rückwärts-Bildersuche bei Google leicht herausfinden. Wobei das natürlich nicht zählt, immerhin gehört Google auch zur NWO. Gleichzeitig würde man von uns mittels PCR-Test eine DNA-Probe entnehmen, um die Menschen zu katalogisieren beziehungsweise sie nach lebenswert und nicht lebenswert zu sortieren.

Parallel zum üblichen Wahnsinn begann allerdings recht schnell eine ganz besondere Verschwörung die große Runde zu machen: Die Pandemie sei nämlich eine von »positiven Lichtkräften« künstlich erzeugte Krisensituation, um in deren Schatten die gezielte Ausschaltung »der dunklen Mächte« vornehmen zu können. Der Witz dabei: Diese geheime Operation passiere unter der Leitung von Donald Trump, Wladimir Putin und Xi Jinping. Stichwort: QAnon-Verschwörung.

QAnon oder: QAnus und die Todesmasken

Zunächst einmal: Der Begriff »QAnon« (von althochdeutsch »Kuo Anus«) bezeichnete in der Wahrsagerei des 19. Jahrhunderts das Lesen aus Tierexkrementen. Ursprünglich auf Kuhdung ausgelegt, wurde die Methode mit dem Aufkommen des Informationszeitalters auf nahezu alle tierischen (und menschlichen) Ausscheidungen ausgeweitet. Durch eine volksetymologische Umbenennung wurde daraus im angelsächsischen Sprachraum »QAnon« beziehungsweise »QAnus«. Daher werden entsprechende QAnon-Theorien gemeinhin auch als Bullshit bezeichnet.

Die erschreckend zahlreichen Anhänger:innen dieser aus den USA herübergeschwappten Bewegung glauben, dass hochrangige Politiker:innen auf der ganzen Welt und so gut wie die gesamte Unterhaltungsindustrie einen Kinderhandel-Ring betreiben. Die entführten Kinder werden von diesen nicht menschlichen »Psychobestien« allerdings nicht einfach missbraucht, sondern auch gegessen und in satanischen Riten geopfert. Gleichzeitig würde man Kinder wie in der Massentierhaltung in unterirdischen Bunkern gefangen halten, um aus ihrem Blut das Stoffwechselprodukt Adrenochrom zu gewinnen. Adrenochrom soll nämlich eine lebensverlängernde Wirkung haben, und der Stoff sei besonders effektiv und rein, wenn er einem lebenden gequälten Kind entnommen wird. Daher gäbe es überall auf der Welt riesige unterirdische Kinderfarmen, wo im großen Stil Adrenochrom geerntet wird. Zu allem Überfluss sind diese Wahnvorstellungen eng mit einem recht eindeutigen Antisemitismus verknüpft, weil an der Spitze dieses sogenannten »Deep States«, dessen Mitglieder verantwortlich für diese Abscheulichkeiten sind, selbstverständlich die »jüdische Finanzelite« unter George Soros und dem Rothschild-Clan steht. Ja, das klingt alles wie ein absurder Horrorfilm, der in den Köpfen dieser Menschen allerdings sehr real abläuft. Apropos Film: Adrenochrom wurde interessanterweise hauptsächlich durch die Verfilmung von »Fear and Loathing in Las Vegas« bekannt, wo es als berauschende Droge zum Einsatz kam. Für Anhänger:innen der QAnon-Verschwörung beweist der Film jedoch (genau wie alle Publikationen, die das Motiv aufgreifen), dass die Verwendung von Adrenochrom als Rauschmittel real sei.

Und jetzt kommt die lächerliche Verbindung zur Pandemie: Ausgerechnet Donald Trump wurde laut QAnon von den »Lichtkräften« eingesetzt, um zusammen mit Wladimir Putin und Xi Jinping dieses geheime, weltumspannende Netz zu zerschlagen. Die Corona-Krise werde demzufolge bewusst als Ablenkungsmanöver eingesetzt, um den Deep State, dem die satanischen Kinderfresser angehören, zu vernichten. Das heißt, während die Bevölkerung zu Hause in Sicherheit ist – aufgrund vorgeschobener Kontaktsperre und Schutzquarantäne – können Trump im Westen und Putin sowie Xi im Osten und Süden alle Kinder aus den unterirdischen Gefängnissen befreien, die »kriminellen Satanisten« verhaften und gegen treue »Lichtgestalten« austauschen. Ohne dass wir Normalbürger es merken. Erst wenn dieser »Reinigungsprozess« vorbei ist, wird das Leben für die Bevölkerung wieder normal, aber natürlich irgendwie besser, weitergehen. Die Welt wäre dann nämlich endlich von den »dunklen Wesen« befreit.

»Von der Dunkelheit zum Licht! Herr Trump und seine Militärs retten endlich die Kinder aus den dunklen Verliesen und Basen, wo sie wie Vieh gehalten wurden!! Weltweit verschwinden pro Jahr 800.000 Babys und Kleinkinder, viele werden sogar auf Babyfarmen gezüchtet, ihre Mütter zwangsweise geschwängert.

Ihr werdet Herrn Trump, Herrn Putin und Herrn Xi noch dankbar sein, denn der Deep State wird momentan weltweit bekämpft und die gefangenen Kinder gerettet!! RIP für all die armen Seelen der bestialisch ermordeten Kinder!«

»Nun kommt ans Licht, was all die Jahre immer zurückgehalten werden musste. Was SIE getan haben, ist mehr als teuflisch. Es gibt keine Worte dafür. Die Clintons, die Obamas, die Königshäuser, unsere Lieblingsstars in Hollywood, unsere Regierungschefs, unsere Ärzte. (Natürlich gab es immer einige wenige Gute, doch die waren zum Schweigen verdammt.) Du glaubst es noch nicht? Das kann ich verstehen. Man will es nicht wahrhaben, die grausamen Rituale und Folterbunker, wo Merkel und ihre Gäste ein und aus gehen! Allein, dass ich das hier schreibe und es nicht gelöscht wird, zeigt dir, dass die Welt eine andere geworden ist und in ein paar Tagen werden es alle wissen. Danke. Danke. Danke.« Ja, die Welt ist eine andere geworden, in der Tat. Wir leben in einer Welt, in der alle Bekloppten ihre Hirnpopel ins Internet schmieren können.

Die QAnon-Bewegung sollte man allerdings nicht unterschätzen. Denn gerade weil es um ein solch reales sowie emotionales Thema wie Kindesmissbrauch geht, erscheint manchmal selbst die verrückteste Theorie im ersten Moment glaubwürdig. Und je offener man für die Möglichkeit »geheimer Machenschaften« ist, desto eher bleibt man bei dieser Theorie hängen. Unsere Welt ist leider nicht perfekt, und schreckliche Menschen tun schreckliche Dinge, doch für QAnon-Anhänger:innen ist das keine zufriedenstellende Erklärung. Hinter den grausamen Verbrechen um uns herum muss einfach eine böse Macht stecken. Sobald man akzeptiert, dass es diese böse Macht gibt, sind es von realen Verbrechen oft nur noch wenige Schritte zu weltumspannenden Verschwörungen über jüdische Illuminaten, die unsere Kinder verspeisen und alle Regierungen und Behörden kontrollieren. Und die müssen natürlich bekämpft werden. Sicherheitsexperten warnten daher schon sehr früh vor einem wachsenden Gefahrenpotenzial innerhalb dieser Szene.

Anhänger:innen der QAnon-Verschwörung zeichnen sich im Großen und Ganzen nicht bloß durch ein stark nationalistisches und oft antisemitisches Weltbild aus, sondern auffällig oft auch durch eine äußerst ausgeprägte esoterische Geisteshaltung. Kein Wunder, spricht das fanatische Gerede über dunkle Mächte, die im Hintergrund die Fäden ziehen und von Lichtgestalten bekämpft werden, genau die Fantasien an, die in der Esoterikszene so populär sind. Es dauerte somit nicht lange, bis etliche Esoteriker:innen – darunter auch jede Menge Personen mit großer Gefolgschaft – zu glühenden Fans der QAnon-Märchen wurden und Trump zum Heiland erhoben: »Danke Staatsmann Donald J. Trump! Ich hege die größte Hochachtung, Liebe und Bewunderung für diesen Mann, dass er mit Klugheit, Mut und hervorragender Strategie die Jahrhunderte währende Ungerechtigkeit und Versklavung im Sturm besiegen kann!« Glauben Sie mir, ich wünschte wirklich, das sei bloß Satire. Genau wie folgende Aussage: »Wenn Trump nicht wäre, wären wir schon längst im 3. Weltkrieg, da der tiefe Staat uns dann vollends versklavt hätte. Dies wird aber nicht geschehen. Trump ist größer als alle Mächte und der größte Schachspieler aller Zeiten, er ist allen immer viele Züge voraus!« Die Trump-Verehrung zieht sich während der Pandemie durch die gesamte Schwurbelszene und überdauerte selbst Joe Bidens Wahlsieg Ende 2020. QAnus-Kultisten waren nämlich felsenfest davon überzeugt, dass Biden entweder ein Klon oder eine Marionette Trumps war, der im Hintergrund weiter die Fäden zog und bald, irgendwann, in naher Zukunft, mit Pauken und Trompeten zurückkehren würde.

Gleichzeitig überschlugen sich die Aluhüte mit den dümmlichsten Prophezeiungen: »Achte auf das Gesamtbild. Trump hat mehr Pädophile verhaftet als je ein Präsident zuvor. Aber das wusstest du bestimmt nicht, weil die Soros-Medien das verschweigen und ihn lieber als Schwachkopf darstellen! Diese Woche werden die großen Banken bankrott gehen, die Einkommenssteuer wird wegfallen und die Eliten werden nicht mehr über Euch oder die Welt herrschen!« Auch toll: »Es wird biblisch! Im April erwarten wir: Weitgehende Einschränkung des Onlinehandels (außer Nahrung, Tiernahrung, Medikamente) – Limitierung und Zuteilung sämtlicher Treibstoffe an Privatpersonen und Firmen-Fahrzeuge (außer aller Notdienste) – Komplette Einstellung der allgemeinen Postdienste, Paket- und Warenverkehre!« Diese Einschränkung des Handels müsse deshalb erfolgen, weil viele Produkte in diversen Online-Warenhäusern angeblich bloß Codewörter für Adrenochrom oder Kindersexsklaven wären. Das Ganze hatte natürlich nicht zufällig Ähnlichkeit mit der sogenannten Pizzagate-Verschwörung von 2016, nach der eine Pizzeria in Washington angeblich das Hauptquartier eines satanischen Kinderhändlerrings (angeführt von Hillary Clinton) war und bestimmte Pizzasorten ebenfalls bloß Codewörter für Kinder darstellten. Dass diese Verschwörung wohl aus dem Umfeld von Trumps Wahlkampfteam stammt, erklärt vielleicht ein bisschen den Trumpfetischismus der Qanon-Dullis. Trump war eben einer von ihnen. Dass aus lachhaften Schwurbeleien schnell lebensgefährlicher Ernst werden kann, bewies ein durch QAnon aufgestachelter Angreifer, der im Dezember 2016 mit einem Sturmgewehr in die Pizzeria drang. Glücklicherweise kam niemand zu Schaden, und der Mann wurde festgenommen, vor Gericht gestellt und ins Gefängnis gesteckt.

Die glorreichste Prophezeiung – meiner Meinung nach – waren die legendären »Zehn Tage der Dunkelheit«. In diesen Tagen sollten ganz phänomenale Dinge passieren, unter anderem natürlich die endgültige Vernichtung des tiefen Staates: »Alle Vorbereitungen für die finale Phase sind getroffen, alles läuft perfekt. Der genialste Plan aller Zeiten kommt nach 20 Jahren endlich zur großen Vollendung! Q hat es mit Trumps Hilfe geschafft,

Millionen Menschen weltweit aufzuwecken. Und alle fiebern mit. 10 Tage Dunkelheit. Es beginnt!« Hui, wie aufregend! »Bitte bleibt in eurer Ruhe, wenn die zehn dunklen Tage beginnen. Lehnt euch zurück und holt euch schon mal Popcorn! Hier der Ablauf: Ausrufung des militärischen Ausnahmezustands. Schließung aller Finanzinstitute. Partielle Abschaltung des Internets. Partieller Strom-Blackout. Einstellung aller Presseerzeugnisse. Rücktritt sämtlicher Landesregierungen und Parlamente. Auflösung der Bundesregierung. Information der Weltbevölkerung über alle Verbrechen gegen die Menschlichkeit durch die Kabale/Illuminaten/Finanzelite über TV, Radio und Presse, die dann vollständig unter SHAEF-Kontrolle stehen.« Und hiermit haben wir auch die Verbindung zu den Reichsbürgerfantasien. SHAEF steht für Supreme Headquarters Allied Expeditionary Force und bezeichnet das Hauptquartier der Alliierten in Westeuropa von 1943 bis 1945. Mit anderen Worten: Deutschland war nie ein souveräner Staat, die Alliierten stürzen gerade die illegale Regierung und übernehmen wieder die Kontrolle, um den Deutschen daraufhin endlich ihre Freiheit zurückzugeben, damit sie ihr geliebtes Deutsches Reich unter dem rechtmäßigen Kaiser wieder aufbauen können. Zwar gab es vereinzelt Unstimmigkeiten, wer der nächste Kaiser sein oder ob man es nicht doch lieber mit der Herrschaft des Volkes probieren sollte. Doch das sind tatsächlich bloß Nebensächlichkeiten, deren ausführliche Behandlung hier definitiv zu weit führen würde. Wichtig war sowieso erst mal, dass die verhasste Bundesregierung verschwindet und Trumps Militär die Kontrolle übernimmt. Der Glaube, dass hierzulande die SHAEF-Gesetze gelten, ist bis heute ein wesentlicher Teil der Querdenker-Bewegung, die sich spätestens nach der Verschmelzung mit der QAnon-Verschwörung als Sammelbecken für realitätsverweigernde Jammerkarpfen mit Echo unterm Scheitel entpuppte. Einer von vielen peinlichen Höhepunkten dieser Muppet-Show aus der Hölle waren die Aufrufe, man solle den amerikanischen und russischen Botschaften schreiben und erklären, wie wichtig den »echten Deutschen« ein Friedensvertrag beziehungsweise die Bildung eines souveränen Staates sei. Dadurch sollte klargestellt werden, dass »das Volk« auf der Seite der Befreier steht. Etwas, das auch auf den zahlreichen Querpanaden-Demos skandiert wurde, denn: »Erhebt sich das Volk in Deutschland gegen das Merkelregime, werden wir sofort Unterstützung der US-Truppen erhalten. Trump muss sehen, dass wir Deutschen uns wehren!« Und die Quermulis schrieben – und schrieben. Die Facebookseiten der amerikanischen und russischen Botschaften wurden zeitweise mit Hunderten »Anschreiben« zugemüllt: »Das deutsche Volk bittet Sie, Herr Präsident Trump, um die Entfernung von Angela Merkel. Sie will das deutsche Volk ausrotten und versklaven. Wir möchten endlich Frieden haben und frei sein. Bitte helfen Sie uns!« Es war immer das Gleiche: »Sehr geehrter Mr. President, ich wünsche mir im Namen des deutschen Volkes den Friedensvertrag, ein Leben in Gerechtigkeit, eine Naturmedizin ohne Gen-Experimente, freie Meinungsäußerung und das Ende dieser despotischen Regierung unter Hitler-Merkel. Wir wollen endlich ein Leben in Freiheit und liebevollem Miteinander. Bitte handeln Sie schnell und installieren Sie das deutsche Reich.«

Dass die Vorhersagen der QAnus-Propheten nicht eintraten, war übrigens nicht der Rede wert. Es wurde wohl lediglich ein falscher Zeitpunkt berechnet. Kann ja mal passieren. Und so entstand ein regelrechtes Hobby daraus, neue Termine für die »biblischen Änderungen« zu finden. Abgesehen davon könnte eine Verschiebung der Ereignisse auch völlig pragmatische Gründe haben: »Der Zeitplan, den wir Anons dechiffriert haben wollen, scheint nicht ganz zu stimmen oder Q hat diese Angaben gemacht, um den Feind zu verwirren, denn der hört und liest mit. Es kann aber auch sein, daß der unterirdische, stille Krieg wesentlich größere Ausmaße angenommen hat, als wir uns das vorstellen können. Es soll über 4000 DUMBs geben (Deep Underground Military Bases), also riesige unterirdische Anlagen. Ob sie eventuell bis in die hohle Erde reichen? Das ist alles ungeheuer spannend! Es sieht jetzt vielleicht so aus, als würden wir dem Geschehen ohnmächtig gegenüberstehen, ohne den geringsten Einfluss. Aber das stimmt nicht. Durch unseren Glauben an den Sieg über die Dunkelwesen stehen wir den Lichtarbeitern auf der ganzen Welt bei, die jetzt die Kabalen zurückdrängen! Das ist sehr wichtig zu verstehen!«

Oder erfüllten sich die Prophezeiungen etwa doch? Haben wir einfach nichts mitbekommen? »Der Weltfrieden ist auf dem besten Weg. Ihr müsst wissen: Die BRD war ein Konstrukt nach dem 2. Weltkrieg. Wir sind kein Staat. Wir sind immer noch Besatzungszone der USA. Die illegale BRD ist schon aufgelöst. Der Deutsche Bundestag nicht mehr existent. Der Plan der US-Streitkräfte aktuell: Deutschland den Friedensvertrag zu geben. Dies ist nur möglich, wenn wir ein souveräner Staat sind mit einer echten Verfassung. Es geht aber nicht alleine um Deutschland, sondern um die ganze Welt. Alle Pseudo-Staaten sollen jetzt so wie Deutschland souverän werden. Mit einer goldgedeckten Währung. Nahezu alle ›Staaten‹ sind eingetragene Firmen. Der Deep State fährt seit ÄONEN ein globales Versklavungsprogramm! Es geht hier unter Trump aktuell um den Weltfrieden. Um die Freiheit der Nationen. Und um souveräne Staaten. Nationen mit nationaler Kraft. Die Urkraft der Menschen. Der Weltfrieden geht von Deutschland aus. Nicht fragen warum, sondern akzeptieren!« Und noch mehr gute Nachrichten: »Der Papst ist seit gestern weg. Game Over! Zudem hat Trump der WHO den Geldhahn abgedreht, das heißt, es wird keine Zwangsimpfungen geben!«

Was angeblich auch offiziell von Trumps Militär bestätigt wurde: »Fukushima-Katastrophe entlarvt. Diese war wie fast alle Naturkatastrophen künstlich erzeugt, durch HAARP. Mit

HAARP erpressten die Deep-State-Kabalen (Eliten) andere Länder. Alle Krieger und Völkermorde sind durch den Deep State veranlasst worden. Hollywood-Filme sind Gehirnwäsche für Pädophilie. Evolution, Urknall, Dinosaurier, Weltraum als Lüge entlarvt. AKTUELL: Die Enteignung der Elite ist so gut wie erledigt. Pharmaindustrie erledigt. Baldige Markteinführung von Antigravitationstechnik nach Nikola Tesla. Elektrosmog wird durch Neukalibrierung der Frequenzen unschädlich gemacht.« Und vielleicht die beste Meldung: »Es heißt, Trump hat die Chemtrails umgekehrt und lässt jetzt Germanium zur Regeneration sprühen!« Ähm, wie war das? »Mir wurde des Öfteren versichert, dass es keine normalen Chemtrails sind, die uns mit weiteren schwer Metallen vergiften sollen. Im Gegenteil, sie versprühen organisches Germanium. SEIT DEM 8. APRIL! Organisches Germanium hat die Eigenschaften, die Schwermetalle wieder aus uns und aus der Umwelt zu binden. Somit wirkt es als Gegenmittel zu dem, was uns Jahrzehnte angetan wurde!« Na super! Was mach ich jetzt mit den drei Chembustern, die ich mir neulich für 18.000 Euro zugelegt habe? Danke, Trump!

Umso bedenklicher wurde der paranoide Mist, als plötzlich auch Prominente mit einer großen Fanbasis diesen QAnon-Wahnsinn verbreiteten – zum Beispiel Xavier Naidoo, der eines Tages beschloss, seine Karriere zu schreddern. In einem You-Tube-Video sieht man Naidoo aufgelöst und weinend vor der Kamera sitzen, wie er seine Zuschauer:innen über Adrenochrom aufklärt und schildert, wie aktuell viele Kinder weltweit aus den Händen der »Elite« befreit werden. Und frei nach dem Motto »Ist der Ruf erst ruiniert, schwurbelt's sich ganz ungeniert« ließ er sich daraufhin bei Telegram nieder, um seinen alten und natürlich neuen Fans zu zeigen, wie ein ehemals angesehener Künstler zum sabbernden Bollenschmeichler mutiert: »Überall auf der Welt musst du einer Regierung gehorchen, um zu vermeiden bestraft zu werden. Das ist keine Freiheit!« Was du nicht sagst,

Xavier. Zu seinem Repertoire gehörte es auch, regelmäßig Fakenews von rechten Hetzportalen zu teilen sowie auf die NS-Vergangenheit des Robert-Koch-Instituts hinzuweisen und daraus zu schlussfolgern, dass das RKI nie aufgehört hätte, an Menschen zu experimentieren. So seien die Impfstoffe, die man gegen Corona entwicklen würde, Teil eines kommenden Menschenversuches – darauf ausgelegt, eine neue Biowaffe zu testen. Auch seine latenten Reichsbürgerfantasien, mit denen er bereits in der Vergangenheit negativ auffiel, kamen nun endlich voll zur Geltung: »Das Deutsche Reich braucht einen Friedensvertrag! Deutschland ist kein souveräner Staat! Wir befinden uns seit 45 unter alliierter Herrschaft!« Selbstverständlich ätzte er auch gegen Bill Gates und insbesondere gegen Angela Merkel: »Dear Angela Merkel, know when the gig is over! Jews of the world, don't make the same mistakes!« Was er mit folgenden Beiträgen sagen wollte, weiß aber wahrscheinlich nur er: »Achtung, aufschlussreiche Anagramme von Angela Merkel: Anal-Gel-Kreme. General Kamel. General Makel. Melke Gern Aal. Erlag Am Ekeln. Man Klage Leer.« Ganz klar, das muss einfach eine Anti-Drogen-Kampagne sein: Seht her, Kinder, was mit euch passieren kann, wenn ihr die Schule schwänzt und euer Nutellabrot mit Betäubungsmitteln aufpeppt. Seid nicht wie Xavier! Hände weg von Drogen! Und auch sonst ließ Xavier kein Thema aus: »Die Zeit ist gekommen, die Welt von dem Gedankengut der kabbalistischen Zionisten zu befreien!!!« Sein Lieblingsthema schien jedoch die flache Erde zu sein. Kaum ein Tag, an dem er nicht den Globus als Lüge bezeichnete, diese Erkenntnisse mit Bibelzitaten unterstrich und Wissenschaftler:innen als Lügner und Handlanger der Zionisten beschimpfte. Einen besonderen Narren schien er an Harald Lesch, dem bekannten Astrophysiker, gefressen zu haben: »Harald Lesch = Drecksjesuit! Go home!« »Harald Lesch = Dirty Harry = Lügner = Übel der Menschheit!« »Lesch, du dreckiger Lügner, kein Mensch war jemals auf dem Mond.« »Harald Lesch, das Jesuitenbaby, Herold der Fantasie und Großmagier der faulen Kunst, dein Lügenglobus hat vor Gericht keine Chance!« Ja, reicht jetzt, Xavier. Zieh dir bitte nicht mehr so viel Waschpulver durch die Nase, wie wär's? Die Schauergeschichten der QAnon-Irren sog er ebenfalls genüsslich auf und beschuldigte unter anderem viele Musiker:innen, wie Lady Gaga oder die Beatles, satanische Kinderfresser zu sein. Auch die Wahnvorstellungen, nach denen Barack und Michelle Obama sowie viele andere Politiker transsexuelle »Mischwesen« wären, gehörten zu Xaviers täglichem Geschwurbel – im Fachjargon auch Kokolores genannt. Einen ganz wichtigen Hinweis für die »Fake-Pandemie« lieferte laut Xavier die Zahlensymbolik. Ein Punkt, der übrigens in allen Leerdenkerkreisen und esoterischen Fantasiewelten oft und gerne als Beweis erbracht wurde. Gemeint ist Folgendes: Nimmt man die Zahlenwerte der einzelnen Buchstaben von »Corona« und addiert sie (C=3 O=15 R=18 O=15 N=14 A=1), kommt man auf 66. Das Wort »Corona« selbst hat wiederum 6 Buchstaben. Zusammengesetzt bekommen wir dadurch die Zahl 666, die Zahl des Teufels. Bäm! So einfach ist das also? Na gut, wie wäre es dann damit: XAVIER = X A Vier. In Zahlen umgewandelt: 24 1 4 (weil »vier« bereits eine Zahl ist). Weil alles einstellig sein muss (hinterfragen Sie das bitte nicht), liest man nach der Quersumme von 24 dann 6 1 4 und in Buchstaben ausgedrückt: F A D, was offensichtlich eine Abkürzung für FAKE AND DESTROY ist. Mit anderen Worten: Xavier ist kein Aufklärer, sondern ein Täuscher und Spalter. Er gehört zum Deep State! Logisch, oder? Geht natürlich noch einfacher: Wenn man im Wort »Katze« ein paar Buchstaben austauscht, erhält man »Satan«. Zufall? Ich glaube nicht!

In der Zwischenzeit verabschiedete sich die Szene langsam vom chinesischen Staatschef. Xi Jinping spielte in der großen Befreiungsaktion bald keine Rolle mehr. Wahrscheinlich, weil den Aluhüten auffiel, dass Chinas, sagen wir mal, sehr strenger Umgang mit der Pandemie nicht so ganz vereinbar mit den Illusionen einer »Freiheitsaktion« war, die in den QAnon-Fantasien blubberten. Einige trösteten sich damit, dass Xi »sein eigenes Ding durchzieht« und auf seine Weise »den Deep State bekämpft«. Andere wiederum zählten Xi plötzlich zu den Bösen, der ein »falsches Spiel gespielt« hatte und nun Angela Merkel helfe, ihren Traum einer »satanischen Diktatur« zu erfüllen. Gleichzeitig steigerten sich die Leerdenker immer weiter in eine alternative Realität hinein, in der Trump und Putin »den Sumpf austrocknen«, und ergötzten sich an widerlichen Hinrichtungsfantasien: »Bush senior wurde bereits exekutiert. Der Rest kommt auch noch dran. Zuerst hat aber die Befreiung der Kinder Priorität!« Während George Bush senior tatsächlich verstorben war, wurden viele andere Todesfälle einfach erfunden: »Aktuell werden viele einflussreiche verhaftet, darunter auch Hollywoodstars wie Tom Hanks, Quentin Tarantino und John Travolta! Für die Öffentlichkeit wird berichtet, sie hätten sich wegen Corona in Quarantäne begeben, doch wir wissen, dass sie hingerichtet werden, wegen Mitwisserschaft und Beteiligung an Opferritualen!« Hä? Aber diese Leute hat man doch noch weiterhin sehen können. Wie …? Klone! Völlig klar. Die hingerichteten Stars wurden geklont, damit die Menschen keinen Schock bekommen. Ah, okay. Das ergibt natürlich Sinn.

Parallel dazu wurden in regelmäßigen Abständen neue Erfolgsmeldungen über befreite Kinder geteilt. Hunderttausend da, weitere zwei Millionen dort und da drüben findet auch gerade eine Befreiungsaktion statt: »Folgendes wurde gerade von einem Medium empfangen: Der Countdown läuft, die Uhr tickt. Über 400.000 Kinder sind in den vergangenen 48 Stunden aus Tunneln gerettet worden. Davon haben 380.000 bislang überlebt. Weitere 1,2 Millionen werden voraussichtlich bis nächste Woche geborgen werden. Zahl steigt. Viele Tote!« Das reinste Irrenhaus.

Im Großen und Ganzen schien der »Endsieg« gegen den Deep

State aber trotz allem noch weit entfernt zu sein. Denn die politischen Schutzmaßnahmen wurden strenger. Lockdown, scharfe Kontaktbeschränkungen und Maskenpflicht. Alles Maßnahmen, die übrigens sehr früh schon mit den nationalsozialistischen Vernichtungslagern gleichgesetzt wurden. Der Mund-Nasen-Schutz war für die Leerdenker nichts anderes als eine Brandmarkung, ähnlich dem Judenstern im Dritten Reich. Die Maske wurde zu einem Symbol der Unterdrückung. Man nannte sie nur noch Maulkorb und Sklavenmaske.

Das Tragen eines Mund-Nasen-Schutzes zu verweigern, gehörte plötzlich zum guten Ton. »Corona-Rebellen« überfluteten die sozialen Medien mit Fotos ihrer Masken, die mit »Diktatur«, »Zwangsmaske«, »Panikmache« und »Maulkorb« beschriftet oder mit einem Judenstern »verziert« waren. Auch der Buchstabe »Q« (für QAnon) und der dazugehörige Zahlenwert »17« sowie der QAnon-Slogan »WWG1WGA« (Where We Go One We Go All) waren auf vielen Masken zu lesen. Besonders kreative Rebellen setzten erst gar keine Maske auf, sondern zogen sich Unterhosen und andere Lappen übers Gesicht, um gegen die »Sinnlosigkeit« des Mund-Nasen-Schutzes zu protestieren oder trugen alberne Pappmasken, auf denen sie ebenfalls irgendwelche peinlichen Parolen wie »Nein zum Bürgermaulkorb« oder »Nein zur Aussetzung der Grundrechte« festhielten. Besonders gewiefte Querpoperzen ließen sich mit gefälschten Attesten von der Maske befreien und terrorisierten damit fortan ihre Mitmenschen, wenn sie beispielsweise ein Geschäft betraten und lautstarke Diskussionen über »die Wahrheit« begannen. Wer aufgrund gesundheitlicher Probleme angeblich nicht in der Lage ist, eine Maske zu tragen, sollte vielleicht während einer Pandemie gar nicht erst die Wohnung verlassen! Fast genauso schlimm waren übrigens die ganzen Zipfelnasen, die den Mund-Nasen-Schutz zum Unterlippen-Kinn-Schutz umfunktionierten. Nicht immer, aber sehr oft war das der plumpe Ausdruck eines zivilen Ungehorsams der infantilen Art. Applaus. Dein fünfjähriges Ich ist bestimmt stolz auf dich, Heinz, wie subtil du gegen die Regierung rebellierst.

Bei Telegram, dem Darknet des kleinen Mannes, wurden bald in so gut wie jeder Leerdenker-Gruppe Blanko-Atteste geteilt, die man einfach ausdrucken und mit dem eigenen Namen versehen konnte. Denn selbstverständlich drehten auch immer mehr Ärzt:innen durch. Es entstand sogar ein Netzwerk mit dem Namen »Ärzte für Aufklärung« – ein arroganter Club für Corona-Leugner und Maskenverweigerer, die sich plötzlich für William Wallace hielten, weil sie jedem trotzigen Aluhut-Baby ein falsches Attest ausstellen konnten. Es war übrigens keine Überraschung, dass sich unter diesen »Ärzten für Aufklärung« hauptsächlich Mediziner:innen befanden, die mit einem Schwerpunkt auf Homöopathie und Naturheilkunde hervorstachen. Erneut bewiesen Anhänger:innen pseudomedizinischer Methoden, dass sie eine treibende Kraft für die bizarrsten Verschwörungsfantasien sind. Ein Umstand, der sich im Laufe der Pandemie noch verstärken sollte. So schrieb beispielsweise ein Heilpraktiker, der bei Telegram »aktiv für unsere Freiheit« schwurbelte: »Hören wir endlich auf, über medizinische Details zu reden! Es ist ein politischer und geplanter Betrug der Eliten und die Spritze ein genetischer Menschenversuch mit Tötungsabsicht.« Was für ein Held.

Gleichzeitig tauschten immer mehr Aluhüte ihre Profilfotos in den sozialen Netzwerken gegen gelbe Judensterne aus, die oft mit dem Wort »ungeimpft« und Ähnlichem unterlegt waren. Die Impfstoffe gegen Corona waren schließlich längst in Entwicklung und es wurde deutlich kommuniziert, dass wir nur mit Impfungen aus der Pandemie herauskommen könnten. Für die Quarkbojen ein Skandal.

»Damals wurden Juden nicht mehr bedient. Heute Menschen ohne Maulkorb! Merkt ihr noch was?« Ja, ich merke, dass im Geschichtsunterricht etwas schiefgegangen sein muss. »Geschichte wiederholt sich! Der letzte Ausbruch des Politikerwahnsinns war in den 30er Jahren. Damals wurden auch Menschen gekennzeichnet und Arbeitsverbote erlassen. Wann merken die Menschen dieser BRiD endlich, welcher menschenverachtende Abschaum diese Staatssimulation von Demokratie führt?« Islamfeindliche Rechtsausleger durften natürlich auch nicht fehlen: »Die mundtotmachende Burka-Generalprobe der NWO-Diktatur läuft! So wird das Deutschsein abgeschafft!« Junge, wenn du dich nicht mehr »deutsch« fühlst – was auch immer das sein soll – weil du eine Maske tragen musst, dann schlage ich vor, du spielst demnächst mal Topfschlagen auf der Autobahn.

Die sozialen Netzwerke, inklusive Telegram, bestanden gefühlt nur noch aus Geschichtsverharmlosung, Fakenews, Gejammer und Drohungen. Man könnte nun augenzwinkernd sagen, dass also alles wie immer war. Doch im Gegensatz zu »früher« war das Mitteilungsbedürfnis der Aluhüte nun in gewisser Weise viel ausgeprägter, präsenter und aggressiver. Die Verschwörungsfantasien wurden in die Mitte der Gesellschaft getragen, wo sie leider auf erstaunlich wenig Widerstand stießen. Ein grober Fehler, denn dadurch fühlten sich die »Corona-Rebellen« in ihren Aussagen und Aktionen bestätigt. Dabei waren das eben nicht einfach nur Menschen, die mit der Gesamtsituation unzufrieden waren und die Maßnahmen blöd fanden. Es waren und sind demokratiefeindliche, wissenschaftsleugnende und gesellschaftszersetzende Dummdödel. Natürlich ist eine Pandemie nix Dolles. Denken Sie, ich fand die Maßnahmen super? Denken Sie, es machte Spaß, wochenlang niemanden sehen zu dürfen, ständig eine Maske zu tragen und nicht zu wissen, wann oder ob man wieder arbeiten darf? Genau das unterstellten die Quermopeds jedoch den Menschen, die »sich nicht gegen die Maßnahmen zur Wehr« setzten, sondern es wagten, sie mitzutragen.

»Ich sehe seit Beginn dieses Corona-Fehlalarms nur eine Welle, und zwar die Welle der Dummheit dieser systemtreuen Schlafschafe und Politiker. Die hören nur auf diesen Supervirologen Drosten, aber ignorieren Wissende wie Bhakdi. Da wird auch keine Impfung helfen, um da aus dieser Fake-Pandemie rauszukommen, da hilft nur, alle Beteiligten an die Wand stellen, Genickschuss und dann verbrennen!!«

»Ich fasse es nicht, wie viele freiwillig mit Sklavenmaske rumlaufen. Am liebsten hätte ich heute im Edeka geschrien! Benutzt endlich mal euer Gehirn! Ihr seid Leben! LEBEN! Hört auf, diese menschenunwürdigen Zustände für diesen Corona-Fall zu unterstützen!«

»Bist du wie ich ein Mensch, der sich gegen das diktatorische Regime wendet, bist du nichts wert und hast einfach mal so keine Rechte mehr! Bitte, Leute, lasst das nicht zu. Wehrt euch!«

»Der Regierung macht es scheinbar Spaß, die Bevölkerung zu unterdrücken! Wir müssen uns gut überlegen, ob wir weiterhin so ein kriminelles System dulden und akzeptierten wollen! Wieviel Leid sollen die Menschen noch erleben?«

»1933 = 2020 WACHT ENDLICH AUF!«

»Mit der Maske stopfen sie uns sprichwörtlich das Maul, nehmen uns das Recht auf Meinungsfreiheit, nichts darf man mehr sagen, ohne beschimpft zu werden. Das ist das reinste Nazideutschland hier!« Aber, Schätzchen, du hast gerade bewiesen, dass es eben doch ein Recht auf Meinungsfreiheit gibt. Oder hat kurz danach ein Todeskommando deine Wohnung gestürmt? Wobei, genau solche Angstszenarien wurden von den Dullis tatsächlich verbreitet: »Also mittlerweile sehe ich etwa 5 % der Bevölkerung, die wissen, dass die Drahtzieher der Fake-Pandemie und der geplanten Impfagenda Satanisten sind. Diese werden der Söldnerpolizei als harte Kämpfer entgegentreten müssen, wenn sie kommen, um uns aus den Wohnungen zu holen und ins KZ zu überführen!«

Neben unsäglichen geschichtsrelativierenden Vergleichen gab es bezüglich der Masken dann auch noch eine große Fakenews-Offensive. Der Gedanke: Wenn die Menschen nicht glauben wollen, dass sie in einer Diktatur leben, dann muss man ihnen einfach zeigen, wie gesundheitsschädlich die »Sklavenmasken« für sie sind. Oh Gott. Und so entstand der Mythos von den toten Kindern, die tausendfach, ach was, millionenfach unter der Maske erstickt sind: »Maskenpflicht gleicht eigentlich einer Anordnung zum Selbstmord. Wir atmen Sauerstoff ein und atmen Kohlendioxid aus! Betonung auf AUS! Der Körper gibt das ab, er will das nicht. Aus gutem Grund. Unter der Maske sammelt sich das aber alles und bringt den Maskenträger langsam aber sicher um!« Wenn man statt einer handelsüblichen Maske eine doppelt gewickelte Frischhaltefolie als Mund-Nasen-Schutz verwendet, dann stimmt das natürlich. Danke für die Warnung. »Eben noch wurde CO_2 verteufelt, heute zwingt man aber auf einmal gesunde Menschen und sogar Kinder, das ausgeatmete Gift hinter dem Maulkorb permanent wieder einzuatmen!!!« Ich bin jetzt kein Experte, aber gibt es nicht ganze Berufsgruppen, in denen die Maske zum Arbeitsalltag gehört? Sind diese Menschen immun gegen das »ausgeatmete Gift« oder was ist da los? »Jeder Arzt wird dir sagen, wie ungesund diese Masken sind, weil man sein eigenes CO_2 einatmet und nach 10 Minuten schon kaum Luft mehr bekommt!« Vielleicht einfach häufiger die Zähne putzen, dann ist so ein Mund-Nasen-Schutz auch keine Folter mehr.

Um die sadistischen Todesmasken noch stärker ins teuflische Licht zu rücken, schmückten die Quarkdenker ihre Hanswurstereien gerne mit tragischen Kinderschicksalen. Auf einmal kannte jeder Aluhut irgendwelche traumatisierten Kinder – wenn es nicht direkt die eigenen waren –, die aufgrund der Maske beinahe gestorben wären. Geschichten über kranke, traurige, weinende Kinder mit leblosen Augen machten die Runde. Natürlich immer mit entsprechenden Schuldzuweisungen. Denn selbstverständlich wurden die Kinder grundlos gequält, immerhin war die Pandemie nur ein Fake. Besonders dramatisch, wenn Erfahrungsberichte die angebliche Sicht der Kinder verdeutlichen sollten: »Mama, Papa, wollt ihr, dass ich sterbe??? Ihr schickt mich in die Schule, dort muss ich den ganzen Tag mit einer Maske herumlaufen und die ganze Zeit CO_2 einatmen!! Ich bekomme keine Luft!!! Mir fällt das Atmen so schwer!!! Ich habe Angst!!! Warum helft ihr mir nicht!!!??? Sag denen, dass wir nicht genug Luft bekommen!!! Sag denen, dass es uns schlecht wird und schwindelig!!! Es geht mir so schlecht. Warum helft ihr mir nicht?? Was habe ich falsch gemacht??? Warum quält ihr mich??? Ich dachte, ihr seid meine Mama und mein Papa!! Ich dachte ihr liebt mich!!??? Ich sterbe!!! Ist es das, was ihr wollt?« Wie süß – und klischeehaft.

Das Thema Kinderschutz war für QAnus-Anhänger:innen schnell das Mittel der Wahl, wenn es darum ging, ihre rechtsesoterischen Umsturzfantasien unbemerkt durch die Gegend zu spritzen. In sozialen Netzwerken kaperten »besorgte Eltern« aussagekräftige Slogans wie »Rettet die Kinder« und verbanden sie oft mit Stichworten, die aus den Matrix-Filmen bekannt waren: »Redpill« beziehungsweise »Rote Pille« oder »Rabbithole« und »Weißes Kaninchen«. Diese Begriffe sollten das »Aufwachen« symbolisieren, wie es die Helden bei »Matrix« vormachten. Ein Höhepunkt der Rattenfängerei war schließlich die Gründung des Vereins »Eltern stehen auf«. Das Motto: »Für Freiheit, Recht und Selbstbestimmung der Kinder. Ohne Maskenpflicht. Ohne Abstand. Ohne Impfzwang.« Oder kürzer: »DiE aRmEn KiNdEr!!!« So konnten die QAnus-Hetzer unter dem Deckmantel des Kinderschutzes ganz allgemein über Kindesmissbrauch aufklären und sich als Anlaufstelle für verunsicherte Eltern ausgeben. In Wahrheit lief der vermeintliche Kinderschutz aber nur auf eine Sache hinaus, nämlich auf den Schutz vor der tyrannischen Regierung, die gefälligst »die Hände von unseren Kindern lassen« soll. Geschichtsrelativierende Vergleiche inklusive: »Mord bleibt Mord. Es gibt keinen besseren Mord. Es ist genauso traurig, wenn Kinder an der Maske ersticken (wie schon oft passiert ist), wie wenn ein Mensch im Gas erstickt.« Und so wurden geköderte Eltern langsam in die Welt der Pandemieleugner und Leerdenker hineingezogen, wo sie behutsam an Impfgegnermythen, esoterische, den Holocaust verharmlosende Parallelwelten und QAnus-Fantasien herangeführt wurden. Es war die gleiche, auf Emotionen aufbauende Masche, die auch die organisierte Impfgegner-Szene gerne betreibt. Oder die Neonazi-Szene. Oder fast alle Sekten, wenn sie versuchen, neue Mitglieder anzuwerben.

Unverzeihlich bleibt für mich die ausgesprochen niederträchtige Instrumentalisierung der schrecklichen Flutkatastrophe im Ahrtal. Unvorstellbare Regenmassen haben im Juli 2021 ganze Landstriche vollkommen verwüstet, viele Menschen kamen uns Leben. Es blieben zerstörte Gebäude, Straßen und Existenzen. Eine große Solidaritätswelle folgte und während unzählige Helfer:innen in die Hochwassergebiete fuhren, um mit anzupacken, hatten die Quernüsse vom Verein »Eltern stehen auf« nichts Besseres zu tun, als mitten im demolierten Bad Neuenahr-Ahrweiler ein »Familienzentrum« zu installieren. Das perfide daran: Es wurde verbreitet, der Verein sei nach Rücksprache mit der Einsatzleitung und den Behörden der offizielle Ansprechpartner für Kinder und Familien in der Flutregion. Eine dreiste Lüge, vor der bald auch das Land Rheinland-Pfalz warnen musste. Denn auch wenn einige Querlumpen vielleicht durchaus irgendwie helfen wollten, war die Präsenz vor Ort klar ideologisch motiviert. Ein bisschen im offiziellen Chat von »Eltern stehen auf« zu stöbern, reichte aus, um zu sehen, mit wem man es da zu tun hatte: Virenleugner, QAnon-Sympathisanten, Chemtrail-Gläubige, esoterische 5G-Paranoiker, Reichsbürger und diverse andere Aluhüte, die der Ansicht waren, die Flutkatastrophe sei absichtlich von den Eliten verursacht worden – um wohl einfach mal wieder einige Menschen zu töten, aber gleichzeitig auch, um Beweise zu vernichten. Denn angeblich sei der ehemalige Regierungsbunker im Ahrtal (der seit 2008 ein Museum ist) in Wahrheit Teil einer unterirdischen Adrenochromfarm gewesen. Diesbezüglich kursierten unzählige dumme Fakenews über Tausende Kinderleichen, die aus den Tunneln an die Oberfläche gespült wurden.

Man sprach in Leerdenkerkreisen natürlich auch gerne davon, dass die Eliten grundsätzlich das deutsche Volk vernichten wollten, weil »die mit ihrer Fake-Pandemie und den Spritzen nicht vorankommen«. Nach dem Hochwasser würden die »Dunkelwesen« noch viele weitere Naturkatastrophen verursachen, damit die Menschen »sich dem Regime ergeben«. Die heftigen Regenfälle gingen im Übrigen auf die Wettermanipulation durch Chemtrails zurück. Ist doch klar. Gleichzeitig riefen viele Torfdenker dazu auf, man müsse die Helfer:innen vor Ort darüber aufklären »dass die BRD kein Staat ist« und man allen »die Wahrheit« erzählen sollte. Spätestens als einige Impfbusse im Flutgebiet auftauchten, war es für die Quermimosen umso deutlicher, dass »die Verbrecher einen Krieg gegen das eigene Volk« führen. »Achtung, passt auf eure Kinder auf! Immer mehr Impfbusse tauchen vor den Schulen auf! Die Kinder sind in höchster Gefahr! Lasst sie nicht mehr in die Schule! Die Masken, die Tests und die psychologische Kriegsführung und Frühsexualisierung schaden den Kindern für das ganze Leben und machen sie kaputt!« Und an die Helfer:innen gerichtet: »Liebe Helfer in allen Krisengebieten, jetzt ist Mut gefragt. Wenn die mit ihren Spritzen kommen, stellt euch quer mit Baggern, Planierraupen und allem anderen schweren Gerät. Sie wollen nicht nur die Menschen im Ort, sondern auch alle Helfer mit der Giftspritze versorgen. Wehrt euch!« Ganz dramatisch auch folgender Appell: »Durch die Flut wurde den Menschen bereits alles genommen. Jetzt kommt das mobile Impfzentrum und wird ihnen auch noch den allerletzten Rest nehmen: Ihr Leben!!« Für einige war die Sachlage klar: »Alle ungeimpften Helfer sollten sagen, lasst ihr euch impfen, packen wir zusammen und fahren heim!« Und dazwischen immer wieder

Verschwörungsfantasien über gezielte Bevölkerungsreduktion und reptiloide Außerirdische, die das Ahrtal bereits seit Tausenden von Jahren kontrollieren, weil dort »besondere Energien« herrschen.

Die Spitze des Aluhuts bildete aber für viele der Spendenaufruf von Schwurbelkapitän Bodo Schiffmann. In vielen Videos über die Flutkatastrophe weinte er bitterlich, las aus der Bibel vor und verglich nebenbei die Querdenkerbewegung mit Jesus. So schaffte er es, am Ende etwa 700.000 Euro zu sammeln. Dieses Geld, so versprach Bimmel-Bodo, sollte unverzüglich in den Wiederaufbau der zerstörten Ortschaften investiert werden. Allerdings hatte das Ganze einen Haken: Beauftragte Unternehmen hätten dafür ihre Baumaschinen mit Querdenker-Propaganda plakatieren müssen. Und selbst eine direkte Auszahlung an Betroffene war an eine Bedingung geknüpft: »Die Diskriminierung von Menschen, die sich gegen eine Impfung oder das Tragen von Masken entscheiden, ist sofort zu beenden.« Über sieben Monate später hat immer noch niemand das gesammelte Spendengeld zu Gesicht bekommen. Und Bodo? Der wanderte in der Zwischenzeit nach Tansania aus. Na ja.

Es dauerte übrigens nicht lange, bis man wieder die Morgellons durchs panische Dorf trieb, weil sie in Masken und auf Teststäbchen nachgewiesen wurden. Und Fotos von kleinen Härchen und Textilfasern können immerhin nicht lügen: »DAS ist das Resultat, wenn ihr euch weiterhin NUR testen lasst. Es sind Morgellons, die sie nicht nur in unser Wasser tun, um uns zu vergiften, nun werden sie GEWOLLT in euren TESTS implementiert. Es befällt euch Stück für Stück, es beginnt zuerst mit dem Kratzen, dann geht ihr zum Arzt und meldet das, dann werdet ihr für verrückt gehalten, damit es nicht an die Öffentlichkeit kommt und dann ist es fast schon zu spät, denn sie haben Kontrolle über euer Gehirn!« Wäre für einige vielleicht eine Chance. »Parasit in FFP2-Maske! Momentan kursieren viele Videos von Leuten, die Parasiten (Morgellons) in ihren Masken finden. Ich auch und ich bin angeekelt, von den Masken und von der Regierung, die das mit uns macht!!« Und natürlich bestätigen auch wieder diverse esoterische Wunderheiler:innen diese Wahnvorstellungen. Eine Naturheilpraxis am Bodensee hielt fest: »Haben Masken auf Morgellons getestet. Ja, es sind tatsächlich Morgellons! Dann auch noch mehrere Teststäbchen untersucht. Auf allen wurden Nanochips gefunden! Über die Funktion der Chips ist leider nichts bekannt. Wichtig: Masken in Natron einlegen und generell regelmäßig den Körper entgiften!« Selbstverständlich kann diesbezüglich gerne ein Termin vereinbart werden. Denn laut der Internetseite dieser Naturheilpraxis gehören neben einigen Pseudowissenschaften wie Radionik und esoterischen Fantasietherapien wie »Lichtarbeit« auch »Ausleitungsverfahren von Schwermetallen« und »Morgellons« zu den Spezialgebieten. Wie praktisch.

Dieser ganze Irrsinn griff tatsächlich auch auf prominente Personen über, die im Gegensatz zu Xavier Naidoo allerdings weniger durch Tränenorgien als durch demagogische Qualitäten auffielen. Eine der bekanntesten – und vielleicht tragischsten – Figuren war Attila Hildmann.

Hildmann, einst gefeierter Autor, der mit außergewöhnlichen Büchern dazu beitragen konnte, die vegane Ernährung von ihrem verstaubten Körner-Image zu befreien, bewies in der Corona-Krise, wie man eine erfolgreiche Karriere mit voller Wucht gegen die Wand fahren kann. Xavier Naidoo hatte es vorgemacht. Während Xavier sich allerdings fast vollständig aus der Öffentlichkeit zurückzog und im Internet zu einer brabbelnden Witzfigur mutierte, spielte sich Attila zum Befreier Deutschlands auf – nur um sich am Ende des Liedes in völkisch-nationalen, antisemitischen, volksverhetzenden Verschwörungslegenden zu verstricken und vor der deutschen Justiz in die Türkei zu fliehen.

Leichte Aluhut-Tendenzen zeigte Hildmann übrigens schon

früher, genauer gesagt um 2015/2016 herum, als die Flüchtlingskrise das dominierende Thema im Land war. Damals warf er Angela Merkel einen »Verfassungsbruch« vor und kritisierte die Regierung für ihre Flüchtlingspolitik. Leider vermischte er seine Kritik mit dem Verschwörungsmärchen des bösen Flüchtlings, der nur nach Deutschland kommt, um marodierend und vergewaltigend durch die Straßen zu ziehen und letztendlich dem Islamischen Staat die Tore zu öffnen. Zwar entschuldigte sich Hildmann später dafür, doch offenbarten seine Ausbrüche, dass er wohl ziemlich anfällig für Verschwörungsmythen ist und diese unreflektiert nachplappert. Im gleichen Zeitraum gab er übrigens auch dem Schwurbel-Magazin »Die Wurzel« ein Interview. Anzeichen gab es also genügend.

Gurken-General Hildmann beschloss eines Tages, in der Anfangsphase der Pandemie, dass er »nicht mehr den Mund halten« kann und die Deutschen endlich richtig aufklären möchte. Lange genug hätte er schweigend zugesehen, wie die »dunklen Mächte« das Volk knechten. Oder so ähnlich. Er meinte auf jeden Fall, eine große Verschwörung aufgedeckt zu haben, weil er »intensiv recherchiert« – also schwurbelige Internetseiten und Videos aufgerufen – hat. Besonders festgebissen hat sich der Tofu-Terrier an Bill Gates. Für Hildmann ist Gates ein Satanist, der die Menschheit versklaven und vernichten will. In Europa tut er das mithilfe von Angela Merkel, die in Wahrheit eine Kommunistin ist und einen Staat nach dem Vorbild Chinas errichten soll. An anderer Stelle ist Merkel außerdem noch eine Zionistin, eine nicht menschliche Dämonin, wie alle bösen Eliten natürlich geschlechtsumgewandelt und überhaupt einfach nur eine »Kröte« – Hildmanns Lieblingsbezeichnung für Merkel, die er bei jeder Gelegenheit hasserfüllt beschimpft.

Insgesamt ließ Fenchel-Führer Hildmann kaum eine Verschwörungsfantasie aus. Er stellte aus unzähligen Spinnereien eine Melange zusammen, die wahrscheinlich jeden Psychologen vor eine Herausforderung stellen dürfte. Sein Telegram-Kanal las sich zeitweise wie ein Aluhut-Ausverkauf: BRD-GmbH – QAnon-Geschwurbel über Trump als Messias und Befreier Deutschlands – 5G kocht unsere Haut und manipuliert unsere Gedanken – Masken töten – Impfungen töten – Pharma tötet – die deutsche Geschichte ist gefälscht – Neuschwabenland und »geflüchtete Kameraden im ewigen Eis« – Ufos, noch mehr Ufos und geheime Alien-Technologie, die von den Zionisten zurückgehalten wird – jede Menge antisemitische Hetze – und mittendrin Bill Gates. Alles schön garniert mit vulgären Beleidigungen.

Unvergesslich auch der Zwischenstopp bei den Vampiren: »Die Corona-Hintermänner gehören alle satanischen Blutlinien an! Wir werden von einigen wenigen Pädo-Satanismus-Sadisten-Blutsäufer-Kriegstreiber-Transen-Vampiren regiert! Ein weltweites Vampir-Netzwerk und alle Wege führen zu Obervampir Rothschild! Damit man den Kindern leichter das Blut abzapfen kann, einfach mal ne Pandemie entwickeln und sie dann von den Eltern trennen. So machen das die adligen Vampire von heute!!!« Welcher Film war das noch mal? »Ihr lasst zu, dass Rothschild euer Reich besetzt, eure Frauen schändet und euren Kindern das Blut aussaugt!!«

Trotz der vielen unterschiedlichen Verschwörungsfantasien, drehte sich beim Dinkel-Diktator alles darum, dass die Pandemie ein Fake, eine »Plandemie«, sei, hinter der selbstverständlich »der gemeine Jude« steckt. Und so ging der Rüben-Rambo rapide und endgültig im antisemitischen Sumpf unter. Er bediente jedes einzelne Nazi-Klischee, als würde er täglich eine braune To-do-Liste abarbeiten.

»Die Corona-Machtergreifung wird finanziert von Soros, Rothschild und Gates! Dieser jüdische Satanisten-Abschaum!!«

Darüber hinaus setzte der Hirse-Hitler noch einen drauf, indem er sich hingebungsvoll als Retter des Abendlandes hinstellte. Er, der Samurai-Krieger der Herzen, Rächer aller Witwen und

Waisen, hatte sich auf die Reichsfahnen geschrieben, Deutschland zu retten. In seiner schrägen Reichsbürgerkirmeswelt gefangen, ergötzte sich der Kartoffel-Krieger zudem regelmäßig an martialischen Bildern der Kaiserzeit und fantasierte darüber, wie er als Reichskanzler alle »Schuldigen, die Corona zu verantworten haben«, exekutieren lässt.

»Das BRD-Regime plant einen Atomanschlag! Ihr werdet ums Kämpfen nicht herumkommen! Heißt den Krieg willkommen, denn ihr befindet euch mittendrin und eure Welt wird täglich mehr auseinanderbrechen – weil der Feind seinen satanischen Plan durchpeitscht, OHNE ERBARMEN, OHNE RÜCKSICHT! Und er wird euch ALLES nehmen, wenn ihr nicht reagiert! Doch am Ende kommen sie alle vors Militärgericht und erhalten danach den verdienten Kopfschuss!«

Lange wurde der Sauerkraut-Samurai belächelt, unterschätzt und ignoriert. Seine verunglimpfenden Reden auf etlichen Leerdenker-Demos, seine Hetze im Internet sowie die immer aggressivere Verbreitung von Falschinformationen hätten schon früh Konsequenzen nach sich ziehen müssen. Aber, na ja, wie sagt man so schön: Hätte, hätte, Infektionskette. Als die Staatsanwaltschaft »bereit« war, den Radieschen-Ritter an die Leine zu legen, war es allerdings bereits zu spät. Der Lauch-Legionär war zwischenzeitlich in die Türkei geflüchtet, wo er dann noch mal richtig eskalierte:

»Fast alle Politiker in der Fake-BRD sind Juden! Der Jude schauspielert nur, dass er Deutscher ist. Der Jude steckt hinter der Freimaurerei, den Illuminaten, allen Banken, der Pharma und Waffenindustrie! Der Jude war und ist der Erzfeind aller freien Völker! Sie haben sich aber mit dem falschen angelegt. Es ist göttliche Bestimmung, dass ich hier bin. Ich beende die Epoche der Lügen! Deutschland erwache!!!«

Attila Klötenklaus Hildmann bewies seinen fast 130.000 Abonnenten bei Telegram, dass er ein tollwütiger Hasshamster ist, der sich manisch in braunen Verschwörungstheorien wälzt. Man könnte auch sagen: In seinem hohlen Schädel schunkelte der letzte Klumpen Resthirn wie eine Spielzeugboje in einer Pfütze aus Kloakenschlamm.

Wer sich bis zu diesem Zeitpunkt noch scherzhaft gefragt hatte, was mit der Parkplatzpetunie nicht stimmt, hatte die Antwort nun klar vor sich: Attila Hildmann war und ist ein rechtsradikaler Mistsack. Punkt. Seine Online-Auftritte bestanden nun ausschließlich aus widerlichen Lügen, menschenverachtendem Hass und erbärmlicher Hetze gegenüber Jüdinnen und Juden. Die einzige Frage, die noch zählen sollte, lautet bis zum heutigen Tag: Wann wandert der miefige Möhren-Mussolini endlich in den Knast?

Und auch wenn der eine oder andere Leerdenker sich von Hildmanns judenfeindlichen Aussagen distanzierte, änderte das nichts daran, dass Hildmann nach wie vor gerne zitiert wurde, wenn es darum ging, über die »Plandemie« aufzuklären. Denn den Holocaust zu leugnen sei zwar schon irgendwie falsch, aber bei der Sache mit Gates und den Todesimpfungen, da habe er schon recht, der nette Herr Hildmann. Natürlich. Im Grunde sprach Hildmann ja lediglich aus, was die meisten längst dachten, sich aber nicht trauten, es so krass auszudrücken. Denn um zu wissen, mit wem man es bei den »Maßnahmen-Kritikern« zu tun hatte, musste man lediglich einen genauen Blick auf die ganzen Möchtegern-Querdenker-Demonstrationen werfen – und auf die Hetzer im Internet, die dazu aufriefen: QAnon-infizierte Esoterik-Gurus mit Hunderttausenden von Fans, beispielsweise. Oder professionell arbeitende rechte Fakenews-Autoren, die so schnell Gerüchte und Lügen als Fakten verkauften, dass aufklärende Portale kaum mit den Richtigstellungen nachkamen. Die Aluhüte der Quersektendenker glühten nun sichtbar in einem feurigen Braunton.

In regelmäßigen Abständen kamen Querdullis aus ganz

Deutschland zusammen, um gemeinsam gegen, ähm, zu demonstrieren. Ja, gegen was, eigentlich? Gegen die Maskenpflicht? Gegen Impfungen? Gegen die Pandemie-Maßnahmen im Allgemeinen? Gegen die Regierung? Gegen den gesunden Menschenverstand? Oder demonstrierten sie *für* etwas? Für das Recht auf Ansteckung? Für das Recht mit der Gesamtsituation überfordert zu sein? Für offen gelebte Geschichtsinsolvenz? Für kostenlose Aluhüte?

Man weiß es nicht. Dabei hätte es durchaus gute Gründe gehabt, um gegen das holprige Pandemie-Management auf die Straße zu gehen: die katastrophale Impfpolitik, zum Beispiel, mit ihren ganzen Versäumnissen und sich selbst lähmenden bürokratischen Genehmigungsverfahren. Oder die verspäteten bis gar nicht ausgezahlten Finanzhilfen. Die Perspektivlosigkeit vieler Kulturschaffender. Die stockende Digitalisierung und Vernetzung von Gesundheitsämtern und Behörden. Die blutleere Bildungspolitik, die Lehrer, Schüler und Eltern gleichermaßen sich selbst überlassen hatte. Die versäumte Schnelltest-Strategie, um frühzeitig sichere Öffnungen gesellschaftlicher Bereiche zu ermöglichen. Oder die Unverhältnismäßigkeit zwischen Lockerungen einerseits und fortbestehenden Einschränkungen: Warum durfte man zeitweise in den Urlaub fliegen, aber nicht ins Kino gehen oder Achterbahn fahren? Warum durfte ich meine Freunde nicht treffen, aber jedes Wochenende mit Tausenden Querstänkern dicht gedrängt und ohne Maske durch deutsche Innenstädte laufen?

Die bigotten Backfische auf ihren Event-Demos scherten sich einen Dreck um die genannten Kritikpunkte. Ihnen geht es bis heute nur um eine einzige Sache: um Realitätsverdrängung und dem Infragestellen unserer demokratischen Grundordnung. Um die Leugnung der Pandemie, die es ihrer Meinung nach nie gab. Sie protestieren nicht gegen die Corona-Maßnahmen, weil diese im Sinne der Pandemiebekämpfung irgendwie fehlerhaft umgesetzt worden wären – sie protestieren gegen die Maßnahmen, weil sie diese für grundsätzlich überflüssig und »diktatorisch« halten. Wer wie in einem Wimmelbild aus »Wo ist Walter?« den halben Tag keine Maske trägt, den Stars der Schwurbelszene zujubelt und dabei dümmliche Aluhut-Parolen brüllt, kämpft nicht für irgendwelche Freiheiten, sondern allein aus egoistischen Beweggründen. Die Freiheit aller anderen war und ist diesen Leuten egal. Das werden die querdenkenden Darmwinde auf zwei Beinen aber wahrscheinlich nie kapieren.

Ich habe mich dabei immer gefragt: Fahren diese Hirnsparlampen auch bei Rot über die Ampel? Ignorieren sie die Gurtpflicht? Breaking News: Freiheit bedeutet nicht, machen zu dürfen, was man will. Freiheit ist in einer Gesellschaft an Regeln gebunden und hört spätestens da auf, wo die Grundrechte anderer Menschen bedroht werden. Während einer Pandemie bedeutet das, Einschränkungen in Kauf zu nehmen, damit man ein gefährliches Virus daran hindert, unkontrolliert zu wüten und unser Gesundheitssystem lahmzulegen.

Im Sommer 2020 sagte Michael Ballweg, Organisator der bis dahin größten Querdenken-Demo in Berlin, die Zusammenkunft sei ein »Fest für Frieden und Freiheit«, eine Versammlung für alle »Wahrheitskrieger«, die die »Lügen der Regierenden satt haben«. Des Weiteren sollte dieser Tag in die Geschichte eingehen, als Tag der Befreiung und Ende der »Corona-Diktatur«. Michael Ballweg wörtlich: »Wir fordern die Abdankung der Bundesregierung« und »Ihr steht heute hier, weil Euch niemand mehr sagt, wie Ihr zu denken und leben habt«. Eine ziemlich paradoxe Aussage, wenn man selbst zu den verwirrten YouTube-Uni-Absolventen gehört, die jeden Unsinn aus dem Internet nachplappern, solange es ins eigene beschränkte Weltbild passt.

Und schließlich die Demos selbst: Mancherorts hatte man den Eindruck, man wäre auf einer Reichsbürger-Rollenspiel-Convention. Ein Meer aus Flaggen des deutschen Kaiserreichs und Plakate, die um Souveränität und einem Friedensvertrag mit Russland und den USA betteln. Diese ranzigen Butterbirnen, die die Existenz der Bundesrepublik Deutschland bestreiten und deren Rechtsordnung ablehnen, sind längst Stammgäste auf jeder Demo. Dazwischen paranoide QAnon-Piepen und weltfremde, wissenschaftsfeindliche Esoteriker:innen, die glauben, mit Singen und Klatschen das Universum umkrempeln zu können. Und spätestens, wenn astreine Geschichtsrelativierung bejubelt wird, weil sich jemand als armer, von der Regierung verfolgter »Freiheitskämpfer« mit Anne Frank, den Geschwistern Scholl oder Gandhi vergleicht, weiß man: Da ist das Milchbrötchen unterm Pony schon längst verschimmelt. Damit protestieren diese Leute nicht etwa gegen die Maskenpflicht, die Impfpolitik oder gegen die Einschränkung ihrer Freiheit. Sie verhöhnen lediglich die Millionen Opfer eines industriellen Massenmordes, sie relativieren die menschenunwürdige Unterdrückung und Verfolgung von Millionen Familien und sie spucken regelrecht auf die Gräber derjenigen, die im echten, harten Kampf für Freiheit und Demokratie grausam ihr Leben lassen mussten. Und das nur, weil sie nicht verstehen, wie Impfungen funktionieren, Angst vor Wissenschaft und Autoritäten haben und darunter leiden, beim Einkaufen eine Maske tragen zu müssen.

Daher ist eine Querdenker-Veranstaltung im Grunde keine Demo, sondern nur eine Parade der Peinlichkeiten. Ein Festival des Fremdschämens. Ein Woodstock für wohlstandsverwahrloste Realitätsverweigerer. Ein debiles Spektakel, das zwischen all den durchgeknallten Schwurbelmützen, die ihren psychotischen Schüben freien Lauf lassen, braune Aluhut-Folklore verbreitet. Denn trotz aller Regenbögen, Herzchen und übertriebenem Pathos, sind diese Demonstrationen nur ein Alibi, um seinen Hass auf die Regierung auszuleben und mit totalitären Ansichten zu kokettieren.

Und wenn du dich jetzt beleidigt fühlst, weil du mit alldem

nichts zu tun haben willst, aber dennoch mit solchen Leuten Händchen hältst, dann heul einfach leise, Dieter. Selbst schuld, wenn du dich vor den Karren der Aluhut-Apostel spannen lässt.

Apropos heulen: Erinnern Sie sich an Jana aus Kassel? Auf einer Leerdenker-Kundgebung Ende 2020 erklärte eine junge Frau: »Ich fühle mich wie Sophie Scholl, da ich hier seit Monaten im Widerstand bin!« Berühmt geworden ist die Situation allerdings nicht wegen dieses rotzdummen Vergleichs – so etwas war und ist in der Szene schließlich völlig normal –, sondern wegen der Reaktion eines Ordners, der Jana unterbrach, seine Weste auf die Bühne warf und sagte: »Für so einen Schwachsinn mach ich doch keinen Ordner mehr. Das ist Verharmlosung vom Holocaust!« Daraufhin fing Jana fürchterlich an zu weinen und verließ frühzeitig die Bühne. Das war sie also, die grausame Diktatur, von der alle sprachen. Immerhin, die gefilmte Szene schaffte es für einen kurzen Moment in jede Nachrichtensendung. Nun konnte die ganze Welt genau sehen, was so eine Querlappen-Parade für Gestalten anlockte. Und man hoffte irgendwie, dass der Spuk sich bald auflösen würde, denn wer hätte jetzt noch Sympathien für die Leerdenker übrig?

Antwort: Immer noch viel zu viele Menschen. Bis heute. Deplatzierte Vergleiche mit Freiheitskämpfer:innen kommen offensichtlich gut an und sind auf jeder Querleuchter-Demo sowie in jeder Diskussion bei Social Media der letzte Schrei: »Mich hat das von Anfang an an die Judenverfolgung erinnert, habe viel darüber gelesen und immer wieder Gänsehaut bekommen wenn ich mir das Leid dieser Menschen damals vorgestellt habe. Und jetzt sind wir die neuen Juden, so schnell kann's gehen.«

Ob die Denkdöser solche Vergleiche auch in ihrem Alltag verwenden? Wie fühle ich mich heute? Einem Obdachlosen Geld gegeben: wie Oskar Schindler. Ohne Abendessen ins Bett gegangen: wie Gandhi. Einen wütenden Leserbrief geschrieben: wie Rosa Luxemburg. Beim Grillen den Finger verbrannt:

wie Jeanne d'Arc. Enten im Park gefüttert: wie Mutter Theresa. Schwarz S-Bahn gefahren: wie Martin Luther King. Einen neuen Joghurt im Aldi entdeckt: wie Christoph Columbus. Geburtstag an Weihnachten: wie Jesus. Amen!

Impfgegner, Teil 2 oder:
Wir werden alle sterben!

Endlich: Die ersten Impfstoffe gegen das Coronavirus wurden ausgeliefert. Ein Hauch von Hoffnung lag in der Luft. In der normalen Welt, hier auf der Erde, zumindest. In der alternativen Realität der Aluhüte sprach man dagegen vom beginnenden »Genozid« und dem »größten Völkermord in der Geschichte der Menschheit«. Die Impfgegner:innen nahmen nun das Aluzepter in die Hand und zeigten allen, wo der Schwurbelhammer hängt. Neben den üblichen Impfmythen über Todesspritzen und implantierte Microchips setzte sich schnell das Geschwurbel durch, nachdem die neuartigen mRNA-Impfstoffe das Erbgut verändern würden. RNA, DNA – klingt ähnlich, passt schon. Alle hatten plötzlich Angst, die Impfung würde sie in hässliche Grottenolme verwandeln. Oder so ähnlich. Auf jeden Fall hätte das »Herumpfuschen an der DNA« erhebliche Folgen. Denn neben der angeblichen Tatsache, dass die Impfung selbstverständlich »hundertmal tödlicher« als irgendein Virus sei, drohte der Impfstoff uns wahlweise zu sterilisieren, homosexuell zu machen, in Zombies zu verwandeln oder selbst nach Jahren noch umzubringen. So entstand auch langsam der Mythos von den »unabsehbaren Langzeitfolgen«.

Warum Mythos? Weil Langzeit-Nebenwirkungen bei Impfstoffen nicht zu erwarten sind. Wie auch Expert:innen von der Deutschen Gesellschaft für Immunologie oft genug erklärten, treten Impfreaktionen üblicherweise innerhalb weniger Stunden und Tage auf, selten auch erst nach einigen Wochen oder Monaten. Was viele als »Langzeitfolgen« bezeichnen, sind eigentlich sehr seltene Nebenwirkungen. Diese können für gewöhnlich erst erkannt werden, wenn ein Impfstoff in großem Maßstab verimpft worden ist. Das bedeutet: Häufige Nebenwirkungen werden bereits in den Zulassungsstudien erkannt, sehr seltene aber wegen der begrenzten Teilnehmerzahl nicht. Diese fallen erst nach der Zulassung auf, wenn ausreichend viele Menschen die Impfung erhalten haben, was oft mehrere Jahre dauern kann. Da die Corona-Impfstoffe allerdings sehr schnell auf der ganzen Welt zum Einsatz kommen, können auch die sehr seltenen Nebenwirkungen deutlich schneller erkannt werden als bei anderen Impfstoffen. Grundsätzlich sind also einfach sehr viele Daten nötig, um mögliche seltene Nebenwirkungen aufzuspüren. Inzwischen sind Milliarden Menschen weltweit vollständig geimpft. Die Datenlage ist also mehr als ausreichend, um eine vernünftige Aussage über die Impfung machen zu können: Der Nutzen überwiegt jegliches Risiko. Aber wem erzähle ich das?

Wie dem auch sei: Die Impfungen sollten offensichtlich den »großen Umbruch« einläuten – den »Great Reset«. Eine Verschwörungsfantasie, die unter Corona-Leugnern wucherte, seitdem Klaus Schwab, der Gründer des Weltwirtschaftsforums, ein Buch mit dem gleichnamigen Titel veröffentlichte. Darin beschäftigt sich der Autor mit der Frage, wie man die Weltwirtschaft nach der Pandemie nachhaltiger und gerechter gestalten könnte. Trotz oder wegen ihrer wirtschaftlichen Auswirkungen sei die Pandemie schließlich eine Gelegenheit, Wirtschaft im Allgemeinen neu zu denken. In die Sprache der Aluhüte übersetzt, hieß das jedoch: Die Elite hat die Pandemie erfunden, um sie als Grund für die Errichtung einer neuen Weltordnung vorzuschieben!!! Nichts wirklich Neues also, doch immerhin lieferte Klaus Schwab frische Munition. Bill Gates und Co. bekamen Gesellschaft.

Unterm Strich waren sich jedoch mal wieder alle Schwurbelpaddel einig: Impfung = Tod: »Was denen mit Chemtrails und den vorherigen Impfungen nicht gelungen ist, wollen die jetzt mit ihrer Coronasuperimpfung zu Ende bringen! Warum sollen die jetzt sonst so krass Propaganda für die Impfung machen, wo doch klar ist, dass die Pandemie nicht echt ist???« Hm, vielleicht wurde überall für die Impfung geworben, weil sie unseren Weg aus der Pandemie, die übrigens echt ist, bedeutet? Ist nur so ein Gedanke.

»Es geht bei den Impfungen natürlich um den Great Reset und darum, die Menschheit zu reduzieren. Es geht darum, menschliche Biorobotersklaven zu erzeugen, die geistig und spirituell nicht mehr vorhanden sind!«

»Auf keinen Fall impfen! Sie werden den Menschen einen Chip einpflanzen, mit dem sie einen jederzeit töten können!«

»Wir haben euch immer gewarnt: Der Transhumanismus kommt in die Endphase!« »Die Impfung wird eine Datenschnittstelle in unserem Körper installieren, über die wir ferngesteuert werden sollen. Viele werden sterben dabei, wenn sie diese neue Technik proben. Gates = Mengele!«

Währenddessen forderte die Pandemie weiterhin viele Todesopfer. Für die querschlauen Leerdenker, die immer noch keifend durch die Straßen zogen, gingen die Toten allerdings auf das Konto der tödlichen Impfung. Meldungen über Nebenwirkungen, die es selbstverständlich gab, wurden als Anzeichen für die »schleichende Vergiftung« interpretiert oder direkt als Beweis für die totale Vernichtung angesehen. Fieber nach der Impfung? Ganz klar, bald explodiert der ganze Schädel. Müdigkeit? Gliederschmerzen? Verabschiede dich schon mal von deinen Organen, Gisela. Eine geimpfte Person musste sich nur kurz an Brot verschlucken, um den Leerdenkern einen Grund zu geben, panisch »GIFTSPRITZE« brüllen zu können. So war auch bald klar: »Dieses Gerede über Mutationen wie Delta ist nur eine weitere Manipulation. Die sagen jetzt schon voraus, dass mehr Menschen sterben werden, weil sie wissen, dass die Impfung tödlich ist. Wenn dann in der nächsten Welle das Massensterben losgeht, werden alle gehirngewaschen sein und denken, es lag am Virus, dabei waren es die Impfungen! Verweigert die Impfung, das ist eure einzige Chance zum Überleben!«

Abgesehen davon war scheinbar selbst für »gemäßigtere« Querschrauben klar, dass die Impfung sowieso nicht wirkt, denn immerhin infizierten sich auch Geimpfte. Super beobachtet, Uwe. Allerdings war die Impfung nie dafür gedacht, uns immun zu machen, sondern vor schweren Verläufen zu schützen. Das Argument, »Geimpfte und Ungeimpfte können sich gleichermaßen infizieren« klingt wie »Celine Dion und ich können gleichermaßen singen«.

Die impfgehässigen Corona-Rabauken bekamen mit der Zeit auch immer wieder prominente Unterstützung. Während die meisten Menschen glücklicherweise ihren gesunden Menschenverstand bewahrten, fühlten sich irgendwelche »Stars« dazu genötigt, ihren Fans »medizinische« Ratschläge zu geben. Daniela Katzenberger beispielsweise folgte dem aktuellen Trend und setzte sich kurzzeitig eine schicke Alumütze auf, um ihren zwei Millionen Followern bei Instagram zu sagen, sie werde sich nicht impfen lassen, weil »der Impfstoff nicht gut genug erforscht« ist. Und sie riet: »Besonders Frauen, die noch Kinder bekommen wollen, sollten den Impfstoff lieber nicht nehmen.« Der Grund, warum sie selbst keine Impfung bräuchte: Sie werde so gut wie nie krank. Wow. Also mal wieder die alte Leier mit dem »starken Immunsystem«. Doch bei allem Verständnis für eine gewisse Impfskepsis: Wie kommt sie darauf, dass der Impfstoff nicht genug erforscht wurde? Und nein, das war nicht einfach nur eine Meinung, sondern eine überhebliche Unterstellung. Es war darüber hinaus eine Lüge so wie die Wiederholung der gleichen abgedroschenen und längst widerlegten Impfgegner-Phrasen, mit denen die Querpantoffeln andere Menschen für ihre sektenartigen Überzeugungen gewinnen wollen. Und die Andeutung, dass

Frauen unfruchtbar werden könnten, blies ins gleiche Schwurbelhorn wie alle professionellen Impfverunsicherer, die sich in der Pandemie zu heldenhaften »Aufklärern« aufspielten. Ja, ich meine euch, ihr Bettspalten-Bhakdis und Schwindel-Schiffmanns.

Das Problem an der Sache: Katzenbergers Aussagen vor einem Millionenpublikum wurden daraufhin fleißig geteilt – als »Beweis« dafür, dass die kursierenden Verschwörungmythen wahr wären und immer mehr Menschen »aufwachten« und sich trauten, »die Wahrheit auszusprechen«. Katzenberger wurde in der Aluhut-Szene zur neuen Promi-Impfgegnerin und Galionsfigur der Pandemieleugner hochstilisiert. Nichtsdestotrotz vermute ich, dass Daniela Katzenberger gar nicht wusste, welchen Knochen sie mit ihren Worten der quersabbernden Meute hingeworfen hatte. Anders als Nena, die eindeutige Sympathien für die schwurbeligen Querdielen-Demos zeigte und später sogar eine nächtliche QAnon-Veranstaltung besuchte, wo sie mit esoterischen Aluhut-Hippies und anderen Verschwörungskultisten »die Liebe« feierte. Völlig durchgeknallt war dagegen Michael Wendler, der eines Tages beschloss, in Attila Hildmanns Fußstapfen zu treten. Den Gemüse-Göbbels erwähnte er immer wieder lobend, distanzierte sich aber selbstverständlich von dessen rechtsextremen Äußerungen – nur um dafür andere antisemitische Klischees zu bedienen und Werbepartner des braunumhüllten Kopp-Verlages zu werden. Damit warf tragischerweise auch Wendy eine stabile Karriere einfach weg, weil er plötzlich feststellte, wie gut ihm ein Aluhut steht. Sein Schwurbelprogramm kannte keine Grenzen. Todesspritzen, Todesmasken, Chemtrails, NWO, Illuminaten, Pharma-Diktatur, QAnon-Trump-Verehrung und ein immer wieder vorhergesagter Blackout, der die Bevölkerung ins Chaos stürzen würde. Der Anlass schlechthin, um täglich zum Kauf von Dosenbrot und Kurbelradios aufzurufen. Mit passendem Link zum Kopp-Verlag, natürlich. Das Highlight: »Spätestens Ende September sind alle Geimpften tot!« Das war allerdings nicht seinem eigenen Bohnenhirn entsprungen. Wendy zitierte damit Super-Scharlatan Dr. Coldwell alias Bernd Klein. Ein verachtenswerter Hochstapler, der sich wie Wendy in die USA abgesetzt hatte und von dort nun unter anderem überteuerte Nahrungsergänzungsmittel als Heilmittel gegen Krebs verkauft. Weiterhin rief Coldwell über seinen Telegram-Kanal (dem immerhin fast 14.000 Menschen folgen) alle Deutschen dazu auf, ihr Recht auf »Selbstverteidigung« wahrzunehmen, da sie sich schließlich »im Krieg« befänden. Etwas, das auch Wendy oft und gerne wiederholt. Ach ja, und Coldwell ist der Meinung, dass man uns mit den Impfungen außerirdische Spinnen-Eier injiziert. Noch Fragen?

Als erstes Land der Welt hatte übrigens Russland einen Impfstoff gegen das Coronavirus zugelassen. Und das ist besonders interessant, weil die erwachten, russlandaffinen Schwurbelexperten selbstverständlich »die Wahrheit« hinter Putins Impfstoff erkannten. Putin gilt neben Trump in der Aluhutszene schließlich als Messias, der dem Deep State, also der kinderfressenden, adrenochromsüchtigen Reptiloiden-Satanisten-Zionisten-Wasauchimmer-Elite, die Stirn bietet. Und ein Messias könne niemals sein geliebtes Volk impfen, denn Impfungen sind schließlich des Teufels, ein Tötungswerkzeug der Pharmamafia, die Geißel der Menschheit, der Pieks der ewigen Verdammnis! Und so belagerten die Schwurbelsocken erneut alle sozialen Netzwerke, um die Menschheit »aufzuklären« beziehungsweise sich lächerlich zu machen. In Wahrheit war das nämlich gar kein echter Impfstoff, sondern nur ein Vitamincocktail, ein Placebo, das man den ganzen Schlafschafen verabreichen würde, damit diese denken, sie wären vor Covid19 sicher. Denn die Pandemie sei schließlich nur ein Fake und deswegen bekämpfte der clevere Putin sie mit einem Fake-Impfstoff: »Niemals würde Putin sein Volk mit Gift impfen! Seid doch nicht doof, glaubt nicht den

Medien, die Putin hassen! Die Coronajünger kriegen Vitamine gespritzt, denken aber, es sei gegen Corona, und alles wird gut, weil Putin genau weiß, dass es kein Corona gibt. Win-win nennt man das!« Was für ein Fuchs, dieser Putin. »Wir wissen wie intelligent Putin ist, er wird seine Leute niemals zu echten Impfungen drängen, macht das Spiel aber erst mal mit, da er sonst auf der Liste der Länder gesetzt wird, in denen der nächste (dann wirklich gefährliche) Laborvirus verteilt wird.« Logisch. »Natürlich wird es sich dabei um Fake-Impfungen handeln. Putin opfert doch nicht sein Volk!! Genialer Schachzug eigentlich. Stellt euch vor, man gibt vor, einen Impfstoff zu haben, die Schäfchen stellen sich brav an, erhalten eine harmlose Kochsalzlösung und gehen beruhigt und zufrieden heim. Dann kann Putin der WHO eins auswischen und einfach die Pandemie für beendet erklären!« In der Tat, ziemlich genial. Hauptsache, in der Parallelwelt der Querdatteln ergibt das Geschwurbel irgendwie Sinn. Toll, jetzt habe ich einen Ohrwurm: »Ich mach' mir die Welt, widdewiddewie sie mir gefällt …«

Spirituelle Verstandsverweigerer betonten immer wieder, dass ein »starkes Immunsystem« viel wichtiger als eine Impfung sei. »Also ich energetisiere immer mein Wasser für ein optimales Immunsystem und dann hab ich letztens noch eine bioenergetische Systemanalyse gemacht, da meinte meine Heilpraktikerin, dass es sehr unwahrscheinlich ist, dass ich Corona bekomme, also wozu impfen?« Und der Klassiker: »Impfen ist KEINE Alternative. Lasst uns stattdessen in Liebe die Angst loslassen. Freude, Nähe, Verbundenheit. Das sind die Dinge, die wir alle manifestieren sollten, nicht Corona und erst recht keine Impfungen!« Überhaupt kamen aus der Ecke der esoterischen Grindmäuler immer wieder deutliche Positionierungen. Eine Mondschwurbelautorin teilte ihrer Fangemeinde mit: »Nicht impfen lassen ist für mich eine Lebenseinstellung. Das Impfen stellt das gegenteilige Prinzip von dem dar, um was es im Schöpfungscode geht. Das Aktivieren des Schöpfungscodes heilt aus dem Innen. Du bist Licht und aus diesem Licht kann dich nichts angreifen!« Osram gefällt das. Ein anderes Mal sagte sie: »Alle sprechen von Nebenwirkungen, ich spreche von Wirkung. Willst du in deine Zellen die Information einer Krankheit einpflanzen oder willst du deine Zellen dem Licht öffnen? Wusstest du, dass jeder Gedanke an ein Virus bereits eine Impfung ist? Und dass genau das der wahre Grund für die rasante Verbreitung der Krankheit war?« Viele Heilpraktiker:innen, die sich auch auf Leerdenker-Demos oft und gerne in den Vordergrund drängten, wurden dagegen ziemlich direkt. Man sprach offen darüber, dass Impfungen ein Genozid seien, weil sie Krebs und andere tödliche Krankheiten auslösen würden. Anspielungen auf QAnus und andere Verschwörungsfantasien wurden zudem gierig aufgenommen und weitergetratscht.

Gerade im Fall der Coronaimpfung müsste man sowieso besonders vorsichtig sein, denn diese würde nicht nur das menschliche Erbgut verändern, sondern auch die »energetische DNA« zerstören. Das bedeutet mehr oder weniger, dass die Seele daran gehindert wird »aufzusteigen« oder dass sie sich womöglich komplett »abspaltet«. Wie tragisch. Daher boten einige Wunderheiler:innen im Vorfeld eine »alternative Impfung« gegen Corona an: »Heute findet hier und jetzt Eure CORONA-Impfung statt! Und zwar mit dem besten Impfserum der geistigen Welt. Bitte bestückt Euch mit Eurem Lieblingspendel und schwingt Euch folgende Sätze ein, laut und deutlich: Ich bin immun gegen Covid-19 und alle Mutanten! Jetzt und für alle Zeiten! AMEN!« Klasse. Dasselbe Pendel kann übrigens auch gegen die echte – böse – Impfung eingesetzt werden. Einige Zeit später hieß es: »Antidot COVID Impfung! Wir werden in Zukunft auf viele Menschen treffen, welche sich der Covid-19 Impfung unterzogen haben. Im Moment bekomme ich viele Anfragen, wie man diesen Menschen energetisch helfen kann. Ich gehe jetzt nicht näher auf die Auswirkungen ein, doch ich habe mich gestern intensiv mit der geistigen Welt verbunden und es wurde bestätigt, dass diese Impfung das Zeichen des Tieres aus der Offenbarung des Johannes ist. Mir wurde folgende Vorgehensweise empfohlen: Unbedingt mit dem Schwarze-Madonna-Pendel den energetischen Abdruck der Impfung linksdrehend ausleiten (auch Morgellons und andere Bioroboter lassen sich dadurch zerstören und ausleiten)! Und anschließend mit dem Karnak-Pendel alle durch die Impfung abgespaltenen Seelenanteile wieder zurückholen und im Körper verankern. Ich hoffe ihr könnt schnell handeln, denn das sollte so schnell wie möglich nach der Impfung durchgeführt werden. Natürlich muss derjenige das durch seinen freien Willen auch bekunden – wenn er dann überhaupt noch in der Lage ist, einen freien Willen zu haben!!!« Klingt kompliziert? Keine Sorge. Wie das mit den Pendeln, die man erst mal besitzen muss, genau funktioniert, kann man natürlich lernen. Am besten bucht man dafür ein entsprechendes Seminar, um keine Fehler zu machen.

Selbstverständlich wollte auch die Homöopathie mitmischen. Eine Heilpraxis machte kurzzeitig von sich Reden, als sie wortwörtlich »anstelle der Corona-Impfung« einen selbst entwickelten »Corona-Impf-Komplex« empfahl, bestehend aus einem großen Globuli-Cocktail. Die verschiedenen Mittel hießen unter anderem »Corona-Viren-Inaktivierung D30« und »Impf-mRNA-Ausschluss-Markierung D30«. Sehr kreativ. Und das war noch längst nicht alles. Ein pseudomedizinischer Schwurbelshop verkaufte eine CD mit dem »Corona-Klangcluster«. Für knapp 50 Euro durfte man »mindestens 1x am Tag, in einer hörbaren Lautstärke« irgendwelchen Klängen lauschen, die was ganz Tolles bewirken: »Das Klangcluster CORONAVIRUS wirkt in Form von Schallwellen über die Rezeptoren der Innenohrschnecke punktgenau in bestimmten Gehirnarealen. Die daraus gebildeten elektromagnetischen Impulse informieren das Immunsystem. Damit wird die gesunde Steuerung des spezifischen Immunsystems unterstützt, damit es die innere Ordnung des Körpers wiederherstellen kann.« Alles klar?

Gleichzeitig waren immer mehr Esoteriker:innen davon überzeugt, dass die Corona-Impfungen gar nicht ausgeleitet werden konnten – im Gegensatz zu sonstigen Impfungen, die sich sogar aus der Ferne über Skype wegzaubern ließen. Schuld daran war natürlich die »Manipulation der DNA« sowie grundsätzlich die »teuflische Zusammensetzung« der Impfstoffe. Sie erinnern sich? Das Geschwurbel über 666 und die Offenbarung des Johannes war in der Esoterikszene präsenter als billige Räucherstäbchen. Auch Eso-Prinzessin Christina von Dreien warnte in diversen Videos vor den Impfungen und sprach von »Genmanipulation« und »Gedankenkontrolle«. Bei Telegram tauschten sich Heilpraktiker:innen in eigens dafür gegründeten Gruppen aus, wie sie mit dieser neuen »Bedrohung« umgehen: »Hallo, ich bin Heilpraktikerin und langsam am Ende meiner Belastbarkeit angekommen. Es ist für mich unglaublich, wie viele immer noch den Mainstream-Medien glauben und voller Angst vor dem bösen Virus ihr Heil in der Impfung suchen. Vor allem, ich habe immer noch keine Lösung für die Folgen dieser Gen-Impfungen. Bei so ziemlich allen normalen Impfungen gibt es Möglichkeiten die Impffolgen abzufangen, bei diesen experimentellen Gen-Impfungen zumindest bisher nicht.« Übrigens gaben sogar die Namen der größten Impfstoffhersteller darüber Aufschluss, womit man es hier zu tun hatte. In »Biontech« steckt »Bio« und »Tech« drin, was nichts anderes als die »Technisierung des Lebens« bedeutete. Das war der gefürchtete Transhumanismus, die Verwandlung in maschinenhafte, seelenlose Bioroboter. Und »Moderna«? Da war es ebenso eindeutig: »mode RNA« – also »RNA verändern«. Schachmatt, ihr Pharma-Gangster! Erwischt!

Dadurch, dass man gegen diese Impfungen scheinbar nichts unternehmen konnte, um die Menschen »energetisch davon zu befreien« und ähnlicher Schwurbelquark, stellten Geimpfte plötzlich eine Gefahr dar. Das führte sogar dazu, dass einige Geistheiler:innen sich weigerten, geimpfte Klient:innen zu behandeln: »Ich habe eine Sitzung mit einer Person gehalten, die die erste und zweite Dosis des Impfstoffs erhalten hat. Als ich mit der Behandlung begann, bemerkte ich sofort die Veränderung, sehr schwere Energie, die von ihren feinstofflichen Körpern ausging. Das Unheimlichste war, als ich am Herzchakra gearbeitet habe. Ich habe mich mit ihrer Seele verbunden, sie war vom physischen Körper losgelöst, sie hatte keinen Kontakt und es war, als ob sie in einem Zustand der totalen Verwirrung schwebte. Eine Beschädigung des Bewusstseins, das den Kontakt mit dem physischen Teil verliert, also mit unserer biologischen Maschine, es gibt keine Kommunikation mehr zwischen ihnen.« Und weiter: »Ich setzte die Behandlung fort, indem ich Licht zum Herzchakra, zur Seele der Person, schickte, aber es schien, dass die Seele kein Licht, keine Frequenz oder Energie mehr empfangen konnte.« Okay, was bedeutet das jetzt genau? »Ich verstand, dass die Impfung in der Tat verwendet wird, um das Bewusstsein abzulösen, sodass dieses Bewusstsein nicht mehr durch diesen Körper, den es im Leben besitzt, interagieren kann, wo es keinen Kontakt mehr gibt, keine Frequenz, kein Licht, kein energetisches Gleichgewicht oder Geist mehr. Dann fing ich an, um diese Seele zu weinen, weil es etwas war, das mich tief berührte, eine sehr starke Erfahrung.« Wie überaus traurig. Tut mir schon irgendwie überhaupt nicht leid. Kein Wunder, meiner Seele ist ja ebenfalls das Licht ausgeknipst worden.

Diese originelle Paranoia gehörte tatsächlich bald zum Aluhut-Kanon der esoterischen Verschwörungsartisten und führte bald dazu, dass man sich vor geimpften Menschen regelrecht fürchtete. Denn die Impfung massakrierte nicht bloß die Seele, sondern »strahlte aus« und infizierte unschuldige, ungeimpfte »Lichtmenschen« mit »dem echten« Corona. Moment, was? Okay, noch mal:

Die Eso-Clowns waren davon überzeugt, dass die Geimpften – aufgrund ihrer veränderten DNA – ihrem Umfeld schaden. Angeblich würden die seelenlos gespritzten Körper die sogenannten Spike-Proteine des Coronavirus ausschwitzen und alle im näheren Umfeld mit Corona anstecken. Oder irgendwie anders zu Grunde richten. Das ging teilweise so weit, dass manche Querfliesen dazu übergingen, eine Maske zu tragen. Die Todesmaske war in diesem apokalyptischen Szenario plötzlich das kleinere Übel. Richtig schräg wurde es, als auch etliche Heilpraktiker:innen nicht nur in sozialen Netzwerken, sondern ganz offiziell auf den Internetpräsenzen ihrer Praxen festhielten, dass sie keine geimpften Patient:innen mehr empfingen. Selbst ein Bio-Bauernhof aus Bayern, der wohl ein beliebtes Urlaubs- und Ausflugsziel für Familien darstellt, machte auf seiner Homepage unmissverständlich klar: »Die Ausscheidung von Mikroorganismen der gentechnisch veränderten Impfstoffe durch Geimpfte, stellen eine Gefahr für unseren impffreien Tierbestand dar. Um die Gefahrensituation so gering wie möglich zu halten, ist ein Urlaub/Besuch nur für UNGEIMPFTE PERSONEN/KINDER möglich!«

Es wurde fast schon eine Art Trend, geimpfte Mitmenschen für persönliche Probleme und Beschwerden verantwortlich zu machen. Herpes? Klare Sache, zu oft Kontakt mit Geimpften gehabt. Milch sauer? Von Geimpften im Supermarkt berührt worden! Fernsehempfang schlecht? Geimpfte Nachbarn! Hund krank? Im Park von Geimpften gestreichelt worden! Ein paar dieser Sachen habe ich mir ausgedacht. Eine war jedoch richtig. Ahnen Sie es? »Nachdem ich 2 Tage für mehrere Stunden mit einer frisch geimpften Kollegin in einem Raum war, bekam ich gestern Herpes, und heute, als ich aufwachte, waren meine Augen richtig geschwollen, plus Kopfschmerzen! Es ist unglaublich was hier vorgeht!« Ja, es ist wirklich unglaublich. Ein Wunder, dass ich vor lauter Augenrollen keinen Krampf im Sehnerv bekam!

Willkommen bei der Shedding-Verschwörung! In vielen

Gruppen bei Telegram und Co. war Shedding auf einmal Gesprächsthema Nummer eins: »Hallo, ich bin Naturheilpraktikerin aus Bonn. Ich hatte zwei Patienten, die sich kürzlich geimpft haben. Danach hatte ich 3 Tage lang Fieber, Kopf- und Halsschmerzen. Vor allem abends. Seither frage ich meine Patienten vor der Behandlung, ob sie sich die Giftspritze injiziert haben. Wenn ja, schütze ich mich so gut wie möglich!«

»Meine Partnerin hatte jetzt mehrmals ein Gespräch mit einer Geimpften, die selber keine Symptome angab. Nach den ersten Malen bekam sie Nasenbluten, beim letzten Mal ein großes Ekzem. Sie wird sonst nie krank, reagierte aber schon immer auf chemische und energetische Veränderungen. Ab jetzt meiden wir die Geimpfte, was schade ist, weil die eigentlich nett war.«

»Ich bin seit vielen Jahren Heilpraktikerin und überlege auch, nur noch Ungeimpfte zu behandeln. Meine eigene körperliche Reaktion auf Geimpfte sind Kopfvibrieren, Unterleibskrämpfe und Blutungen außerhalb des Zyklus. Ich sehe auch Reaktionen bei anderen Ungeimpften, wie starker Energieverlust, Aktivierung von Herpes. Bei Geimpften sehe ich im Dunkelfeld-Mikroskop starke Thrombozytennester im Blut und veränderte zelluläre Bestandteile. Bei allen schwindet das Energiefeld, welches ich auch messen kann. Hier bestätigt sich für mich, dass Geimpfte die Anbindung an ihre Seele verlieren.«

»Ich bin Energetikerin und nehme Seelenzustände ganz gut wahr. Habe jetzt schon bei ein paar Geimpften gesehen, dass die Seele nicht mehr richtig im Körper war bzw. wie zerfetzt. Ich spüre eine stark unangenehme Energie wenn ich mit Geimpften zusammen bin und es ist extrem anstrengend und belastend. Inzwischen hatte ich auch schon heftige körperliche Reaktionen wie Übelkeit, Benommenheit, Regelschmerzen und Blasenentzündung. Ich forsche gerade, wie ich damit für mich und meine Klienten umgehe, stärke und schütze.« Moment, du forschst? Wie soll das aussehen? Alte Perry-Rhodan-Hefte lesen?

»Ich habe mittlerweile das Gefühl, dass mein Körper nach längerem Aufenthalt mit Geimpften in einem geschlossenen Raum sich übelst dagegen wert. Ich finde es mittlerweile für Ungeimpfte wirklich eine Zumutung mit Geimpften zusammen arbeiten zu müssen!!« Witzig, genau dasselbe denke ich über euch.

»Hab ich auch schon gehört, dass Geimpfte eine ganz andere Ausstrahlung haben, es ist wohl so, dass die Impfung die Aura verändert. Eine Freundin meinte, ihre geimpfte Arbeitskollegin hätte eine ganz furchtbar getrübte, gräuliche Aura. Das wird noch übel für uns alle als Gesellschaft mit diesem Impfwahnsinn!« Und die Freundin der Lehrerin meiner Cousine 8. Grades meinte, ihre Katze hätte ihr erzählt, dass ihre Schnurrhaare sich in der Nähe von Geimpften kräuseln! Das Ende der Welt ist nah!

»Nachdem ich meine (geimpfte) Oma besucht habe, wurde ich von heftiger Übelkeit geplagt, dazu heftige Kopfschmerzen. Nahm dann MMS und nach einer Weile war alles wieder weg. Hab mir selber noch ein Nasenspray daraus gemacht, was ich bei mir habe und immer nehme, wenn ich weiß, dass ich auf Geimpfte treffe. Nur als Tipp für andere!« Leider waren solche Tipps keine Einzelfälle. Im Gegenteil. Das gefährliche MMS galt auch hierbei für viele Menschen als Lösung des Problems. Bitte nicht nachmachen! Gleichzeitig gab es aber auch etliche »energetische« Tipps, wie man sich nach Kontakt mit Geimpften »reinigen« sollte: »Schwarze Steine, wie Obsidian und Shungit, am Körper tragen. Eine Auraharmonisierung mit Orgonit kann auch helfen. Hilft nebenbei auch vor 5G-Strahlung. Von meiner Heilpraktikerin bekam ich den Tipp, auf dem Unterbauch Auflagen mit Rizinusöl zu machen. Diese mit einer Wärmflasche abdecken und mindestens eine Stunde ruhen lassen, während man eine Heilmeditation macht.«

Und natürlich waren wie immer auch die Kinder in größter Gefahr: »Wenn die Seele und der göttliche Funken in diesen Menschen entfernt wurde oder durch die Impfung erloschen ist, dann nehmen die unlichten Wesen Besitz von diesen. Das ist ein schleichender Prozess, der über Wochen, Monate oder Jahre gehen kann. Nur mit der Herzenergie in uns, können wir diese Übernahme verhindern. Daher müssen wir JETZT die Kinder schützen vor diesen Übergriffen dieser Fremdwesen. Auf unsere Kinder haben sie es speziell abgesehen, da die meisten von ihnen einen ausgeprägteren göttlichen Gen-Strang schon bei Geburt in sich tragen, den die Dunkelmächte vernichten wollen!«

Dunkle Mächte, fremde Wesen. Stimmt, da war doch was: »Ich fürchte, dass die Gates-Impfungen mit den Nanobots und gentechnisch veränderten Substanzen die Menschen zu Mischwesen-Kreaturen verändern können. Mit einem Virus hat das Theater überhaupt nichts zu tun. Die Impfungen sind Täuschungen und Angst-Manipulationen, um Energiewesen den Zugang zu erleichtern, damit sie die Seele der Geimpften vom Körper trennen und auflösen. In meinem Umfeld beobachte ich schon bei Bekannten, die sich impfen ließen, Wesensveränderungen in den Augen, im Verhalten und in der Aura.« Mal daran gedacht, dass deine Bekannten einfach genervt von dir und deinen Wahnvorstellungen sind?

»Shedding« wurde aber selbstverständlich auch kommerziell ausgeschlachtet. Eine Naturheilpraxis bot im Frühjahr 2021 ein »Schutzspray für die freie Seele« an, der die Ungeimpften »vor den Übergriffen der Geimpften« bewahren sollte. Laut Produktbeschreibung schützte das Spray – bei täglicher Anwendung – vor: »Transhumanismus, KI-Steuerung von seelenabgetrennten Menschen, Aggressionen von geimpften Menschen, DNA-Umbau.« Gleichzeitig würde das Spray »das Herz-Chakra stabilisieren« und den »Übergang in die 5. Dimension« unterstützen. Und das für nur 16,99 Euro!

Als im Sommer die Infektionszahlen zurückgingen, war das übrigens für viele Aluhüte ein Zeichen dafür, dass ihre »Rebellion« erfolgreich war, während die »Elite« mit weiteren Ansteckunsgswellen die Panik aufrechterhalten wollte: »Folgender Lagebericht kommt direkt von den Plejadiern: Die Reptilianer haben sich in den Untergrund zurückgezogen und bereiten derzeit ihre Flucht vor. Aus diesem Grund verschwinden noch viele Menschen, die angeblich in Quarantäne sind. Alle Ausgänge sind verschlossen, alles ist stillgelegt; das ist der Grund für die Erzählung einer weiteren Viruswelle mit erfundenen Virusmutationen. Ihr Plan ist es, die Erde bald mit ihren Schiffen zu verlassen, kurz bevor der Sonnenblitz eintrifft. Doch sobald sie die Umlaufbahn verlassen, werden sie in das Kreuzfeuer der Galaktischen Föderation geraten. Deshalb wollen sie noch so viele menschliche Geiseln wie möglich nehmen, um sie als menschliche Schutzschilde zu benutzen, um einen sicheren Weg durch die Flotte der Konföderation zu erhalten.« Na gut, wenn die Plejadier das sagen. Andere waren dafür viel optimistischer: »Ich habe aus vertrauenswürdiger Quelle gerade erfahren, dass zahlreiche Dunkelwesen, die von den Obrigkeiten des Unlichts als Handlanger für ihre negativen Machenschaften hierherzitiert wurden, bis zum Ende des Jahres verschwinden werden!« Oder so: »GAME OVER REPTOS! Momentan versuchen aller Voraussicht nach viele Reptos zu fliehen. Wird aber nicht klappen. Nicht umsonst hat Trump die Spaceforce gegründet und jede Menge Lichtkrieger an seiner Seite!« Nur einer von vielen Beiträgen dieser Art, veröffentlicht auf esoterischen QAnon/Quersekten-Kanälen mit Zehntausenden Abonnenten. Ach ja, den Blob mit der Hamsterperrücke hätte man fast schon vergessen. Der war zwar nicht mehr Präsident, aber seine Aluhut-Minions wussten es natürlich besser: »Trump ist noch Präsident und bleibt es auch. Glaubt nicht, was in den Nachrichten kommt. Kein Nachrichtensender der Welt kann einen Präsidenten ausrufen. Das ist alles nur Show, um den Deep State in eine Falle zu locken! Trust the plan!«

Und sonst so? Die Teerdenker gründeten eine Partei und gingen bei der Bundestagswahl mit wehenden Reichsfahnen unter, weil Schmeißfliegen leider nicht wählen dürfen. Schade. Weiterhin lassen sich vereinzelte Alphabrandstifter bis heute von ihrer treudoofen Gefolgschaft »Geld für den Kampf gegen die Unterdrückung« schenken. Damit finanzieren die Bandenführer beispielsweise peinliche Bustouren, bei denen pöbelnde Querprollos durch Deutschland reisen, um Menschen in möglichst vielen Ortschaften mit Verschwörungsfantasien zu belästigen. Grundsätzlich lief in der Leerdenkerszene aber ständig ein und derselbe Film ab: Plandemie hier, Diktatur da, Todesimpfungen dort, und alles gewürzt mit esoterischem Schwurbelgeplapper: »Lasst die Menschen frei sein! Warum haben wir denn ein Immunsystem, wenn nicht, um mit Krankheiten in Resonanz zu gehen! Das ist eine Kommunikation, eine Art Kontaktaufnahme der Seele mit dem irdischen Umfeld, eine Krankheit will immer was sagen, und das Immunsystem antwortet. Auch wenn wir nicht immer alles verstehen, aber das müssen wir nicht, vertraut einfach eurem Seelenplan! Eine Impfung zerstört diese Kommunikation, Impfungen beschmutzen die Reinheit der Seele. Habt Vertrauen, seid in Liebe, ohne Impfung!«

Darüber hinaus wurden angeblich die Anzeichen für eine Fake-Pandemie immer deutlicher, denn selbst nach über einem Jahr gäbe es immer noch keine Leichenberge in den Straßen. Und das gehöre zu einer echten Pandemie schließlich dazu: »Die widersprechen sich in ihren Lügen doch immer selbst, reden von Millionen Toten, dabei ist nix davon zu sehen. Guckt mal in ein Geschichtsbuch, wie ne Pandemie verläuft, das hier ist nix, so lächerlich, also ich zumindest sehe nicht täglich Totentransporte!« Vielleicht nicht nur in ein Geschichtsbuch gucken, sondern darin auch lesen. »Seht doch mal, was damals bei der Pest los war! So sieht ne Pandemie aus, aber was hier dagegen abgeht ist einfach nur Menschenquälerei. Hier wird ein Erkältungsvirus zum Machtausbau der Eliten genutzt!« Tja, früher war scheinbar alles besser. »Ständig erzählen die, wie überlastet die Intensivstationen sind, aber müssten nicht überall die Friedhöfe überfüllt sein, nonstop Leichenwagen durch die Gegend fahren? Die einzige Pandemie ist die Angst! Angst vor einem Schnupfen! Wacht auf! Seid furchtlos und frei!«

Bemerkenswertes Phänomen: Auf der einen Seite leugnen Quer-Esos bis heute die Pandemie, predigen, man solle keine Angst vor einem harmlosen Virus haben und sich nicht von der Regierung in Panik versetzen lassen. Auf der anderen Seite: TODESSPRITZEN! TODESMASKEN! MORGELLONS! DIKTATUR! DIE REPTILOIDEN FRESSEN UNSERE KINDER! Wer von uns lässt sich denn nun in Panik versetzen? »Corona ist der heilige Krieg! Satans Armeen auf der einen Seite und die Krieger des Lichts auf der anderen!!«

Allem Geschwurbel über Licht und Liebe zum Trotz, wurde der allgemeine Ton in Verschwörungskreisen immer rauer und aggressiver. Neue Virusmutationen und Infektionswellen sowie angepasste Beschränkungen, die hauptsächlich Ungeimpfte trafen, eröffneten rechtsextremen Strömungen immer mehr Möglichkeiten, sich unter »friedliche Maßnahmenkritiker« zu mischen und sich als Freiheitskämpfer zu inszenieren. Hauptsache man konnte irgendwie gemeinsam gegen die verhasste Regierung hetzen. Gewalt- und Umsturzfantasien ließen immer häufiger durchblicken, welche braune Verschwörungssuppe da während der Pandemie gemütlich vor sich hin geköchelt hat. Besonders nach den Corona-Impfangeboten für Kinder liefen die faschistoiden Impfgegner:innen Sturm und offenbarten deutlich ihre totalitäre Weltanschauung, in der nur ihre eigene Wahrheit Gültigkeit besitzt und jeder Mensch, der anderer Meinung ist, zum Feind erklärt wird. Erneut hieß es »Hände weg von unseren Kindern« und »Genspritzen sind Kindesmissbrauch«. Mit Schaum vorm Mund nahmen sie die Kinderimpfungen zum Anlass, ihrem blinden Hass neuen Aufschwung zu geben. Rufe nach Militärgerichten und Kopfschüssen für diverse Politiker:innen und Medienvertreter:innen gehörten noch zu den harmloseren Entgleisungen. Ärzt:innen bekamen zudem Mordrohungen und mussten sich unter anderem als »Henker der Pharma-Diktatur« beschimpfen lassen.

Und während wir geimpften Schlafschafe darauf warten, dass das Coronavirus bald endemisch wird, schwurbeln die Quertröten weiter vor sich hin. Besonders witzig übrigens, wie sie sich ab einem gewissen Zeitpunkt regelmäßig über eine »Spaltung der Gesellschaft« beklagten, weil der gesellschaftliche Druck auf Ungeimpfte immer größer wurde. Statt »Impfen ist Völkermord! Nieder mit der Pharma-Diktatur« hieß es mancherorts auf einmal »Geimpfte und Ungeimpfte, Hand in Hand für ein friedliches Miteinander«. Aber sonst noch alle Murmeln im Beutel? Wenn ein Splitter von einem Tisch abbricht, dann ist das keine Spaltung, sondern bloß ein unglückliches Ärgernis, das man mit seinem Plüschwaschbären bespricht. Keine Ahnung, was diese Metapher bedeuten soll – wahrscheinlich ist mein Impfchip defekt. Was ich sagen will: Die Gesellschaft war vorher schon gespalten. Erinnern Sie sich an Pegida? Die Flüchtlingskrise? Es sind teilweise die gleichen Akteure, auf beiden Seiten. Zumindest sind die Schnittmengen erstaunlich groß. Die »Schlafschafe« von heute sind quasi die »Gutmenschen« von damals. Natürlich nur in Teilen. Denn die Spaltung zieht sich durch so viele andere Themen. Es muss doch nur jemand »Greta« oder »Gendersternchen« sagen, schon ertönt landesweit ein cholerisches Bellen, begleitet vom ungesunden Quietschen hysterisch zuckender Augen.

Dabei gab es im Laufe der Pandemie tatsächlich eine Spaltung: Die Abspaltung von der Realität. QAnus, Querdübel und Co. verbreiten nicht einfach nur Verschwörungsfantasien – sie SIND die Verschwörung. Sie sind schließlich diejenigen, die unter dem Deckmantel der Meinungsfreiheit irgendwelche Wahnvorstellungen zur Wahrheit erheben und damit unserer Gesellschaft schaden.

Lügen, Hass und Hetze – das sind die Grundpfeiler der Leerdenkersekte. Seit Beginn der Coronamaßnahmen entmenschlichen die Quersocken ihre Feindbilder, indem sie ihnen eine menschenfeindliche Agenda unterstellen. Sie sprechen von Widerstand, Krieg und Kampf, benutzen martialische Parolen und rufen dazu auf, sich gegen eine imaginäre Diktatur und deren regimetreue Unterstützer zu wehren. Nach Recherchen von »Zeit Online« gab es im Jahr 2021 mehr als 300 gewalttätige Angriffe im Zusammenhang mit den Pandemieschutzmaßnahmen. Trauriger Höhepunkt: In Idar-Oberstein schoss ein radikaler Maskenverweigerer einem Tankstellenangestellten in den Kopf – weil dieser auf der Einhaltung der Maskenpflicht beharrte. Selbstverständlich sind nicht alle Querfladen zu solch einer Tat fähig – auch wenn das kleine Furunkel, das ihnen auf der Innenseite der Fontanelle als Denkapparat dient, sie nach wie vor in einer bedrohlichen Fantasiewelt gefangen hält. Aber es war nur eine Frage der Zeit, bis eine labile Persönlichkeit die Kriegsillusionen ernst nimmt und zur Tat schreitet, weil sie glaubt, nichts mehr verlieren zu können. Die gesamte Querdenkerhorde hat sich in meinen Augen mitschuldig gemacht, weil sie seit ihrer ersten Zusammenkunft eine Ideologie des Hasses propagiert und für sich ein Weltbild erschaffen hat, das alle, die ihre Fantasien nicht teilen, zu lebensunwerten Widersachern degradiert.

Querdenken, ein Begriff, der früher einmal für fortschrittlichen Einfallsreichtum stand, haben die Pandemieleugner zu einer Lebensauffassung pervertiert, die Menschen dazu anstachelt, sich von der Realität abzukapseln und in einer Art suggestivem Rollenspiel einzutauchen, in dem keine Fakten, sondern lediglich selbst definierte Wahrheiten Gültigkeit besitzen.

Bonus-Schwurbel:
Der bundesweite Warntag oder:
Sirenen unterm Aluhut

Am 10. September 2020 fand erstmals ein bundesweiter Warntag statt. An diesem Tag sollten in ganz Deutschland sämtliche Mittel des Katastrophenalarms erprobt werden. Ziel dieser Aktion: Die Bevölkerung für das Thema zu sensibilisieren, Funktion und Ablauf der Warnsysteme verständlicher und generell auf die Warnmittel wie Sirenen, Apps und digitale Werbeflächen aufmerksam zu machen.

Clevere Schwurbelnasen wussten aber selbstverständlich, dass hinter diesem Warntag etwas anderes steckt – etwas Schlimmes, etwas Böses. Wer an der YouTube-Uni studiert hat, lässt sich eben nichts vormachen. Und so wurde der Warntag für eine kurze Zeit zum Mittelpunkt der fantasievollsten Hirngespinste, die unter einem Aluhut gedeihen können. So durften die Sirenen alles Mögliche verkörpern – nur eben keinen Probealarm. Es wurde gewarnt, gemahnt und Panik verbreitet, als wäre der 10. September ein Wendepunkt in der Geschichte der Menschheit.

In diversen Querdenker-Gruppen mit Schwerpunkt auf esoterische Fantasien gingen bereits Wochen und Monate zuvor »dringliche Warnungen an alle Spirituellen und Erwachten« umher. Dabei unterstellte man den Sirenen, irgendwelche Frequenzen entstehen zu lassen, die »das Erwachen« und »den Aufstieg in höhere Dimensionen« blockieren sollen. Excuse me? Oder anders gefragt: Würden laute Alarmgeräusche die Astro-TV-Abonnenten beim Inhalieren psychedelischer Substanzen stören? Nein, auf so einen billigen Gag lässt sich dieses esoterische Geschwurbel leider nicht reduzieren. Die spirituellen Eso-Aktivisten meinten das wortwörtlich. Sie hatten Angst, dass die Sirenen ein perfider Plan der »gottlosen Regierung« sei, um die reinen Seelen vom Weg der Erleuchtung abzubringen. Warum, fragen Sie sich? Tja, bitte sehr! Informieren Sie sich mal – um in der vornehmen Sprache der Telegram-Akademiker zu bleiben. Doch im Grunde lässt sich deren Logik einfach und schnell zusammenfassen: Schlechte Menschen tun schlechte Dinge. In den Augen unserer Internet-Schamanen sind allerdings alle Menschen schlecht, die nicht die gleiche schwurbelige Weltanschauung teilen. Das ganze Theater erinnert ein wenig an übermäßig religiöse Eltern, die fürchten, ihr Nachwuchs komme nach dem Konsum von Rock-Musik direkt in die Hölle. Spoiler: Ja. Selbstverständlich stellt alles Unbekannte einen Angriff auf die göttliche Ordnung dar. Wusste man schon damals bei der Inquisition ... Eine simple und gefährliche Formel, die sich durch die gesamte Schwurbelszene zieht.

Man darf bei allem esoterischen Hokuspokus aber nicht vergessen, dass der Warntag mitten in der Pandemie stattfand. Das bedeutet, die Aktion hatte laut gewieften Querdetektiven selbstverständlich auch damit etwas zu tun: So wurden die Sirenen als eine Drohgebärde des Staates verstanden, der seinem Psychoterror Nachdruck verleihen wollte, um das Angst-Level der Bevölkerung hoch zu halten. Als wären die Gräueltaten der grausamen Corona-Diktatur und die Millionen von Kindern, die an den Masken erstickten, nicht genug – jetzt wollte Mao-Merkel zusätzlich mithilfe ihrer Todessirenen die Urängste in uns Menschen wecken, um jeden aufkeimenden Widerstandswillen endgültig zu brechen. Aber ja. Aber nein. Der Warntag sollte auch unterbewusst auf einen baldigen Krieg vorbereiten. So wären die Menschen gezwungen, sich schon mal an heulende Sirenen zu gewöhnen – neben Wehklagen das einzige Geräusch, das uns von nun an permanent begleiten würde. Gleichzeitig sollten wir an diesem Tag aber auch durch die Sirenentöne hypnotisiert beziehungsweise psychologisch so manipuliert werden, um die kommenden Impfungen nicht zu hinterfragen. Zwangsimpfungen, wohlgemerkt, die uns selbstverständlich töten werden. Weil, Sie wissen schon: böse Regierung, Bill Gates, Bevölkerungsreduktion, irgendwas mit Juden – das volle Schwurbel-Programm eben. Und das angestachelt von einem angekündigten Sirenentest. Tja, wenn die kleine Denkmurmel erst mal wie in einem Roulette-Zylinder Fahrt aufgenommen hat, heißt es vonseiten des gesunden Menschenverstandes schnell »rien ne va plus«. Da wunderten letztendlich auch die weiteren Theorien nicht mehr, nach denen der Warntag die Aktivierung des 5G-Netzes verschleiern sollte, mit denen Staatsfeinde – also solche Leute wie Lichtkrieger88 bei Twitter – aus der Ferne gegrillt werden könnten. Pff, schön wär's. Also wenn man überall 5G hätte, nicht das mit dem Grillen. Obwohl ...

Womit nun eine unfreiwillig verlockende Überleitung geschaffen wäre, denn natürlich schaltete sich auch Obersuppenführer Attila Hildmann in die Warntag-Debatte ein. Seiner Überzeugung nach werde im Schatten des Warntags höchstwahrscheinlich ein Anschlag auf den Atomreaktor in Brockdorf erfolgen. Steile Behauptung, doch die Beweise waren erdrückend: Das durchtriebene Bolschewiken-Regime oder je nach Tagesform auch die BRD-Mafia, die satanische Elite oder Zion-Marionette Merkel, hatte wohl in dem Gebiet großflächig Jod-Tabletten und Katastrophenschutz-Broschüren verteilen lassen. Grundgütiger! Man stelle sich vor: Eine Regierung, die rund um Atomanlagen die Bevölkerung über mögliche Gefahren aufklärt? Nein! Doch! Oh!

So oder so: Dadurch, dass die Mehlmützen genau wussten, was auf sie zukommt, waren sie gut vorbereitet und konnten sich untereinander äußerst professionell helfen. Nein, nicht mit Psychopharmaka, wie man hoffen könnte, sondern mit – Achtung, Trommelwirbel – Meditationen, um die böse Aura der Sirenen zu neutralisieren. Halleluja! Im Detail wurde dazu aufgerufen, ein

Energiefeld über Deutschland aufzubauen, damit alle negativen Frequenzen geblockt werden. Das Ganze sollte als Akt der Nächstenliebe betrachtet werden – als Chance, etwas Gutes zu tun, für die Menschheit, aber insbesondere für alle Lebewesen, die sich nicht wehren können, wie Kinder und Tiere. Mit anderen Worten: Licht und Liebe. Immer wieder. Bis zum Erbrechen. In diesem pathetischen Singsang mischte sich auch Xavier »Oh Gott, die Kinder« Naidoo ein. Er schlug ganz besonnen vor, während des Probealarms Lieder zu singen. Lieder von Xavier Naidoo. Weil er nämlich gewisse Songs damals genau für solch eine Zeit geschrieben hätte. Ja, ne, is' klar. Andere Querzausel wurden sogar sehr konkret und gaben Anweisungen, wie und was man sagen sollte. Eins dieser manischen Mantren lautete beispielsweise: »Ich verfüge nun, dass das Sirenengeheul zu einem weltweiten Weckruf wird, der alle beseelten Lebewesen mit Liebe, Frieden, Wahrheit, Bewusstsein, Erwachen, Erkenntnis, Unterscheidungsvermögen und Freiheit erfüllt.« Ich hätte ja noch so was wie gesunden Menschenverstand hinzugefügt. Aber was weiß ich schon.

Und dann: Der Tag danach. Ernüchterung. Nichts ist passiert. Im doppelten Sinne. Denn einerseits ist natürlich keine der wahnwitzigen Vorhersagen eingetroffen, andererseits war der Warntag an sich eher ein Flop. Viele Sirenen blieben still, und die Warn-Apps haben zum größten Teil zu spät oder gar nicht reagiert. Beschämend. Doch nun kommt es darauf an, die Fehler zu analysieren und zu beheben. War das Thema also durch? Aber nein, nicht für unsere alubehüteten Rumpelbirnen. Es waren nämlich die angekündigten Meditationen, die den Warntag ausgeschaltet haben: »Namaste! Die Liebe hat gesiegt. Und sie wird immer siegen, egal womit die Satanisten uns noch schaden, ob Corona, Impfungen oder diese Schallwaffen. Wir sind vorbereitet, mit Liebe!« Herzchen, Herzchen, Kussmund, Herzchen. Es gingen aber auch sichtlich heroischere Beiträge umher: »Wir haben die Kraft und wir haben die Macht! Ich möchte allen danken, für die Zeit und für die Liebe zu uns allen. Der Auftrag lautete, Liebe in alle Sirenen senden, das Liebe wieder hinausströmt. Mein Wunsch war es, dass die Sirenen still bleiben. Und wir waren erfolgreich!«

Gleichzeitig gab es natürlich auch Stimmen, die der Regierung unterstellten, der Flop wäre beabsichtigt gewesen, weil man dadurch die Wichtigkeit der Warn-Apps vorantreiben wollte. Warn-Apps, die in Wahrheit selbstverständlich Überwachungs- und Gedankenkontrolle-Apps sind. Hätte man eine solche Wichtigkeit aber nicht auch mit funktionierenden Warn-Apps betonen können? Ich meine, oh, ich vergaß: Logik hat in der schwurbeligen Parallelwelt keinen Platz. So ergibt natürlich auch der Verdacht Sinn, nachdem der Warntag lediglich eine gewaltige Ablenkung war, damit »sie« uns während der Aktion »irgendetwas ins Unterbewusstsein reinpflanzen« als »eine Art Umprogrammierung«. Schade nur, dass die erwachten Lichtsoldaten dabei nicht konkreter wurden. Man hatte zu diesem Zeitpunkt den Eindruck, dass sie sich nicht einmal mehr richtig Mühe geben mit ihren Hirngespinsten.

Und Attila, die alte Parkplatzpetunie? Die wusste am Tag danach nicht mehr, wie er seinen Aluhut tragen sollte. Denn: Zuvor prophezeite er, dass die »BRD-Mafia« etwas Schreckliches vorhatte – später kritisierte er allerdings eben jene »BRD-Mafia« für ihr Versagen. Spöttisch bemerkte er, dass »wir die beste Verschlüsselungsmaschine der Welt hatten« und »einen englischen Zerstörer nach dem anderen zerlegten und jetzt sitzen unfähige zionistische Kommunisten in der Regierung, die nicht mal nen Warntag auf die Kette kriegen! Deutschland schämt sich für die Bolschewiken-Mafia, die sich Regierung nennt!«. Ganz großes Kino und wie immer eine klasse Argumentationskette, die ich vielleicht in meinen Alltag übernehmen werde ... »Schneider, wir haben mal einen englischen Zerstörer nach dem anderen zerlegt, und Sie sind unfähig eine Tintenpatrone richtig einzulegen!«

Nachwort:

Endlich hat der Wahnsinn ein Ende. Fast. Na ja. Nein. Denn der Wahnsinn endet natürlich nie. Während Sie das hier lesen, schütten die Aluhüte gerade 3,4 Tonnen Schwurbelquark ins Internet. Pro Sekunde. Darüber hinaus werden Sie vielleicht festgestellt haben, dass die eine oder andere Verschwörungsfantasie gar nicht in diesem Buch erwähnt wurde. Oder Sie merken womöglich an, dass ein Thema nicht ausführlich genug zur Sprache kam. Und Sie haben recht. Allein die Reisen in die Parallelwelten der Wunderheiler:innen oder die Abenteuer in den schmutzigen Telegram-Höhlen der Querwüteriche könnten ganze Bände füllen. Ein anderes Mal vielleicht.

Ich danke jedenfalls allen Unterstützer:innen und Mitstreiter:innen, die Professor Schwurbelstein immer zur Seite standen und sich bis heute gegen Verschwörungsmythen engagieren.

Und ich hoffe, dass Sie nach dieser Lektüre nicht bekloppt geworden sind. Bewahren Sie bitte weiterhin einen kühlen Kopf, halten Sie sich von Alufolie fern und vergessen Sie nicht: Mitdenken ist besser als querdenken.

Die Community für alle, die Bücher lieben

★ In der Lesejury kannst du Bücher lesen und rezensieren, die noch nicht erschienen sind

★ Gemeinsam mit anderen buchbegeisterten Menschen in Leserunden diskutieren

★ Autoren persönlich kennenlernen

★ An exklusiven Gewinnspielen und Aktionen teilnehmen

★ Bonuspunkte sammeln und diese gegen tolle Prämien eintauschen

Jetzt kostenlos registrieren: www.lesejury.de

Folge uns auf Instagram & Facebook:
www.instagram.com/lesejury
www.facebook.com/lesejury